高等学校城市轨道交通系列教材

城市轨道交通卓越工程师
教育培养计划系列教材

城市轨道交通安全工程概论

主　编　刘志钢　谭复兴
副主编　何　静　丁小兵　陆定中
主　审　杜心言

中国铁道出版社有限公司

2021年·北　京

图书在版编目(CIP)数据

城市轨道交通安全工程概论/刘志钢、谭复兴主编．—北京：中国铁道出版社，2010．10(2021.1重印)
（高等学校城市轨道交通系列教材）
ISBN 978-7-113-11493-0

Ⅰ．①城…　Ⅱ．①刘…　②谭…　Ⅲ．①城市铁路-交通运输安全-高等学校-教材　Ⅳ．①U298

中国版本图书馆 CIP 数据核字(2010)第 103104 号

书　　名： 高等学校城市轨道交通系列教材
城市轨道交通安全工程概论
作　　者： 刘志钢　谭复兴等

责任编辑： 殷小燕　**电话：** (010)51873147
封面设计： 陈东山
责任校对： 张玉华
责任印制： 高春晓

出版发行： 中国铁道出版社有限公司（100054，北京市西城区右安门西街 8 号）
网　　址： http://www.tdpress.com
印　　刷： 三河市宏盛印务有限公司
版　　次： 2010 年 10 月第 1 版　2021 年 1 月第 6 次印刷
开　　本： 787 mm×960 mm　1/16　印张：16　字数：292 千
书　　号： ISBN 978-7-113-11493-0
定　　价： 45.00 元

序

随着国民经济的持续快速发展、城市化水平的不断提高，我国城市轨道交通正处在大发展、大建设阶段——上海、北京等城市的轨道交通系统已由单线运营迈入了网络化运营时代；其他城市的轨道交通网络化规划与建设也在不断深化和完善。城市轨道交通建设正面临前所未有的发展机遇和挑战。

城市轨道交通列车运行速度高、密度大、设施设备量大且技术复杂，特别是地下车站和区间隧道，环境封闭、人员密集、复杂且流动性大，在突发事故和灾害情况下应急处置难度高，人员疏散限制大。当前国内外防(反)恐形势严峻，城市轨道交通安全不仅具有其特殊性，而且面临着很多新形势、新问题和新要求。城市轨道交通系统建设和运营阶段的首要任务就是"安全"。城市轨道交通安全问题已引起世界各国政府和社会各界的高度重视，并已纳入到国家安全战略研究的范畴。建立安全保障体系、提高轨道交通系统抵抗重大事故和灾害的能力，确保轨道交通的安全已成为城市轨道交通建设和运营的首要问题。

我国城市轨道交通发展历史较短，与其他发达国家相比，对于安全问题的研究，安全保障体系建设等方面还比较落后，存在着规划、设计、建设缺乏经验，标准偏低，安全设施及设备不完善且投入不足，安全监督管理体系、事故预防体系和应急处置机制不健全，应对特大安全事故和突发事件的能力较低，安全监管的法律、法规建设滞后等突出问题。为加强城市轨道交通安全管理工作，建立健全城市轨道交通安全监督管理长效机制，提高城市轨道交通运营安全保障能力和水平，建立适合我国国情的城市轨道交通安全保障体系已迫在眉睫。

本书的撰写正好填补了我国高等院校城市轨道交通安全工程专业教材方面的空白。此书内涵丰富，紧贴实践，书中既汇聚了上海城市轨道交通网络化建设和运营的实践经验，也汇集了上海工程技术大学城市轨道交通专业教师们在教学实践中的新理念、新体验；体现了理论与实践有机结合，不仅系统地讲授了轨道交通安全基础理论知识，还引用了相关现场实际资料、案例加以评析。在书中我们可以看到中国城市轨道交通运营安全理论与实践不断探索发展的脉络。

城市轨道交通安全工程涉及人、机、环境等多学科领域，覆盖的专业技术内容和深度也随着科技进步在不断变化和更新。上海工程技术大学城市轨道交通学院和上海申通地铁集团有限公司的参编人员为本书的编写和出版付出了辛勤的劳动。他们博采众家之长，面向实际轨道交通运营安全问题及改善需求，从基础理论、安全评价、风险分析、事故防范、反恐、消防安全等多角度深入浅出地阐述了轨道交通安全工程领域的相关理论、方法与案例，力求使读者获得系统性和实用性的知识。这本书的出版让我们有了继续发展和完善城市轨道交通安全系统工程的理论和实践的坚强基石。

让我们并肩探索轨道交通安全科学，共同为保障轨道交通运营安全出力，使轨道交通真正成为安全、快捷、高效、舒适的城市公共交通方式。

邵伟中

2010.8

前　言

城市轨道交通作为城市交通的骨干力量，系统的安全运营直接关系到人民群众和财产的安全。目前，城市轨道交通系统的公共安全问题已被世界各国纳入国家安全战略研究的范畴。城市轨道交通的整个生命周期阶段都蕴含着很多安全隐患，一旦酿成事故，将会带来较大的负面社会影响。本书以此作为切入点，介绍了城市轨道交通运营安全的基本理论和方法，从基本理论、安全评价、风险分析、事故防范、反恐、消防安全等角度阐述城市轨道交通运营安全中设计的问题，深入浅出地进行了分析。

全书分为8章。第1章绪论，涉及安全科学的基础知识，包括安全、危险、安全性、可靠性及其基本关系等基本概念；第2章安全基本理论，主要讲述事故致因理论、可靠性理论两大基础理论，两大理论是研究安全科学的基础；第3章城市轨道交通安全分析与评价方法，分别涉及交通安全分析方法，事故原点分析法，事故原因调查法。交通安全分析方法是安全分析的重点，具体为模糊聚类法、安全检查表法、事故树分析法，根据具体的应用范围选择适当的方法。事故树分析方法无论是在公共安全还是轨道交通安全方面都是很重要的方法，根据事故树的逻辑关系和相关基本事件的发生概率进行顶事件发生概率计算；第4章城市轨道交通风险分析，主要从风险理论引出本章的基础内容，谈到安全就离不开风险和隐患的分析，本书从风险角度提出主要的风险分析和评估方法。第5章城市轨道交通事故及其防范，城市轨道交通事故发生率是轨道交通运营状况的主要参数之一，本书从主要事故的种类出发，逐渐深入讲到事故的预防和控制，无论是初学者还是有一定基础知识的读者都能理解，力争做到安全生产，使轨道交通真正成为城市交通的大动脉；第6、7、8章分别从城市轨道交通安全管理、城市轨道交通事故案例、城市轨道交通防(反)恐怖事件方面作了详细讲述，尤其是第8章，防恐怖事件是目前轨道交通的一个重要方面，本书也是将此作为重点，力求给读者详细全面的知识。

全书的具体分工为：第1章由何静、丁小兵、李伟执笔，第2章由丁小兵执笔，第3章由刘志钢、丁小兵执笔，第4章由刘志钢、陆定中执笔，第5，6章由刘志钢、谭复兴、李健执笔，第7，8章由何静、丁小兵、李伟执笔，在最后校对阶段，胡华完成了文字整理事务，全书由刘志钢、谭复兴负责框架设计，资深轨道交通安全专家杜心言最终审阅定稿。

本书是上海工程技术大学城市轨道交通学院编写的城市轨道交通系列教材之一，并获得上海教育委员会第三期本科教育高地建设项目资助，中国铁道出版社“十二五”重点教材。在教材的编制过程中得到了上海申通地铁有限公司大力支持和帮助，为本书的完成提供了调研基地，并提供了部分实践和研究成果。在本书编著过程中学习参考了不少著作和论文(详见参考文献)，在此一并表示衷心感谢!

本书为城市轨道交通安全运营领域的深入研究奠定了基础，在这个城市轨道交通大发展的时代，随着外界和内在因素的变化，城市轨道交通的运营安全控制系统的补充、发展和完善则需要很长时间和更多的智慧。书中难免出现不妥和错误之处，我们既恳请得到同行和读者批评指正，更希望得到你的理解和支持。

作　者

2010 年 6 月于上海

目　　录

第1章　绪　论

城市轨道交通作为城市的公共交通工具，系统的安全运营直接关系到高度密集人群的生命安全和公共财产的安全。目前，城市轨道交通系统的公共安全问题已被世界各国纳入国家安全战略研究的范畴。大中型城市的城市轨道交通，每天的工作人员就有数千人，涉及系统安全的人员也高达数百人；每天运送乘客达数十万、甚至数百万人次。乘运环境包含了大量的不安全因素。一旦出事，往往会酿成群死群伤的重大安全事故。因此，城市轨道交通运营的安全问题，已经成为城市社会公共安全极其重要的组成部分，引起了社会各界的广泛关注。

1.1　城市轨道交通的发展

社会经济的发展必然会加快城市化进程，导致城市人口越来越多，使城市的交通问题日益突出。交通堵塞成为城市发展的通病，严重地制约了城市经济的发展，同时也影响了城市居民的生活质量。为此，寻找更科学合理的交通方式来满足城市交通需求是世界上各大中城市共同面临的重要课题。城市轨道交通与传统的城市道路交通相比，具有运能大、速度快、安全、可靠、准时、污染少、节约用地和节约能源等优点。因此，可以说城市轨道交通是一种社会成本最低的运输方式，它作为一种绿色环保的公共交通方式，是缓解大中城市交通拥堵的最有效手段之一，进一步对于降低城市交通污染和提高交通安全具有重要作用。

1.1.1　世界城市轨道交通的发展历程

自1825年9月27日世界上第一条铁路线在英国诞生以后（见图1.1），铁路得到了飞速的发展，同时也带动了城市轨道交通的发展。世界城市轨道交通的发展大致经历了以下几个阶段：

1. 诞生和初始发展阶段（1863～1924年）

1863年1月10日世界上第一条地铁在英国伦敦建成（开始是采用蒸汽机车牵引，至1890年改为电力牵引），在此后的60年内地铁得到了初步的发展，世界上有13个城市修建了地铁。

1888年美国建成了世界第一条电气化的有轨电车，并取得了30多年的迅速发展（见图1.2，世界上第一台有轨电车仅能乘坐6人，没有架空线靠两根钢轨传输电能)。单以 1920 年计,美国有轨电车线路总长已达 2.5 万 km,其客运量占城市客运总量的 88%。

图 1.1 世界上第一台蒸汽机车

图 1.2 世界第一台有轨电车

2. 停滞萎缩阶段(1924～1949 年)

因战争和汽车工业的迅速发展,促使城市轨道交通处于停滞和萎缩状态,期间世界上仅有 5 个城市新建了地铁,有些有轨电车线路还被拆除。

3. 再发展阶段(1949～1969 年)

因汽车造成城市交通的堵塞和污染,使轨道交通再呈生机。地铁建设从欧美扩展到亚洲,共有 17 个城市新建了地铁。

4. 高速发展阶段(1970 年～至今)

20 世纪 70 年代起,在节能、环境保护和可持续发展战略的指导下,许多国家都确立了发展城市快捷轨道交通的方针。20 世纪 70 年代和 80 年代是世界各国修建地铁的高峰时期。现在世界上有 140 多个城市已修建了城市轨道交通线路,总长超过 7 000 km。当今世界的许多国际化大都市中，轨道交通已在公共交通系统中处于骨干地位。例如：东京的轨道交通占公共交通的 94%，伦敦占 89%。

1.1.2 城市轨道交通的优点

(1)运能大：如地铁单向高峰运输能力可达 4 万～8 万人次/h，这是其他非轨道交通工具无法比拟的。

(2)速度快：公共电、汽车速度一般为 10～20 km/h；轨道交通平均速度可达 30～40 km/h。

(3)安全、可靠、准时：快速轨道交通一般处于封闭、半封闭状态，不受市内道路交通的干扰。

(4)污染少：城市轨道交通以电力作为动力，对大气无污染；对地面或高架线路可采取消音降噪技术措施。

(5)节约用地：轨道交通每运送 1 名乘客所占地面积仅为其他城市交通的百分之几。

(6)节约能源：以每人公里的能耗计，轨道交通、公共汽车、小汽车的能耗比为 1∶1.8∶5.9。

综上所述，轨道交通是社会成本最低的运输方式，是一种绿色环保的客运交通体系。

1.1.3 城市轨道交通的分类

经过 100 多年的发展，当今世界城市轨道交通的形式多种多样，可谓百花齐放。各种轨道交通各有其优点和适用范围，其分类的方法也有多种，一般可分成以下几类。

1. 地铁

地铁是由电气牵引、轨道导向、车辆编组运行在全封闭的地下隧道或部分运行在地面和高架线路上的大容量快速轨道交通系统，其单方向的输送能力在 3 万人次/h 以上。

地铁的发车间隔可缩短至 1.5 min，列车编组 4～10 辆，单向高峰运能可达 4 万～8 万人次/h；采用右侧行车的双线全封闭线路，系钢轨、钢轮体系，轨距 1 435 mm。地铁是现代大城市轨道交通的主干线，但造价昂贵、工期长。如图 1.3 所示。

2. 有轨电车

有轨电车是一种在地面上与其他交通工具混行的轨道交通。有轨电车在 20 世纪的 20 年代是其最辉煌的年代，在城市交通中起了主导作用。然后，随着汽车化时代的到来,有轨电车因速度低、噪音大、运量小、舒适性差和技术落后而进入停滞和拆除阶段。20 世纪 60、70 年代有轨电车步入了用新技术加以改造的阶段,由此产生了轻轨交通。如图 1.4 所示。

图 1.3 马来西亚地铁

图 1.4 德国汉诺威有轨电车

3. 轻轨

"轻轨"是指具有中等运量、车辆轴重较轻、有专用轨道导向的城市轨道交通系统。"轻轨"的英文是"Light Rail Transit"。轻轨交通系统源自有轨电车,同时也具有地铁的许多特性。"Light"一词主要用来区分有轨电车系统与一般铁路所使用钢轨重量的不同,但现在两种系统均已采用相同重量的钢轨,因而已无"轻重"之分。现代英文已演变为"Light Rapid Transit"即轻型快速交通(LRT)。如图 1.5 所示。

图 1.5 马来西亚轻轨

轻轨有地面、高架和地下三种形式,可以是全封闭、半封闭或采用混合车道,可用轮轨系统、线性电机系统或橡胶轮系统。其单向高峰客运量为 1 万～3 万人次/h,造价仅为地铁的 1/2～1/7。轻轨可作为中等城市人口(50 万～100 万人)轨道交通的主干线和大城市(人口 100 万以上)轨道交通的次干线。(注:国际上对轻轨的内涵和名称并不统一,有一种定义把属中等运量的新型有轨电车、独轨、新交通系统和线性电机牵引轨道即窄地铁都称作轻轨。)

轻轨克服了有轨电车的缺点,且造价比地铁低、见效快,比公共汽车效率高、速度快、节约能源、无污染,所以轻轨交通受到世界各地广泛重视。世界上最早兴建轻轨的国家是比利时、德国等，目前以德国最为发达，已在30个城市建有轻轨，其总长已达2 200多km。

4. 独轨（又称单轨）

独轨是一种跨骑或悬挂在高架的钢或混凝土导轨上行驶的交通系统，属中等运量的交通方式。它的车辆是在一根导轨上运行，分为跨座式和悬挂式两大类。

1893年德国建成世界上第一条悬挂式独轨线路，1961年日本建成世界上第一条跨座式独轨线路。独轨线路是一种中、小容量的系统，适合于单向断面客流0.5万～2万人次/h。它具有占地少又不影响地面的绿化、爬坡能力大(可达10%)、噪声小(用橡胶轮)等优点。独轨起源于欧洲，却在日本得到了很大的发展，自1957年12月日本的第一条独轨(悬挂式)诞生，现已建成10条约总长90 km，多为跨座式，最短1.2 km，最长23.8 km。如图1.6所示。

图1.6 重庆独轨交通

5. 磁浮线

磁悬浮列车是依靠电磁吸力或斥力将列车悬浮于空中并进行导向，再利用线性电机驱动列车运行的一种无轮轨接触的运输方式。

磁悬浮列车分为常导型和超导型两大类。常导型以德国transrapid为代表，利用电磁吸力的原理将列车悬起10 mm左右，最高速度可达400～500 km/h；超导型以日本MAGLEV为代表，利用超导磁体的强磁场所产生的电动斥力将列车悬起100 mm左右，最高速度已达552 km/h，超导型的技术难度较大。目前世界上唯一正式投入运营的磁浮线是上海磁浮示范运营线，长30 km，设计最高速度430 km/h。(英国伯明翰国际机场与毗邻的铁路车站间，于1984年底建成一条磁悬浮线并投入运营，速度32 km/h，属低速磁悬浮线，3辆编组，定员234人，后被拆除)。如图 1.7 所示。

图 1.7 上海轨道交通磁浮线

6. 城市铁路

城市铁路系泛指为城市交通服务的,能在市区内开行公交化旅客列车的铁路。

7. 市郊铁路

市郊铁路是开行城市中心区到卫星城、卫星城到卫星城的旅客列车的铁路。其单向输送能力可达 8 万人次/h 以上,最高运行速度可达 120 km/h,一般采用电动车组或内燃动车组。如图 1.8 所示。

图 1.8 美国巴尔蒂摩市郊列车

8. 机场联络线

这是连结机场到市区的轨道交通线路,用于旅客及接送人员的乘坐和沿线民航职工的通勤。机场联络线产生于 20 世纪 50 年代，最早出现在英国伦敦的盖特威克机场到市区维多利亚车站之间，1958 年开通运营。

9. 新交通系统（又称自动化轨道新交通系统）

这是一种单辆或数辆胶轮车编组运行在专用钢筋混凝土轨道上导向运行而实现全自动驾驶的交通系统。新交通系统的概念始于 20 世纪 60 年代中期的美国，1974 年美国建成世界上第一条自动化导轨客运系统，全长 21 km，简称 AGT。其后，日本、加拿大、法国、德国等都各自建成了自有特色的新交通系统，包括钢车轮、橡胶车轮、直线电动机驱动、悬挂式等多种形式。新交通系统是一种与其他交通方式形成立体交叉的中小容量的客运系统，实际上是那些与现有运输模式不同的各种短距离新交通方式的总称。

新交通系统车辆与其他城市轨道交通车辆的最主要区别就在其走行装置。这种被称为导轨式电动车是运行在钢筋混凝土专用轨道上、使用橡胶车轮的自动行驶公共交通工具，它由走行车轮和导向车轮承担载荷，导向系统有设置在轨道侧面的，也有设置在轨道中央的。

图 1.9　美国杰克森维尔自动运输交通系统

1.1.4　我国大陆城市轨道交通的发展概况及前景

进入 20 世纪 90 年代以来，由于国家经济的快速发展和国家政策的正确引导及各城市的积极努力，我国城市轨道交通进入了一个快速发展的大好时期，建设规模之大是世界城市轨道交通发展历史中少有的。

近年来，许多大城市为解决城市交通问题，纷纷提出并计划修建地铁或轻轨等交通项目，有 30 多个城市进行了不同程度的前期工作和可行性研究，其中有 25 个城市的近、中、远期规划已经编制完成。国家已批准了23个大城市的城市快速轨道交通建设规划。我国大陆已获国家批准建设城市轨道交通项目的城市有:北京、天津、上海、南京、深圳、重庆、广州、武汉、成都、杭州、哈尔滨、沈阳、西安、苏州、宁波、无锡、长沙、郑州、福州、昆明、大连、南昌、青岛等城市。总投资达8 820.03亿元。至2016年我国将新建轨道交通线路89条,总建设里程约为2 500 km。

图1.10　2009年底上海轨道交通运营线路示意图

1.2　安全科学基础理论

1.2.1　基本概念

1. 安全

关于安全的概念,可归纳为两种,即绝对安全和相对安全。

绝对安全观是人们较早时期对安全的认识,目前仍然有一部分现场生产管理人员和科技工作者有此认识。绝对安全观认为,安全指没有危险、不受威胁、不出事故,即消除能导致人员伤害,发生疾病、死亡或造成设备财产破坏、损失以及危害环境的条件。这种安全观认为发生死亡、工伤等的概率为零,这在现实生产系统中是不存在的,它是安全的一种极端理想的状态。与绝对安全观相对应的就是人们现在普遍接受的相对安全观。相对安全观认为,安全是相对的,绝对安全是不存在的。例如,美国哈佛大学的劳伦斯教授将安全定义为“安全就是被判断为不超过允许极限的危险性,也就是指没有受到损害的危险或损害概率低的通用术语”。

由相对安全的定义可知,安全是在具有一定危险性条件下的状态,安全并非绝对无事故。事故与安全是对立的,但事故并不是不安全的全部内容,而只是在安全与不安全这一对矛盾斗争过程中某些瞬间突变结果的外在表现。

安全是指在生产活动过程中,能将人或物的损失控制在可接受水平的状态。换言之,安全意味着人或物遭受损失的可能性是可以接受的,若这种可能性超过了可接受的水平,即为不安全。该定义具有下述含义:

(1)这里所讨论的安全是指生产领域中的安全问题,既不涉及军事或社会意义的安全与保安,也不涉及与疾病有关的安全。

(2)安全不是瞬间的结果,而是对于某种过程状态的描述。

(3)安全是相对的,绝对安全是不存在的。

(4)构成安全问题的矛盾双方是安全与危险,而非安全与事故。因此,衡量一个生产系统是否安全,不应仅仅依靠事故指标。

(5)不同的时代,不同的生产领域,可接受的损失水平是不同的,因而衡量系统是否安全的标准也是不用的。

2. 危险(Danger)

作为安全的对立面,可以将危险定义为:危险是指在生产活动过程中,人或物遭受损失的可能性超出了可接受范围的一种状态。危险与安全一样,也是与生产过程共存的过程,是一种连续型的过程状态。危险包含了尚未为人所认识的,以及虽为人们所认识但尚未为人所控制的各种隐患。同时,危险还包含了安全与不安全一对矛盾斗争过程中某些瞬间突变发生外在表现出来的事故结果。

3. 安全性(Safety Property)

从系统的安全性能讲,安全性为衡量系统安全程度的客观量。与安全性对立的概念是描述系统危险程度的指标一风险(又称危险性)。

假定系统的安全性为 S,危险性为 R,则 $S=1-R$。

4. 可靠性(Reliability)

可靠性指系统或元件在规定条件下、规定时间内,完成规定功能的能力。

5. 风险(Risk)

风险是描述系统危险程度的客观量:

(1)把风险看成是一个系统内有害事件或非正常事件出现可能性的度量。

(2)把风险定义为发生一次事故的后果大小与该事故出现概率的乘积。

一般意义上的风险具有概率和后果的二重性:

$$R=f(p,c)$$

式中 R——风险;

p——风险发生的概率;

c——发生风险后的损失后果。

为简单起见,大多数文献中将风险表达为概率与后果的乘积:$R=p\times c$。

6. 事故(Accident)

牛津词典将事故定义为"意外的、特别有害的事件"。美国安全工程师海茵里希(Heinrich)认为,事故是"非计划的、失去控制的事件"。按伯克霍夫(Bbrckhoff)的定义,事故是人(个人或集体)在为实现某种意图而进行的活动过程中,突然发生的、违反人的意志的、迫使活动暂时或永久停止的事件。甘拉塔勒等人从更为一般的意义上提出,"事故是与系统设计条件具有不可容忍的偏差的事件"。吉雷进一步补充说明了"事故是指任何计划之外的事件,可能引起或不会引起损失或伤害"。还有学者从能量观点出发解释事故,认为事故是能量逸散的结果。

我们可以将事故定义为在生产活动过程中,由于人们受到科学知识和技术力量的限制,或者由于认识上的局限,当前还不能防止,或能防止而未有效控制所发生的违背人们意愿的事件序列。它的发生,可能迫使系统暂时或较长期地中断运行,也可能造成人员伤亡、财产损失或者环境破坏,或者其中二者或三者同时出现。

7. 隐患(Accident Potential Hidden Danger)

从系统安全的角度来看,通常人们所说的隐患包括一切可能对人-机-环境系统带来损害的不安全因素。

隐患指在生产活动过程中,由于人们受到科学知识和技术力量的限制,或者由于认识上的局限,而未能有效控制的有可能引起事故的一种行为(一些行为)或一种状态(一些状态)或二者的结合。隐患是事故发生的必要条件,隐患一旦被识别,就要予以消除。对于受客观条件所限,不能立即消除的隐患,要采取措施降低其危险性或延缓危险性增长的速度,减少其被触发的"几率"。

1.2.2 相互关系

1. 安全与危险的关系

安全与危险具有如下关系:

(1)安全与危险是一对此消彼长、动态发展变化的矛盾双方,它们都是与生产过程共存的连续型过程。

(2)描述安全与危险的指标分别是安全性与危险性(风险),二者存在如下关系:安全性=1-危险性。

(3)事故与安全是对立的,但事故并不是不安全的全部内容,而只是在安全与不安全一对矛盾斗争过程中某些瞬间突变结果的外在表现。

(4)系统处于安全状态并不一定不发生事故,系统处于不安全状态,也未必完全是由事故引起。

(5)危险不仅包含了作为潜在事故条件的各种隐患,同时还包含了安全与不安全的矛盾激化后表现出来的事故结果。

(6)事故发生,系统不一定处于危险状态,事故不发生,也不能否认系统不处于险状态,事故不能作为判别系统危险与安全状态的唯一标准。

(7)事故总是发生在操作的现场,总是伴随隐患的发展而发生在生产过程之中,事故是隐患发展的结果,而隐患则是事故发生的必要条件。

2. 安全性与可靠性关系

安全性与可靠性是两个不同但又有密切联系的概念。一般来讲,,"安全"表示系统的"完整"与"稳定"状态,安全性是指系统保持这种状态的能力。安全状态被破坏是因为意外事件的发生,即通常讲的"事故"发生,其特征指标是人员伤亡、设备财产损失或环境危害的程度。"可靠"表示系统性能的"保证"与"可信赖",可靠性是指系统性能"保证"与"可信赖"的能力。可靠状态被破坏是因为自身某些能力的下降或消失,即通常讲的出现"故障",其特征指标是系统某些性能下降或丧失的程度。

当某个系统的可靠性出现下降,则容易出现故障。当故障出现后,不仅造成系统性能的下降,而且可能会导致事故的发生,即系统安全性下降。反之,当有事故发生时,系统性能会下降或无法运转,此时的事故从可靠性角度讲就是故障。所以有时人们将"事故"与"故障"混用,但一般在安全性研究中用"事故"来描述事件,在可靠性研究中用"故障"来描述事件。

可靠性是指系统、设备、零件等性能在时间上的安全程度。一般意义上的产品故障少,指的就是可靠性高。有时也用来说明人的可靠性。当人不产生差错时,可以认为这个人的可靠性高。一般可靠性高的系统、机器、设备,其安全性也高。但是可靠并不等于安全,有的产品本身可靠性高,表现为结构坚固、经久耐用,但是在设计上没有考虑安全问题,存在对操作人员造成伤害的危险,其安全性是低的。安全系统工程的任务,不仅要提高系统的可靠性,同时还要提高系统的安全性。

从分析方法上看,有众多的安全性与可靠性分析方法属于同一范畴,例如故障模式、影响及其危害性分析、故障树分析、人因工程等，但两者又各有其特有的专用分析方法，如可靠性工程中的维修性分析、权衡分析、共因故障分析等；安全性分析中的危险源分析、危险性预先分析等。

1.2.3 安全问题的基本特性

作为伴随生产而存在的安全问题，对于所有的技术系统都具有普遍的意义，交通运输系统也不例外。安全问题的基本特性主要表现在：

1. 安全的系统性

安全涉及技术系统的各个方面，包括人员、设备、环境等因素，而这些因素又涉及经济、政治、科技、教育和管理等许多方面。特别对于像铁路运输这样的开放系统，安全既受系统内部因素的制约，也受到系统外部环境的干扰。而安全的恶化状态，即事故，不仅可能造成系统内部的损害，而且可能造成系统外部环境的损害。因此，研究和解决安全问题应从系统观点出发，运用系统工程的方法，进行综合治理。

2. 安全的相对性

凡是人类从事的生产活动，都有安全问题，所不同的只是发生事故的可能性有大有小，危害程度有轻有重而已。安全的相对性表现在三个方面：首先，绝对安全的状态是不存在的，系统的安全是相对于危险而言的；其次，安全标准是相对于人的认识和社会经济的承受能力而言，抛开社会环境讨论安全是不现实的；再次，人的认识是无限发展的，对安全机理和运行机制的认识也在不断深化，即安全对于人的认识而言具有相对性。由安全的相对性可知：各种生产和生活活动过程中事故或危害事件是可以避免的，但难以完全避免；各种事故或危害事件的不良作用、后果及影响可能避免，但难以完全避免。但是，事故是可以预防的，可以利用安全系统工程的原理和技术，预先发现、鉴别、判明各种隐患，并采取安全对策，从而防患于未然。

3. 安全的依附性

安全是依附于生产而存在的，它不可能脱离具体的生产过程而独立存在，只要存在生产活动，就会出现安全问题。另外，安全是生产的前提和保障，安全工作搞得不好，生产便无法顺利进行。因此，需要经常持久地抓好安全工作。

4. 安全的间接效益性

要保证生产安全必须在人员、设备、环境和管理方面有相应适时的安全投入，但安全投入所产生的经济和社会效益却是间接的、无形的，难以定量计算。因此，安全投入往往被忽视，只有发生了事故造成了损失之后才会意识到安全投入的必要性和重要性。事实上，安全的效益除了减少事故的直接和间接经济损失外，更重要的是在提高人员素质、改进设备性能、改善环境质量和加强生产管理等方面所创造的积极的经济和社会效益。

5. 安全的长期性和艰巨性

人对安全的认识在时间上往往是滞后的，很难预先完全认识到系统存在和面临的各种危险，而且即使认识到了，有时也会由于受到当时技术条件的限制而无法予以控制。随着技术进步和社会发展，旧的安全问题解决了，新的安全问题又会产生。所以，安全工作是一个长期的过程，必须坚持不懈，始终如一地努力才行。

1.3 城市轨道交通的安全

城市轨道交通作为城市的公共交通工具，特别是在大城市、特大城市中，城市轨道交通每天要运送乘客几百万人次。因此，投入运营后的城市轨道交通的安全问题直接关系到高度密集人群的生命财产安全，甚至直接影响城市的社会经济和民生。投入运营后的城市轨道交通的安全问题一般可分为两类，即公共安全和运营安全。

1.3.1 城市轨道交通的公共安全

1. 社会的公共安全

现代社会的公共安全问题已经和一个国家的安全紧密相连。一个社会的公共安全，涉及到每一个社会成员的切身利益，公共安全事件发生后，造成的损失和危害并不能同公共安全事件的本身一起结束，它所产生的危害甚至会在今后的一段时间内不断地产生后果，并引起相关领域的连锁反应。

1)有关公共安全的一些概念

(1)“公共安全”是指不特定多数人的生命、健康、财产以及国家公共财产等社会公共利益的安全。现代社会的“公共安全”是包括社会成员的人身、健康、财产的安全保障及社会本身处置突发性事件的能力。

(2)“公共安全危机”是指以不特定人员的生命、健康、财产及社会公共利益安全为侵害对象的危害公共安全的事实。事实可以分为事件和行为。事件，又称自然事实，是指与主体的意志无关的客观现象，如自然灾害、人员死亡、财物的灭失等到都属于事件。行为是指受主体意志支配的活动。

公共安全危机应包括危害公共安全的事件和危害公共安全的行为。危害公共安全的事件主要包括自然灾害、安全生产事故等突发性事件；危害公共安全的行为是指行为人故意或过失地实施危害不特定多数人的生命、财产、健康或社会公共财产安全的行为。公共安全危机具有极大的危害性，有时还会引起社会秩序的混乱，政局的动荡。其危害的广泛性和严重性往往难以预料和控制。

2)我国的公共安全问题

公共安全问题涉及到自然灾害、安全生产事故、战争冲突、恐怖活动、暴力袭击、有害生物侵害、瘟疫等危害不特定人身、健康、财物安全的事件，其涉及范围非常广泛。从我国社会来看，公共安全问题主要涉及到重大责任事故、自然灾害、治安问题和疫情传播等所引发的公共安全问题。目前世界恐怖主义活动也正在逐渐潜入我国，伺机制造危害公共安全问题的动向值得引起警惕。

一个国家若发生危害公共安全的事件，其造成的直接和间接损失都是难以计数的。我国每年因公共安全问题造成的国内生产总值损失高达约 6%，每年因安全问题夺去约 20 万人的生命。

引发我国公共安全问题的主要因素有：

(1)安全生产事故：我国的重大安全事故频频发生，特别是瓦斯爆炸、矿井坍塌等恶性事故。

(2)自然灾害、人为灾祸：我国是世界上自然灾害最为严重的国家之一，重大突发性自然灾害频发，包括地震灾害、水灾、风灾、虫灾等；火灾直接威胁着人的生命和财产，是我国危害最持久、最剧烈的灾害之一，其他人为灾害也威胁着整个社会的公共安全，如食品安全等。

(3)社会治安问题：我国的社会治安形势严峻，对人民群众的生命、财产安全构成了很大的隐患。

(4)有害生物侵害、疫情传播：例如“非典”，禽流感等。

目前，我国应对公共安全突发事件的能力还比较脆弱，公共安全问题愈来愈成为全社会关注的焦点。

2. 城市轨道交通的公共安全

城市轨道交通同样面临着公共安全问题。在北京、上海等大城市，城市轨道交通已成为居民出行的主要公共交通方式。城市轨道交通是一个社会公共场所的缩影，是人群非常集中的场所，容易引发针对不特定人群或个体的公共安全事件。近年来，国外连续发生的城市轨道交通的公共安全事件已经给我们敲响了警钟，城市轨道交通的公共安全问题越来越受到各级政府和部门的重视。

同社会的公共安全问题一样，城市轨道交通也面临着安全生产事故、自然灾害、人为灾祸、治安事件、有害生物侵害、疫情传播等危害城市轨道交通公共安全的事件威胁，但造成威胁的因素构成比例不尽相同。

纵观世界各国的城市轨道交通，构成对城市轨道交通公共安全的主要威胁有：

1)恐怖暴力袭击

城市轨道交通的车站、列车、区间、运营控制中心等重要部位都面临着恐怖暴力袭击的危险。近 10 多年来，全球的城市轨道交通共发生数 10 次恐怖袭击事件，造成了大量的人员伤亡和财产损失。例如：1995 年 3 月 20 日，日本东京地铁遭到奥姆真理教成员的液态沙林毒气的袭击，导致 12 人死亡，3 000 多人受伤。2005 年 7 月 7 日，英国伦敦地铁 6 座车站相继遭到恐怖袭击，发生爆炸事件，造成 50 多人死亡，700 多人受伤。

2)地铁火灾

由于地铁所具有的建筑和环境特点，地铁中发生的各种灾害以火灾所带来的损失和伤亡最为严重。如 1995 年阿塞拜疆的巴库地铁火灾即造成了死 289 人、伤 265 人的重大事件。地铁火灾起因可分为人为因素(包括制造爆炸和过失引火)和系统故障因素(包括地铁电气与机械设备故障等)两大类。

3)大量客流拥堵

各种因素导致的瞬间客流大量聚集拥堵从而容易引发群体性伤亡事件的发生。一旦形成超大客流的瞬间聚集，使运能和运量矛盾急剧放大，极易产生“点堵、线瘫、面乱”的蔓延和辐射效应，造成局部秩序混乱，一遇其他诱发因素更易导致骚乱性群死、群伤事件。

4)阻碍运营事件

一旦因运营故障、乘客滞留或其他群体性行为都可能产生阻碍列车运营的事件。甚至有行为人因各种原因违规进入轨道、穿越轨道以及自杀等行为而造成列车被迫停运的事件。

5)有毒、有害的生物或气体的侵害

地下车站由于空间封闭、场地狭小、空气流通性较差，有毒、有害的生物或气体一旦侵入就较难控制，使涉及的伤害范围比较大。

6)自然灾害和其他意外因素的侵害

自然灾害和其他意外因素也对城市轨道交通的公共安全构成威胁。例如台风刮倒电杆、大树，高空坠物等都可能威胁到地面城市轨道交通的安全。

1.3.2 城市轨道交通的运营安全

1. 运营安全性与可靠性的概念

对于城市轨道交通系统，运营安全性指在整个系统运营过程中，保障乘客和员工不受伤害以及设备不遭破坏的能力；运营可靠性指在系统运营过程中，保障“乘客准时到达目的地”的能力。通常所讲的“保障乘客安全正点旅行”即包含了运营安全性与可靠性两方面的概念。

保障乘客和员工不受伤害以及设备不遭破坏的能力包含了两个方面，即不发生意外的安全(Safety)和免遭破坏的安全(security)，对应的事故也有两种，即意外发生的事故(accident)和故意造成的事件(incident).

“保障乘客准时到达目的地”的能力也包含了两个方面：一是运输容量能力，二是列车按计划正点运行能力。因乘车人多造成拥挤而导致无法登乘、列车无法准时出发、以及由此引发的后续列车运行延误和车底周转延误属于前者;因技术或管理原因造成的运营中断、列车延误、以及由此引发的后续列车运行延误和车底周转延误、或维修延误造成的列车运行延误等属于后者。

另外,"乘客方便舒适地旅行"是运营可靠性的另一项度量。如车站的空调、电梯等,列车上的灯光、座椅等,这些设备发生故障可能并不影响列车的正点运行,但会对乘客带来不便或不舒服。此项度量可作为更高一级的可靠性要求,即正点运营可靠性基础上的服务质量可靠性。

2. 保证运营安全的措施

城市轨道交通作为重要的公共交通工具,一旦发生安全事故,必将对城市的生产、生活产生重大的社会影响。因此,保证城市轨道交通的运营安全是城市轨道交通运营单位的首要任务和职责。为确保城市轨道交通的运营安全,应着重做好以下几方面的工作:

1)建立、健全城市轨道交通法规体系及安全管理体系

做好城市轨道交通的立法工作使之有法可依,并制定一系列配套的具体法规。

建立一个包括安全管理的机构、制度、责任、设施、岗位职责、人员配置、资金的投入和使用等一系列严密的管理体系。

2)做好城市轨道交通公共场所的保安防范工作

运营单位必须确立"防控第一"的安全战略,视防范和控制为第一要务,力求把涉及公共安全的灾难性事件消灭在萌芽状态。应针对城市轨道交通的特点和场所的具体情况,切实制定保安措施,加强保安巡逻。

3)做好城市轨道交通重点单位,重要部位的安全防范工作

关系到城市轨道交通安全运营全局的重点单位、重要部位,一旦出事就可能造成重大伤亡或经济损失,必须加强其安全防范工作。应加强对重点单位、重要部位人员的管理和安全教育,建立安全防范制度、岗位责任制度和检查制度,切实制定和落实相应的安全防范措施。

4)健全和落实确保城市轨道交通安全运营的各项技术措施

城市轨道交通运营单位应加大对城市轨道交通安全运营的监测、预警、预防和应急处置技术研发的投入,不断改进技术装备,建立健全城市轨道交通安全应急技术平台。

5)制订应对城市轨道交通突发事件的应急预案及组织实地演习

所谓城市轨道交通突发事件,是指在城市轨道交通区域(包括车站、列车内和区间线路)突发火灾、水灾、爆炸、毒品(气)施放或泄漏、大客流爆满或停电造成险情、车辆脱轨和道床伤亡等事件。为了有效预防和及时处置在车站、列车、区间线

路等处发生的突发事件，防止事件扩大，减少人员伤亡和财产损失，城市轨道运营单位应针对不同的突发事件分别制定相应的应急处置预案。如：火灾、爆炸、毒气事件处置预案，大客流爆满处置预案，列车脱轨、冲突、颠覆事故处置预案等。建立应急救援组织，配备救援器材设备，并应定期或不定期地组织实地演习，以提高对突发事件的应急处置能力。

第2章 安全的基本理论

人们在实践的基础上，积累安全生产经验，并运用自然科学、社会科学以及人文科学等的研究成果，形成了一门新兴的交叉学科——系统安全科学。系统安全科学是多种学科的横断学科，是应用系统论的观点、方法去研究系统的事故过程，分析事故致因和机理，研究事故的预防和控制策略、事故时的缓救措施等的学科。事故致因理论是系统安全科学的基石，支撑了系统安全科学的理论和方法的发展。事故致因理论，可以在理论上比较好地解析事故产生的原因。

2.1 事故致因理论

2.1.1 单因素事故致因理论

单因素理论的基本观点是：事故是由单一因素（因素是指人或环境的某种特性）引起的，其代表性理论主要是事故倾向性理论。

1919年，英国的格林伍德(Greenwood)和伍兹(Wood)对许多工厂里的伤亡事故发生的次数和有关数据，按不同的统计分布（偏倚分布、泊松分布和非均等分布）进行统计检验，发现工人中的某些人较其他工人更容易发生事故。后经1926年纽伯尔德(Newboid)以及1939年法默(Farmer)等人研究，逐渐演化成事故倾向性理论(Accident Proneness Theory)。所谓事故频发倾向，是指个人容易发生事故的、稳定的、个人的、内在的倾向。根据这种观点，事故频发倾向是由个人内在因素决定的，并且长时间不会变化的容易发生事故的倾向，即有些人的本性就是容易发生事故。因此，减少事故的手段主要体现在两个方面，一方面通过严格的生理、心理检验等，从众多的求职人员中选择身体、智力、性格特征及动作特征等方面优秀的人才就业；另一方面一旦出现事故频发倾向者则将其解雇。

事故倾向性理论是早期的事故致因理论，只确认了事故原因的一个侧面，并且只提出单一的补救措施。19世纪末20世纪初，差别心理学盛行，事故倾向性理论正是在这一背景下形成的，曾在安全管理界产生重大影响长达半个世纪之久，被许多西方工业界作为招聘、安排职业、进行安全管理的理论依据。但这一理论存在的最大的弱点是过分强调了人的个性特征在事故中的影响，把工业事的原因归因于少数事故倾向者,而且不能解释何以在同等危险暴露情况下,人们受伤害的概率并非都不相等。

2.1.2 事故因果连锁理论

事故因果连锁理论的基本观点是:事故是由一连串因素以因果关系依次发生,就如链式反应的结果。其代表性理论主要有:海因里希事故因果连锁理论、博德事故因果连锁理论和亚当斯事故因果连锁理论。此处主要介绍海因里希事故因果连锁理论。

1936年海因里希(H. W. Heinrich)对当时美国工业安全实际经验作了总结、概括,上升为理论,提出了"工业安全公理",出版了流传全世界的《工业事故预防》一书,在该书中阐述了工业事故发生的因果连锁论。该理论的核心思想是:伤亡事故的发生不是一个孤立的事件,而是一系列原因事件相继发生的结果。Heinrich提出了"事件链"(chains of events)这一重要概念,即伤害与各原因相互之间具有连锁关系。Heinrich为事故连锁过程受以下5个因素的影响:

(1)遗传及社会环境。遗传及社会环境造成人的缺点的原因。遗传因素可能使人具有鲁莽、固执、粗心等不良性格;社会环境可能妨碍人的安全素质培养,助长不良性格的发展。这种因素是因果链上最基本的因素。

(2)人的缺点。包括鲁莽、固执、过激、神经质、轻率个体等性格上的先天缺点,以及缺乏安全生产知识和技术等后天缺点。

(3)人的不安全行为或物的不安全状态。是指那些曾经引起过事故,可能再次引起事故的人的行为或机械、物质的状态,它们是造成事故的直接原因。

(4)事故。即由于人、物或环境的作用或反作用,使人员受到伤害或可能受到伤害、出乎意料之外的、失去控制的事件。

(5)伤害。即直接由事故产生的财产损害或人身伤害。

Heinrich提出了多米诺骨牌理论(Domino Theory),用五块骨牌形象地描述这种因果关系,如图2.1所示。在骨牌系列中,第一颗骨牌被碰倒了,会发生连锁反应,其余的几颗骨牌相继被碰倒。如果移去中间的一颗骨牌,则连锁被破坏,事故过程被中止。Heinrich认为,企业安全工作的中心是防止人的不安全行为,消除机械的或物质的不安全状态,中断事故的进程以避免事故的发生。控制事故的方法也必须针对人的失误,移去中间因素,使系统中断,令前级因素失去作用。

美国前国际损失控制研究所所长小弗兰克.博德(Frank Bird)在Heinrich事故因果连锁理论的基础上,提出了现代事故因果连锁理论。博德认为,尽管人的不安全行为和物的不安全状态是导致事故的重要原因,但认真追究,却不过是其背后原因的征兆,是一种表面现象。他认为事故的根本原因是管理失误。

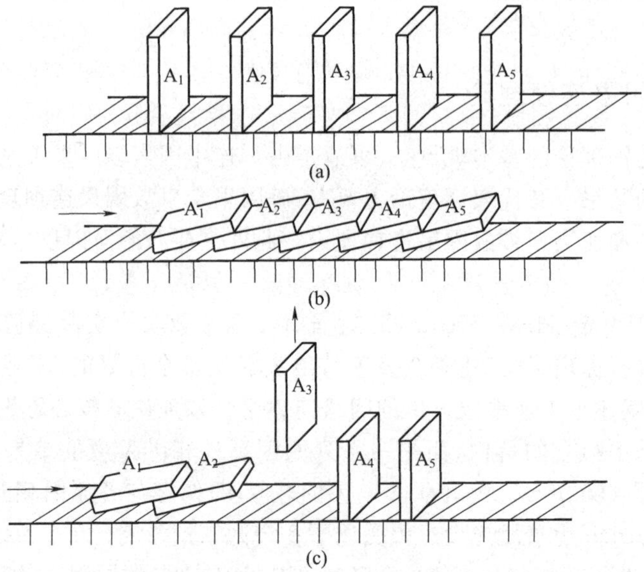

图 2.1 Heinrich 事故因果连锁模型

英国伦敦大学亚当斯(John Adams)教授提出了一种与博德事故因果连锁理论相类似的因果连锁模型。亚当斯将人的不安全行为和物的不安全状态称作现场失误，其目的在于提醒人们注意不安全行为和不安全状态的性质。亚当斯理论的核心在于对造成现场失误的管理原因进行了深入研究，认为操作者的现场失误是由于企业领导者及安全工作人员的管理失误造成的。

Heinrich 理论不仅确立了事故致因的事件链概念，开创性地用骨牌形象、直观地描述了事故发生的因果关系，而且提出了抽除一张牌，即可破除事故链而达到防止事故发生的诱人思路。这一理论是事故研究科学化的先导，具有重要的历史地位，在实际的安全管理中广泛应用。但该理论把人的不安全行为和物的不安全状态的产生原因完全归因于人的缺点，进而追究人的遗传因素和社会环境方面的问题，表现出了认识的局限性。随后的几种事故致因理论，在不同程度上对 Heinrich 的事故因果连锁理论的缺陷和不足作了补充。博德事故的根本原因确定为管理失误，即管理方面的控制不足。亚当斯则进一步研究了管理失误的个人因素和组织因素。从而使事故的归因研究，从追究个人原因和责任转向对组织中管理缺陷的探索，使这一因果链模型得到进一步发展。

事故发生有其自身的发展规律和特点，只有掌握了事故发生的规律，才能保证安全生产系统处于安全状态。前人站在不同的角度，对事故进行研究，给出了很多事故致因理论，下面简要介绍几种。

2.1.3　瑟利人因系统理论方法

系统理论方法的焦点集中于人与其工作任务间相互关系的细节。要说明在这种相互作用中的心理逻辑过程，最重要的是与感觉、记忆、理解、决策有关的过程，并要辨识事故将要发生时的状态特征。

1. 瑟利(Surry)模型及其扩展

(1)S—O—R 人的因素模型。1969 年瑟利(J. Surry)提出了一个事故模型，它包括两组问题(危险构成和显现危险的紧急时期)，每组问题共有 3 个心理学成分：对事件的感知(刺激，S)、对事件的理解(内部响应、认识活动，O)、对事件的行为响应(输出，R)。该模型以人对信息的处理过程为基础描述事故发生因果关系，被称为瑟利事故模型(Surry'S Accident Mode)，如图 2.2 所示。

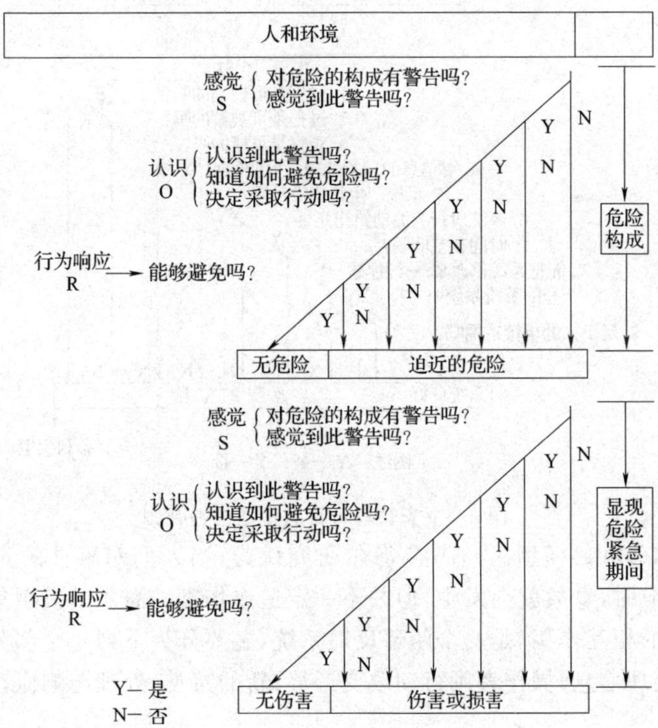

图 2.2　瑟利事故模型

第一组问题关系到危险的构成，以及与此危险相关的感觉的认识和行为的响应。如果人的信息处理的每个环节都正确，危险就能被消除或得到控制；反之，只要任何一个环节出现问题，就会使操作者直接面临危险。第二组关系到危险释放期间的 S—O—R 响应。如果人的信息处理过程的各个环节都是正确的，则虽然面临着已经显现出来的危险，但仍然可以避免危险释放出来，不会带来伤害或损害；反之，只要任何一个环节出错，危险就会转化成伤害或损害。

(2)操作过程与S—O—R人因素模型的综合。1978年安德森等在分析60起工伤事故中应用了瑟利模型，发现其存在一定的缺陷。安德森等人认为，瑟利模型虽然清楚地处理了操作者的问题，但未涉及机械及其周围环境的运行过程。于是，他们对瑟利模型作了扩展，在瑟利模型之上增加一组前提步骤，即有关危险线索的来源及可考察性，运行系统内的波动（变异性），以及控制和减少这些波动与人的操作的行为波动相一致。这一扩展使瑟利模型变得更为有用和协调。安德森对瑟利模型的整补始于可控制系统（一个不可控系统如闪电，不能为模型的开始组所阐明）。如图2.3所示。

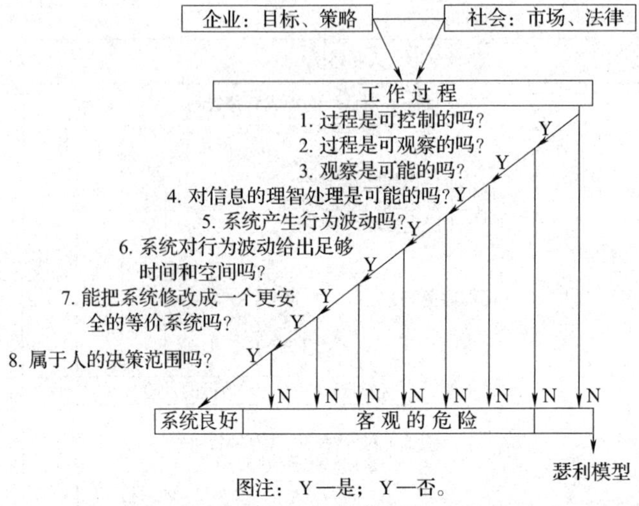

图2.3 安德森对瑟利模型的整补图

(3)海尔(Hale)模型。1970年海尔研究认为，当人们对事件的真实情况不能做出适当响应时，事故就会发生，但并不一定造成伤害。海尔的模型集中于操作者与运行系统的相互作用，是一个闭环反馈系统，主要分为下列4个部分：察觉情况，接受信息；处理信息；操作者用行动改变形势；新的察觉、处理与响应。如图2.4所示。

信息包括操作者在运行系统中收到的信息。这种信息可能由于机械的故障而不正确，也会因为视听不佳而察觉不到，即不完整的信息。这两种情况都可能导致行动失误。预期的信息指经常指导对信息收集和选择的预测。就预测指导感觉而言，可能发生两种类型的失误。一是操作者感觉上的失误，二是对危险征兆没有察觉。负担过重、有压力、疲劳或药物的不良影响，都有可能使操作者对收集信息的

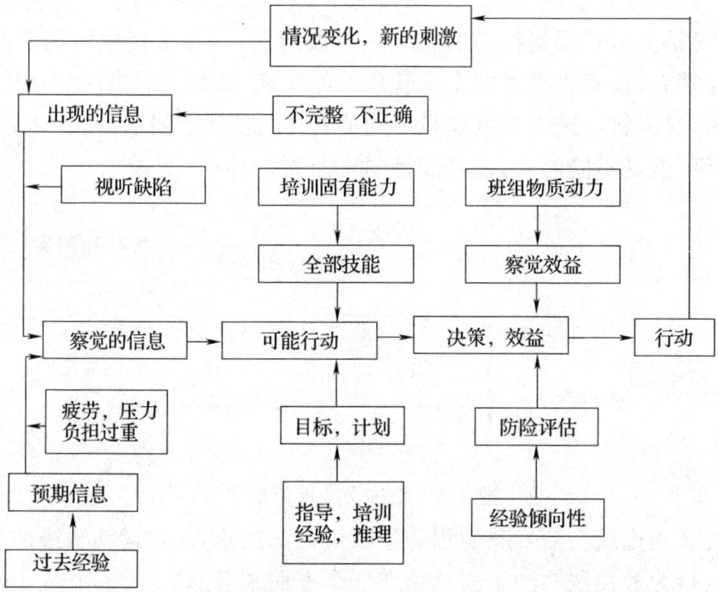

图 2.4　海尔模型

注意力削弱，以致不能对危险保持警惕。

行为的决策是根据觉察到的信息。经过处理，决定采取行动。能否采取正确的行动，取决于指导、培训以及固有能力。决策还要考虑经济效益、社会效益，包括生产班组集体的利益，以及原有的经验及由此而产生的对危险的主观评价。其中认识、理解和决策均属于中枢处理，接着便是行动输出(行为响应)。行动输出之后系统会发生变化，使操作者根据新的情况返回到模型的信息阶段，如此循环往复，在系统的反馈环中关键是要发挥监察和检测的功能。

2.1.4　轨迹交叉理论

20 世纪 60 年代末 70 年代初，日本劳动省调查分析了 50 万起事故的形成过程，总结出从人的系列分析，只有约 4%的事故与人的不安全行为无关；从物的系列分析，只有约 9%的事故与物的不安全状态无关。这些统计数字表明，大多数伤害事故的发生，既与人的不安全行为，也与物的不安全状态相关。在此基础上，日本劳动省提出了“轨迹交叉理论”(Orbit Intersecting Theory)，并构建了一系列模型来描述这一理论，详见图 2.5。

轨迹交叉理论得基本思想是：伤害事故是许多相互关联的事件顺序发展的结果。这些事件概括起来不外乎人和物两个发展系列，当人的不安全行为和物的不安全状态在各自发展过程中(轨迹)，在一定时间、空间发生了接触(交叉)，能量“逆流”于人体时，伤害事故就会发生。而人的不安全行为和物的不安全状态之所以产生和发展，又是受多种因素作用的结果。多数情况下，在直接原因的背后，往往存在着企业经营者、监督管理者在安全管理上的缺陷，这是造成事故的本质原因。如图 2.5 所示，起因物与施害物可能是不同的物体，也可能是同一个物体，同样，肇事者与受害者可能是不同的人，也可能是同一个人。

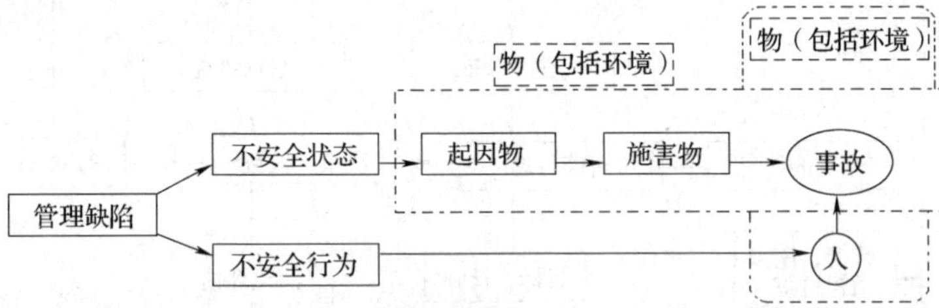

图 2.5　轨迹交叉理论模型

轨迹交叉理论模型启发我们预防事故可以从防止人、物运动轨迹的交叉，控制人的不安全行为和控制物的不安全状态三个方面来考虑。

由于研究重点侧重于人的因素，本节并没有将物（主要指电网设备）的不安全状态考虑在内。事实上由设备原因而导致电网事故是比较常见的。但必须引起注意的是在电网运行中发生人因事故，很多时候并没有出现人、物运动轨迹的交叉。也就是轨迹交叉理论存在着其盲点。如在变电所运行人员误操作中，基本上物（电网设备）当时都处于安全状态，由于人的行为不当，最后直接造成电网事故。

事故致因理论和人因分析理论是人类安全实践深入的结果，并伴随着实践的发展而发展。从前人的努力中，我们可以得到以下基本启示：

第一，导致事故产生的原因是复杂的。众多的事故致因理论同时存在，而没有一个统一的可以解释所有事故的模型和理论，充分说明了事故产生原因的复杂性。这一结论说明了运用科学理论和科学方法对不同领域的安全问题进行具体研究是有必要和有价值的。

第二，导致事故产生的原因是有规律可寻的。事故的产生原因虽然复杂，但其中无外乎于人、机、环境和管理这 4 个要素。其中按照人因分析理论，人的因素是主要因素。这一结论说明抓住“人”这一最主要的因素，围绕“人”来开展轨道交通运行的安全研究，抓住了安全矛盾的主要方面；因为安全问题有规律可寻，就有可能得出轨道交通安全运行中有规律性的结论。

我们可以从个体、群体、组织三个层次去探寻与人相关的不安全因素。从人因分析理论中可以看到众多的学者对人因进行了深入研究，提供了不少有价值的参考。人因研究的发展过程就是从注重个体研究到注重组织研究的过程。

2.2　可靠性理论

2.2.1　可靠性基本概念

可靠性是产品质量的重要组成部分，也是衡量产品质量的一项指标。对于公众而言，在购买相关产品时，不仅要查看其基本的技术性能，更看重其产品具有较高的可靠性。对汽车、轨道车辆、航天飞机等来说，如果核心零部件不可靠，会直接导致事故的发生，从而造成经济损失，甚至危及人员的生命安全及国家荣誉。

可靠性的经典定义是：产品或系统（设备）在规定条件下和规定时间内完成规定功能的能力。它最早由美国的AGREE在1957的报告中提出，并在1966年美国的MIL－STD－721B中较正规的给出，并为世界各国的标准所引用。

可靠性包括下列五要素：

（1）产品：指作为单独研究和分别试验对象的任何元件、设备或系统，可以是零件、部件，也可以是由它们装配而成的机器，或由许多机器组成的机组和成套设备，甚至还把人的作用也包括在内。在具体使用"产品"这一词时，其确切含义应加以说明。例如汽车板簧、汽车发动机、汽车整车等。

（2）规定条件：一般指的是使用条件、环境条件。包括应力温度、湿度、尘砂、腐蚀等，也包括操作技术、维修方法等条件。

（3）规定时间：是可靠性区别于产品其他质量属性的重要特征，一般也可认为可靠性是产品功能在时间上的稳定程度。因此以数学形式表示的可靠性各特征量都是时间的函数。这里的时间概念不限于一般的年、月、日、分、秒，也可以是与时间成比例的次数、距离。例如应力循环次数、汽车行驶里程。

（4）规定功能：要明确具体产品的功能是什么，怎样才算是完成规定功能。产品丧失规定功能称为失效，对可修复产品通常也称为故障。怎样才算是失效或故障，有时很容易判定，但更多情况则很难判定。当产品指的是某个螺丛，显然螺栓断裂就是失效；当产品指的是某个设备，对某个零件损坏而该设备仍能完成规定功能就不能算失效或故障。有时虽有某些零件损坏或松脱，但在规定的短时间内可容易地修复也可不算是失效或故障。若产品指的是某个具有性能指标要求的机器，当性能下降到规定的指标后，虽然仍能继续运转，但已应算是失效或故障。究竟怎样算是失效或故障，有时要涉及厂商与用户不同看法的协商，有时要涉及当时的技术水平和经济政策等而作出合理的规定。

（5）能力：只作定性的理解是比较抽象的，为了衡量检验，后面将加以定量描述。

产品的失效或故障均具有偶然性，一个产品在某段时间内的工作情况并不很好地反映该产品可靠性的高低，而应该观察大量该种产品的工作情况并进行合理的处理后才能正确的反映该产品的可靠性，因此对能力的定量需用概率和数理统计的方法。

按产品可靠性的形成，可靠性可分为固有可靠性和使用可靠性。固有可靠性是通过设计、制造赋予产品的可靠性；使用可靠性既受设计、制造的影响，又受使用条件的影响。一般使用可靠性总低于固有可靠性。

2.2.2　可靠性特征量(可靠性指标)

1. 可靠度

可靠度是产品在规定条件下和规定时间内，完成规定功能的概率，一般记为 R。它是时间的函数，故也记为 $R(t)$，称为可靠度函数。

如果用随机变量 T 表示产品从开始工作到发生失效或故障的时间，其概率密度为 $f(t)$ 如上图所示，若用 t 表示某一指定时刻，则该产品在该时刻的可靠度为：

$$R(t)=P(T>t)=\int_i^{\infty} f(t)\mathrm{d}t \tag{2.1}$$

对于不可修复的产品，可靠度的观测值是指直到规定的时间区间终了为止，能完成规定功能的产品数与在该区间开始时投入工作产品数之比，即：

$$\hat{R}(t)=\frac{N_s(t)}{N}=1-\frac{N_F(t)}{N} \tag{2.2}$$

式中　N——开始投入工作产品数；

$N_a(t)$——到 t 时刻完成规定功能产品数，即残存数；

$N_f(t)$——到 t 时刻未完成规定功能产品数，即失效数。

2. 可靠寿命

可靠寿命是给定的可靠度所对应的时间，一般记为 $t(R)$。

如图 2.6 所示，一般可靠度随着工作时间 t 的增大而下降，对给定的不同 R，则有不同的 $t(R)$，即

$$t(R)=R^{-1}(R) \tag{2.3}$$

式中　R^{-1}——R 的反函数，即由 $R(t)=R$ 反求 t。

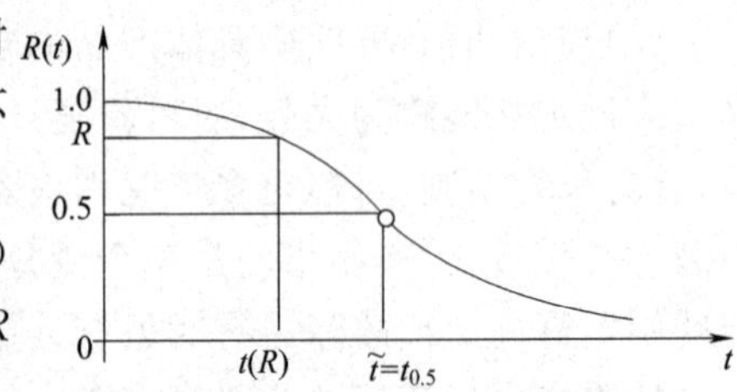

图 2.6　可靠寿命和中位寿命

可靠寿命的观测值是能完成规定功能的产品的比例恰好等于给定可靠度时所对应的时间。

3. 累积失效概率

累积失效概率：累积失效概率是产品在规定条件下和规定时间内未完成规定

功能(即发生失效)的概率,也称为不可靠度。一般记为 F 或 $F(t)$。

因为完成规定功能与未完成规定功能是对立事件,按概率互补定理可得:

$$F(t)=1-R(t) \tag{2.4}$$

$$R(t)=P(T\leqslant t)=\int_{-\infty}^{i} f(t)\mathrm{d}t \tag{2.5}$$

对于不可修复产品和可修复产品累积失效概率的观测值都可按概率互补定理,取

$$\hat{F}(t)=1-\hat{R}(t) \tag{2.6}$$

4. 平均寿命

平均寿命:平均寿命是寿命的平均值,对不可修复产品常用失效前平均时间,一般记为 MTTP,对可修复产品则常用平均无故障工作时间,一般记为 MTBF。它们都表示无故障工作时间 T 的期望 E(T)或简记为 t。如已知 T 的概率密度函数 $f(t)$,则

$$\bar{t}=E(T)=\int_{0}^{\infty} tf(t)\mathrm{d}t \tag{2.7}$$

经分部积分后也可求得

$$\bar{t}=\int_{0}^{\infty} R(t)\mathrm{d}t \tag{2.8}$$

5. 失效率和失效率曲线

失效率:失效率是工作到某时刻尚未失效的产品,在该时刻后单位时间内发生失效的概率。一般记为 λ,它也是时间 t 的函数,故也记为 $\lambda(t)$,称为失效率函数,有时也称为故障率函数或风险函数。

按上述定义,失效率是在时刻 t 尚未失效产品在 $t+\Delta t$ 的单位时间内发生失效的条件概率。即:

$$\lambda(t)=\lim_{t\Delta t\to 0}\frac{1}{\Delta t}P(t<T\leqslant t+\Delta t\,|\,T>t) \tag{2.9}$$

它反映 t 时刻失效的速率,也称为瞬时失效率。

失效率的观测值是在某时刻后单位时间内失效的产品数与工作到该时刻尚未失效的产品数之比,即:

$$\hat{\lambda}(t)=\frac{\Delta N_f(t)}{N_s(t)\Delta t} \tag{2.10}$$

失效率曲线:典型的失效率曲线失效率(或故障率)曲线反映产品总体个寿命期失效率的情况。图示 2.7 为失效率曲线的典型情况,有时形象地称为浴盆曲线。失效率随时间变化可分为三段时期:

(1)早期失效期,失效率曲线为递减型。产品投入使用的早期,失效率较高而

下降很快。主要由于设计、制造、储存、运输等形成的缺陷,以及调试、跑合、起动不当等人为因素所造成的。当这些所谓先天不良的失效后且运转也逐渐正常,则失效率就趋于稳定,到 t_0 时失效率曲线已开始变平。t_0 以前称为早期失效期。针对早期失效期的失效原因,应该尽量设法避免,争取失效率低且 t_0 短。

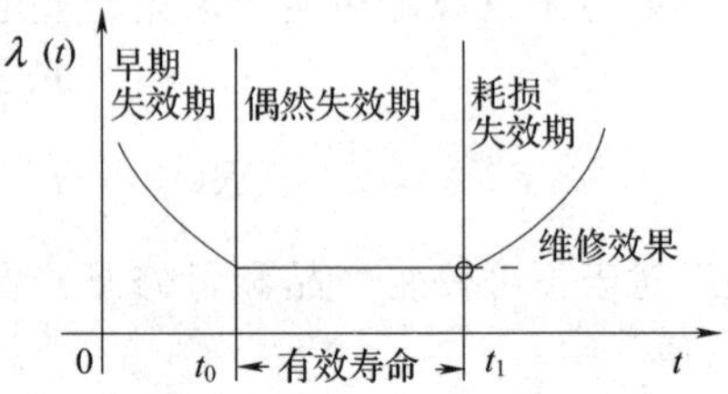

图 2.7 典型失效曲线

(2)偶然失效期,失效率曲线为恒定型,即 t_0 到 t_i 间的失效率近似为常数。失效主要由非预期的过载、误操作、意外的天灾以及一些尚不清楚的偶然因素所造成。由于失效原因多属偶然,故称为偶然失效期。偶然失效期是能有效工作的时期,这段时间称为有效寿命。为降低偶然失效期的失效率而增长有效寿命,应注意提高产品的质量,精心使用维护。加大零件截面尺寸可使抗非预期过戴的能力增大,从而使失效率显著下降,然而过份地加大,将使产品笨重,不以济,往往也不允许。

(3)耗损失效期,失效率是递增型。在 t_1 以后失效率上升较快,这是由于产品已经老化、疲劳、磨损、蠕变、腐蚀等所谓有耗损的原因所引起的,故称为耗损失效期。针对耗损失效的原因,应该注意检查、监控、预测耗损开始的时间,提前维修,使失效率仍不上升,如图 2.9 中虚线所示,以延长寿命不多。当然,修复若需花很大费用而延长寿命不多,则不如报废更为经济。

2.2.3 可靠性技术

可靠性的技术基础范围是相当广泛的,大致分为定性和定量的两大类方法。定量化的方法要从故障(失效)的概率分布讲起,如何能定量地设计、试验、控制和管理产品的可靠性。定性方法则是经验为主,也就是要把过去积累处理失效的经验设计到产品中,使它具有免故障的能力。定性和定量方法是相辅相成的。可靠性设计和试验分析技术,其目的是在设计阶段预测和预防所有可能发生的故障和隐患,消除于未然,把可靠性设计到产品中去。事中分析指产品在运行中的故障诊断、检测,和寿命预测技术,以保持运行的可靠性。事后分析指产品发生故障或失效后的分析,找出产品故障模式的原因,研究预防故障的技术。尤其是事前分析,这便是可靠性研究重点的重点,美国工业中 90%的可靠性成本用于设计上,而且在提高可靠性方面已积累了不少经验和技术,以下作简单介绍。

1. 可靠性设计经验

(1)选择设计方案时尽量不采用还不成熟的新系统和零件,尽量采用已有经验并已标准化的零部件和成熟的技术。

(2)结构简化,零件数削减。如日本横河记录仪表10年中无件数削减30%,大大提高了可靠性。

(3)考虑功能零件的可接近性,采用模块结构等以利于可维修性。

(4)设置故障监测和诊断装置。

(5)保证零件部设计裕度(安全系数/降额)。

(6)必要时采用功能并联、冗余技术。如日本的液压挖掘机等,采用双泵、双发动机的冗余设计。

(7)考虑零件的互换性。

(8)失效安全设计(Failure Safe),系统某一部分即使发生故障,但使其限制在一定范围内,不致影响整个系统的功能。

(9)安全寿命设计(Safe Life),保证使用中不发生破坏而充分安全的设计。例如对一些重要的安全性零件如汽车刹车,转向机构等要保证在极限条件下不能发生变形、破坏。

(10)防误操作设计(Fool proof)。

(11)加强连接部分的设计分析,例如选定合理的连接、止推方式。考虑防振,防冲击,对连接条件的确认。

(12)可靠性确认试验,在没有现成数据和可用的经验时,这是唯一的手段。尤其机械零部件的可靠性预测精度还很低。主要通过试验确认。

2. 可靠性设计辅助措施

为了使设计时能充分地预测和预防故障,把更多的失效经验设计到产品中,因而必须邦助设计人员掌握充分的故障情报资料和设计依据。采取以下措施:

(1)可靠性检查表,从可靠性观点出发,列出设计中应考虑的重点。设计时逐项检查。考虑预防的对策。

(2)推行FMEA、FTA方法。FMEA(失效模式影响分析)和FTA(故障树分析)是可靠性分析中的重要手段。FMEA是从零部故障模式入手分析,评定它对整机或系统发生故障的影响程度,以此确定关键的零件和故障模式。FTA则是从整机或系统故障开始,逐步分析到基本零件的失效原因。这两种方法在国外被看作是设计图纸一样重要,作为设计的技术标准资料,它收集总结了该种产品所有可能预料到的故障模式和原因。设计者可以较直观地看到设计中存在的问题。

(3)故障事例集。把过去技术上的失败和改进的事例作成手册,供设计者随进参考。通常用简图表示,将故障和改进作对比。对故障的原因、情况附有简单说明。这手册是各公司积累的技术财富,视同设计规范同等重要。

(4)数据库。广泛有效地收集设计、制造中的失败和改进经验,试验和实际用的数据形成检索系统和数据库,使设计者能超越本单位充分利用别人实践过的经验。如电子产品已形成世界性可靠性信息交换网。

(5)设计、试验规范的不断充实、改善。从使用实际得来的故障教训要反馈到设计、试验方法的改进中，要将这些改进效果作为产品设计规范（包括材料选定，结构形式，许用应力，安全系数值）和试验标准的改进依据，使它们成为设计技术的一部分。随着可靠性工作开展。必须加强设计、试验规范的研究，命名如试验规范的制定要以实地使用条件分析为基础，要调查出场的回收品和试验室加速试验件作对比，计算强化系数。通过失效分析反推，验证试验条件是否合适，从而不断改进试验方法和标准。因而这些规范都是公司的财富，对外不轻易泄密。如日本小松10年中试验标准增加3倍，丰田的试验标准有1 500项之多。也可见各公司对试验的重视程度。

3. 加强失效物理技术研究

失效物理是研究故障的原因，材料劣化的机制，缺陷的检测和消除，寿命预测和强化寿命机理，以及应力分析等技术。对于机械来说，主要研究它的常见失效模式，如蠕变，冲击振动，疲劳、断裂、磨损、润滑、腐蚀等。近年来，失效物理技术受到各国重视。例如，由美国政府财政授助的机械故障研究小组（MFWG）的影响及大，它有4个技术咨询委员会：(1)诊断、检测；(2)故障；(3)设计；(4)现有技术的应用推广。研究的对象有系统为燃气轮机，叶片、轴、轴承、齿轮、接头、键槽、转动件、活塞等。该小组自60年成立之后，每年召开1～2次的技术讨论会，至今已有30余届，许多失效预防和检测技术已投入实用。另外，国外企业都十分重视产品的失效分析工作，千方百计回收失效的零件和残骸加以分析。目的是找出失效原因，作出合更换改进决策，避免内类事故再发生。因而除各大企业配备有完善的失效分析设施外，还设有公共的失效分析中心。公司和保险机构的技术部门都承担分析的任务。

总之，为确保产品可靠，少出故障，必须加强故障的事前（设计），事中（运行的故障诊断）和事后（失效分析）的分析研究工作。

2.2.4 系统可靠性

1. 表决系统的可靠性

表决系统可靠性：表决系统是组成系统的n个单元中，不失效的单元不少于k（k介于1和n之间），系统就不会失效的系统，又称为k/n系统。图2.8为表决系统的可靠性框图。通常n个单元的可靠度相同，均为R，则可靠性数学模形为：

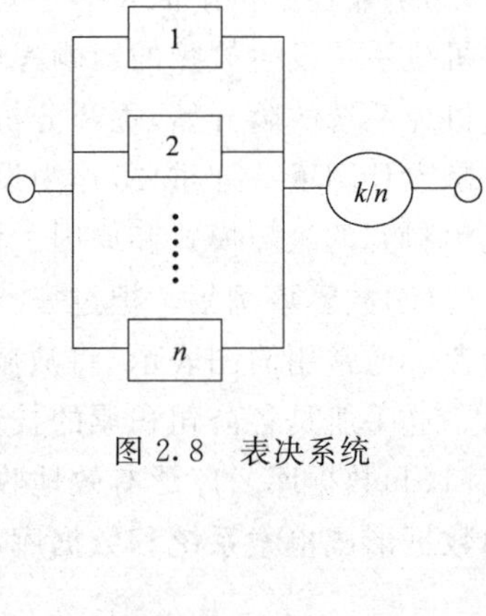

图 2.8 表决系统

$$R_s = \sum_{i-k}^{n} \binom{n}{i} R^I (1-R)^{x-1} \qquad k \leqslant n$$

$$式中\binom{n}{i}=\frac{n!}{i!(n-i)!} \tag{2.11}$$

这是一个更一般的可靠性模型，如果 $k=1$，即为 n 个相同单元的并联系统，如果 $k=n$，即为 n 个相同单元的串联系统。

2. 串联系统可靠性

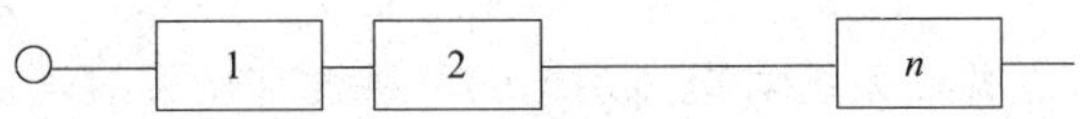

图 2.9　串联系统可靠性框图

串联系统可靠性：串联系统是组成系统的所有单元中任一单元失效就会导致整流器个系统失效的系统。图 2.9 为串联系统的可靠性框图。假定各单元是统计独立的，则其可靠性数学模型为

$$R_a = \prod_{i-1}^{n} R_i \quad (i = 1,2,\cdots,n) \tag{2.12}$$

式中　R_a——系统可靠度；

R_i——第 i 单元可靠度。

多数机械系统都是串联系统。串联系统的可靠度随着单元可靠度的减小及单元数的增多而迅速下降。图 2.10 表示各单元可靠度相同时 R_i 和 nR_s 的关系。显然，$R_s \leqslant \min(R_i)$，因此为提高串联系统的可靠性，单元数宜少，而且应重视串联系统的可靠性，单元数宜少，而且应重视改善最薄弱单元的可靠性。

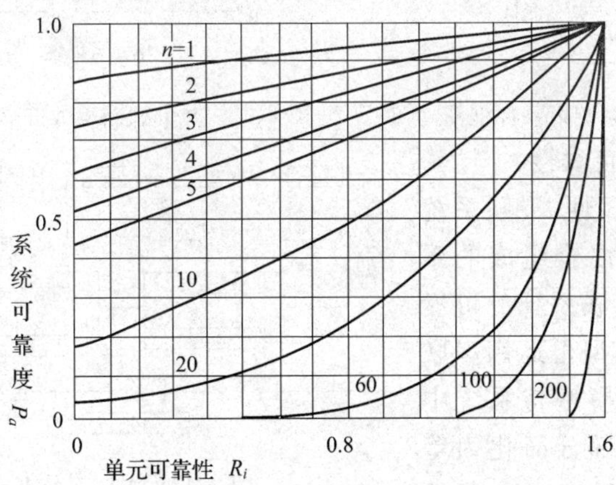

图 2.10　相同单元串联系统的可靠度

3. 并联系统可靠性

并联系统可靠性：并联系统是组成系统的所有单元都失效时才失效的失效的系统。图 2.11 为并联轴系统的可靠性框图。假定各单元是统计独立的，则其可靠性数学模型为：

$$R_a = 1 - \prod_{i-1}^{n} F_i = 1 - \prod_{i-1}^{n} (1 - R_i) \quad (i = 1,2,\cdots,n) \tag{2.13}$$

式中 R_a——系统可靠度；

F_i——第 i 单元不可靠度；

R_i——第 i 单元可靠度。

并联系统对提高系统的可靠度有显著的效果，图 2.12 表示各单元可靠度相同时 R_i 和 n 与 R_s 的关系，机械系统采用并联时，尺寸、重量、价格都随并联数 n 成倍地增加，因此不如电子、电讯设备中用得广泛。采用时并联数也不多。例如在动力装置、安全装置、制动装置采用并联时，常取 $n=2\sim3$。

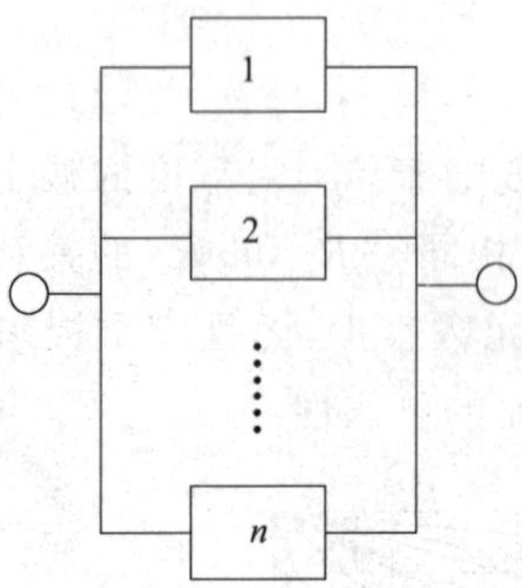

图 2.11 并联系统可靠性框图

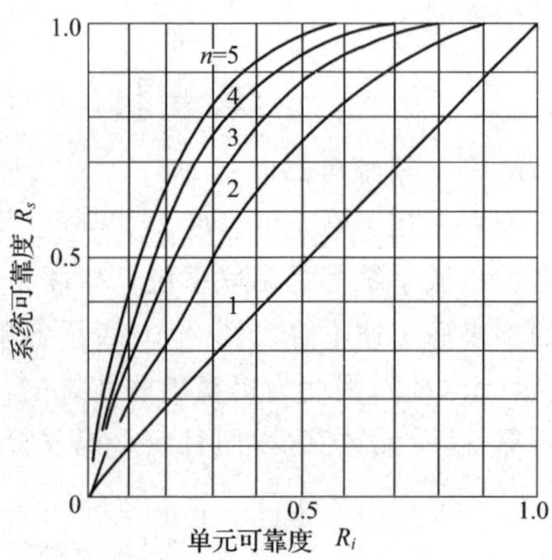

图 2.12 n 个相同单元并联系统的可靠度

4. 混联系统可靠性

混联系统可靠性：混联系统是由串联和并联混合组成的系统。图 2.13 为混联系统的可靠性框图，其数学模型可运用串联和并联两种基本模型将系统中一些串联及半联部分简化为等效单元。例如图 2.14 的 a 可按图中 b,c,d 的次序依次简化，则

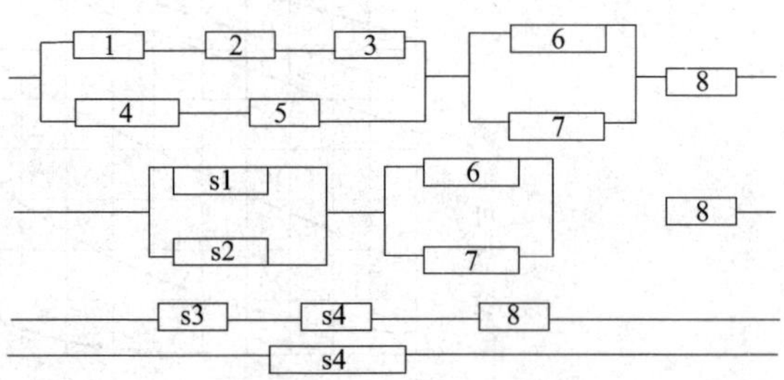

图 2.13 混联系统及其简化

$$R_{s1} = R_1 R_2 R_3$$

$$R_{s2} = R_4 R_5$$

$$R_{s3} = 1 - (1 - R_{s1})(1 - R_{s2})$$

$$R_{s4} = 1 - (1 - R_6)(1 - R_7)$$

$$R_s = R_{s3} R_{s4} R_8$$

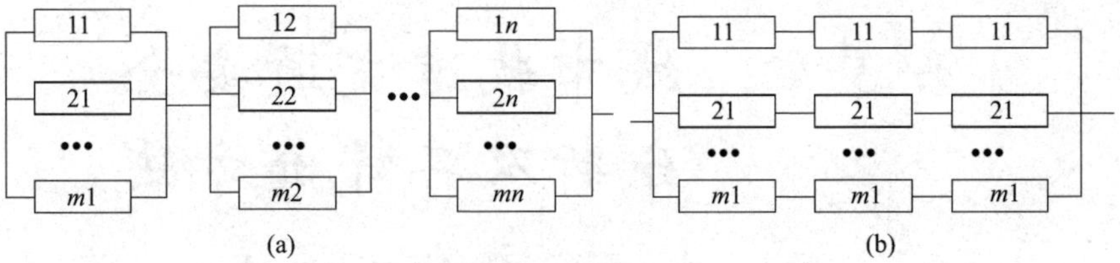

图 2.14　串并联系统和并串联系统

混联系统的两个典型情况为串并联系统(2.14(a))和并串联系统(2.14(b))。串并联系统的数学模型为：

$R_s = \prod_{j-1}^{n}[1 - \prod_{i-1}^{mj}(1 - R_{ij})]$ 当各单元可靠度都相等，均为 $R_{ij} = R$，且 $m_1 = m_2 = \cdots = m_n = m$，则 $R_i = [1-(1-R)^m]^n$

并串联系统的数学模型为 $S = 1 - \prod_{i-1}^{m}(1 \overset{ni}{\underset{j-1}{-}} R_{ij})$

当各单元可靠度都相等，均为 $R_{ij} = R$，且 $n_1 = n_2 = \cdots = n_m = n$，则

$$R_s = 1-(1-R^n)^m$$

一般串并联系统的可靠度，对单元相同的情况，高于并串联系统的可靠度。

第3章　城市轨道交通安全分析及其评价方法

3.1　交通安全分析方法

3.1.1　模糊聚类方法

聚类分析的基本思想是用相似性尺度来衡量事物之间的亲疏程度，并以此来实现分类。模糊聚类分析的实质是根据研究对象本身的属性来构造模糊矩阵，在此基础上根据一定的隶属度来确定其分类关系。“物以类聚，人以群分”，聚类分析是人们认识和探索事物内在联系的一种手段，其目的是将一个数据集划分为若干的聚类，并使得同一个聚类内的对象有较高的相似性，而不同聚类中的数据对象则是不相似的，从而指导人们的实践活动。聚类是搜索簇的无监督学习过程，与分类不同，无监督过程不依赖预先定义的类或带类标记的训练实例，需要由聚类学习算法自动确定标记。聚类分析是基于数据的建模过程，其处理的对象是数据集。

1. 聚类分析的过程

聚类分析需要经过很多步骤和程序，简单地说，其过程包括：数据准备、特征生成、聚类、结果分析四个阶段。其中，数据准备是关键的一步，是后面步骤准确进行的基础。特征生成其实是数据标定、计算模糊矩阵和等价相似矩阵的过程，直接决定着聚类结果的优劣。因此，上述四个基本步骤环环相扣。聚类分析的基本流程可以用图3.1来描述：

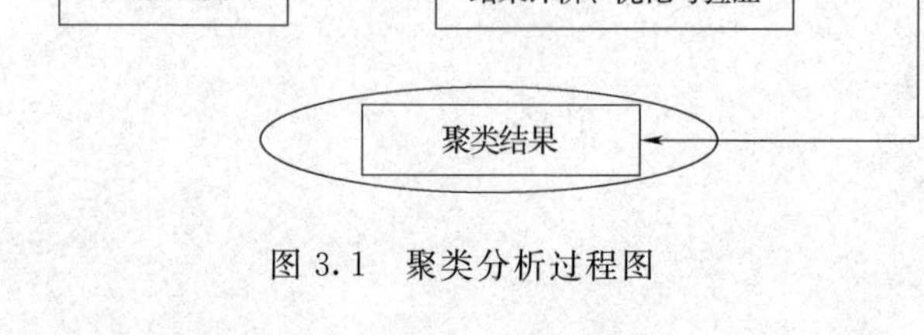

图3.1　聚类分析过程图

进行聚类分析的主要步骤如下：

1)数据准备

数据准备包括数据获取、属性择取、数据清洗和数据标准化等步骤。数据获取是从问题域中采集用于挖掘的原始数据集；而属性择取的任务是要选择能够揭示所给数据集隐含的聚类属性字段，去除与聚类分析无关的字段，以免产生噪声，影响聚类结果；数据清洗和标准化是比较重要的一步，只有把采集的数据标准化以后才可以进行分析，原始数据是没有办法直接聚类的。

2)数据相似系数标定

数据相似系数标定是指通过一定标定方法，计算出事务集合内元素之间的相关度，从而为计算模糊矩阵作数据准备。设 $X=\{x_1,x_2,\wedge,x_n\}$ 为事务全体对象的集合，每一个对象有 m 的特征，以 $\{x_{i1},x_{i2},\wedge,x_{im}\}$ 表示第 i 个对象的各个特征项。r_{ij} 表示对象 x_i 和对象 x_j 相似程度。标定的关键是合理地找出相关系数 r_{ij}。目前，聚类分析研究领域有很多标定的方法，需要研究人员根据具体研究问题选择恰当的方法，以起到事半功倍的效果。主要相似度系数标定方法如下：

(1)数量积法

$$r_{ij}=\begin{cases}1 & (i=j)\\ \dfrac{1}{M}\sum_{k=1}^{m}x_{ik}x_{jk} & (i\neq j)\end{cases}\tag{3.1}$$

其中，$M=\max\limits_{i\neq j}\left\{\sum\limits_{k=1}^{m}x_{ik}x_{jk}\right\}$. 若 r_{ij} 中出现负值，可以采用下面的方法对所有 r_{ij} 进行调整。

(2)夹角余弦法

$$r_{ij}=\frac{\sum\limits_{k=1}^{m}x_{ik}x_{jk}}{\sqrt{\sum\limits_{k=1}^{m}x_{ik}^2}\sqrt{\sum\limits_{k=1}^{m}x_{jk}^2}}\tag{3.2}$$

(3)相关系数法

$$r_{ij}=\frac{\sum\limits_{k=1}^{p}(x_{ij}-\overline{x}_i)(x_{jk}-\overline{x}_j)}{\sqrt{\sum\limits_{k=1}^{p}(x_{ik}-\overline{x}_i)^2\cdot\sum\limits_{k=1}^{p}(x_{jk}-\overline{x}_j)^2}}\quad(-1\leqslant r_{ij}\leqslant 1)\tag{3.3}$$

其中：

$$\overline{x}_i=\frac{1}{p}\sum_{k=1}^{p}x_{ik},\overline{x}_j=\frac{1}{p}\sum_{k=1}^{p}x_{jk}\tag{3.4}$$

(4)绝对值减数法

$$r_{ij}=1-C\sum_{k=1}^{m}|x_{ik}-x_{jk}| \tag{3.5}$$

其中 C 为常数,应该适当选取,使 $r_{ij}\in[0,1]$。

即:
$$R=(r_{ij})=\begin{bmatrix} r_{11} & r_{12} & \wedge & r_{1n} \\ r_{21} & r_{22} & \wedge & r_{2n} \\ M & M & & M \\ r_{n1} & r_{n2} & \wedge & r_{m} \end{bmatrix} \tag{3.6}$$

在实际应用的时候,可以根据需要选择方法。其中,绝对值减数法简单方便,而且计算的结果准确,较常得到应用,其过程为:由根据要求的相似矩阵 $\boldsymbol{R}$ 中的元素 r_{ij},对数据集矩阵第 i 行与第 j 行对应的元素作差并取绝对值,因 m 为该数据集中数据特征的总数,所以对这 m 的特征的绝对值差求和,即乘以他们的相关度系数 C。C 的选取很重要,必须使得 $r_{ij}=1-C\sum_{k=1}^{m}|x_{ik}-x_{jk}|$ 在[0,1]上。这样,可以把原始数据标准化得到相似矩阵。

3)模糊集运算定义

(1)模糊集运算定义。若 A、B 为 X 上两个模糊集,它们的和集、交集和 A 的余集都是模糊集,其隶属函数分别定义为:

$$(A\cup B)(X)=\max(A(X),B(X)) \tag{3.7}$$

$$(A\cap B)(X)=\min(A(X),B(X)) \tag{3.8}$$

关于模糊集的和、交等运算,可以推广到任意多个模糊集合中去。

(2)定义符号"$\vee$"和"$\wedge$"含意为:$a\vee b=\max(a,b)$,$a\wedge b=\min(a,b)$

4)利用传递闭包法处理模糊相似矩阵 $\boldsymbol{R}$,得出模糊等价矩阵 $\boldsymbol{R}^*$

传递闭包法聚类是首先通过标定得到模糊聚类的相似矩阵 $\boldsymbol{R}$,再求出包含矩阵 $\boldsymbol{R}$ 的最小模糊传递矩阵,即 $\boldsymbol{R}$ 的传递闭包 $t(\boldsymbol{R})$,最后根据 $t(\boldsymbol{R})$ 进行聚类。

设 $\boldsymbol{R}$ 是 n 阶模糊相似矩阵,则存在一个最小自然数 $k(k\leqslant n)$,使得 $\boldsymbol{R}$ 的传递闭包 $t(\boldsymbol{R})=\boldsymbol{R}^k$,且对于一切大于 k 的自然数 L,恒有 $\boldsymbol{R}^k\cdot\boldsymbol{R}^k=\boldsymbol{R}^k$,于是,$t(\boldsymbol{R})=\boldsymbol{R}^k$。

其中,设 $R=(r_{ij})_{lm}$,$S=(s_{ij})_{mn}$,则定义 $T=ROS$ 的元素为:

$$t_{ik}=\bigvee_{j=1}^{m} r_{ij}\wedge s_{jk} \tag{3.9}$$

这样可以得出模糊等价矩阵 $\boldsymbol{R}^*$。

5)根据不同的 $\boldsymbol{R}^*$ 中各元素值进行聚类

经过步骤 1~4,计算得到的是模糊等价矩阵 $\boldsymbol{R}^*$,然后可以根据 $\boldsymbol{R}^*$ 中各元素值进行聚类。如果 $\boldsymbol{R}^*$ 中的元素 $r_{ij}>\lambda$,说明这几项在这 m 个特征上具有很高的相似性,则将集合 x 中的元素 x_i 和 x_j 聚为一类。

6)聚类分析合并

根据计算结果,对聚类划分结果进行合并,缩减原因聚类个数,得到聚类结果。这其中可能要经过简单联系实际比对,取接近事实的一组聚类结果。

事故分析技术是进行事故分析的方法和手段,掌握和正确使用事故分析技术,是做好事故分析的前提。本章从事故分析的概念入手,介绍了事故分析技术的基本方法和常用的事故模型,力争形成事故分析技术体系。

3.1.2　安全检查表法

安全评价也称危险性评价或风险评价。它是以实现系统安全为目的,应用安全系统工程原理和工程技术方法,对系统中固有或潜在的危险因素进行定性和定量分析,得出系统发生危险的可能性及其后果严重程度的评价,通过与评价标准的比较得出系统的危险程度,提出改进措施,以寻求最低事故率、最少的损失和最优的安全投资。

根据对检查项目处理方法的区别,以安全检查表为基础进行的评价方法可划分为:

逐项赋值法、加权平均法、单项定性加权计分法、单项否定计分法。

1. 逐项赋值法

针对安全检查表的每一项检查内容,按其重要程度不同,由专家讨论赋予一定的分值。评价时,单项检查完全合格者给满分,部分合格者按规定标准给分,完全不合格者记零分。这样逐项逐条检查评分,最后累计所有各项得分,就得到系统评价总分。根据实际评价得分多少,按标准规定评价系统总体安全等级的高低。

$$m=\sum_{i=1}^{n} m_i \tag{3.10}$$

式中　m——企业安全评价的结果值;

n——评价项目个数。

2. 加权平均法

所有检查项目均按统一记分体系分别评价记分,如10分制或100分制等,按照各检查项目对总体安全评价的重要程度,分别赋予权重系数(各评价表权重系数之和为1)。按各检查项目所得的分值,分别乘以各自的权重系数并求和,就可得到安全评价的结果值。

$$m=\sum_{i=1}^{n} k_i m_i \text{ 且 } \sum_{i=1}^{n} k_i=1 \tag{3.11}$$

式中　m——企业安全评价的结果值;

m_i——按某一评价表评价的实际测量值;

k_i——按某一评价表实际测量值的相应权重系数；

n——评价表个数。

3. 单项定性加权计分法

这种评价计量方法是把安全检查表的所有检查评价项目都视为同等重要。评价时，对检查表中的几个检查项目分别给以“优”、“良”、“可”、“差”；“可靠”、“基本可靠”、“基本不可靠”、“不可靠”等定性等级的评价，同时赋予不同定性等级以相应的权重值，累计求和，得实际评价值。

$$S=\sum_{i=1}^{n} w_i k_i \tag{3.12}$$

式中　S——实际评价值；

w_i——评价等级的权重；

n——评价等级数；

k_i——取得某一评价等级的项数和。

例如，评价某运输企业安全状况所用的安全检查表共120项，按“优”、“良”、“可”、“差”评价各项。四种等级的权重分别为 $w_1=4, w_2=3, w_3=2, w_4=1$。

评价结果为：56项为“优”，30项为“良”，24项为“可”，10项为“差”，即 $k_1=56, k_2=30, k_3=24, k_4=10$。

则该运输企业的安全评价值为 $S=\sum_{i=1}^{n} w_i k_i=372$。

这种评价计分的最高目标值，即120项评价结果均为“优”时的评价值为 $S_{max}=4\times120=480$。

最低目标值，即120项评价结果均为“差”时的评价值为 $S_{max}=1\times120=120$。

3.1.3　事故树分析法

本节将通过事故树模型对轨道交通火灾发生的起因做逻辑探讨，寻找引发轨道交通火灾的最基本的因素，从而从基础入手，以便找到有效预防轨道交通火灾的方法，提高轨道交通运营的安全性和可靠性。

1. 事故树的产生与发展

事故树分析(Accident Tree Analysis，简称ATA)方法起源于故障树分析(简称FTA)，是安全系统工程的重要分析方法之一，它能对各种系统的危险性进行辨识和评价，不仅能分析出事故的直接原因，而且能深入地揭示出事故的潜在原因。用它描述事故的因果关系直观、明了，思路清晰，逻辑性强，既可定性分析，又可定量分析。

60年代初期，很多高新产品在研制过程中，因对系统的可靠性、安全性研究不够，新产品在没有确保安全的情况下就投入市场，造成大量使用事故的发生，用户纷纷要求厂家进行经济赔偿，从而迫使企业寻找一种科学方法确保安全。

事故树分析首先由美国贝尔电话研究所于1961为研究民兵式导弹发射控制系统时提出来，1974年美国原子能委员会运用FTA对核电站事故进行了风险评价，发表了著名的《拉姆逊报告》。该报告对事故树分析作了大规模有效的应用。此后，在社会各界引起了极大的反响，受到了广泛的重视，从而迅速在许多国家和许多企业应用和推广。我国开展事故树分析方法的研究是从1978年开始的。目前已有很多部门和企业正在进行普及和推广工作，并已取得一大批成果，促进了企业的安全生产。20世纪80年代末，铁路运输系统开始把事故树分析方法应用到安全生产和劳动保护上来，也已取得了较好的效果。

2. 事故树分析法的特点

(1)逻辑性。事故树分析是通过图形的演绎方法来反映事故事件在一定条件下的逻辑推理。它可以围绕某个特定的事故进行层层深入分析，因而在清晰的事故树图形下，表达了系统内各事件间的联系，并指出单元故障之间的逻辑关系，便于找到系统的弱点。

(2)灵活性。事故树不仅可以分析某些单元故障对系统的影响，还可以对导致系统事故的特殊原因进行分析。

(3)定量性。利用事故树模型可以定量计算复杂系统发生事故的概率，为改善和评价系统安全性提供了依据。

(4)深入性。通过对事故树的层层深入研究，分析人员可以把握系统内各种要素的内在关系，弄清各种潜在因素对事故发生影响的程度和途径，有许多曾经没有想到的因素会在分析的过程被挖掘出来，保障了系统的安全性。

3. 事故树的符号及意义

事故树是由各种符号和其连接的逻辑门组成的(见表3.1)。最简单、最基本的符号有：顶上事件或中间事件、基本事件、省略事件、正常事件、与门、或门、条件与门、条件或门、限制门、转入符号、转出符号。

表3.1　事故树的符号及意义

种　类	符　号	名　称	意　义
事件符号	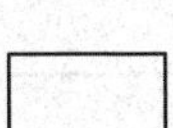	顶上事件或中间事件	表示由许多其他事件相互作用而引起的事件。这些事件都可进一步往下分析，处在事故树的顶端或中间
		基本事件	事故树最基本的原因事件，不能继续往下分析，处在事故树的底端

续上表

种 类	符 号	名 称	意 义
事件符号	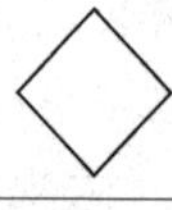	省略事件	由于缺乏资料不能进一步展开或不愿继续分析而有意忽略的事件，也处在事故树的底端
	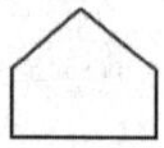	正常事件	正常情况下应该发生的事件，位于事故树的底部
逻辑门符号	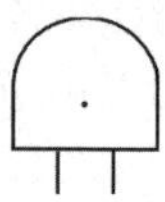	与门	表示下面的输入事件都发生，上面输出事件才能发生
	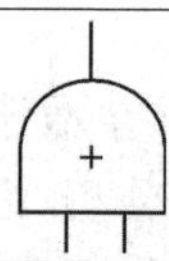	或门	表示下面输入事件只要有一个发生，就会引起上面输出事件发生
	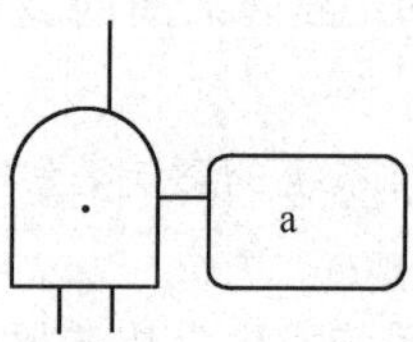	条件与门	输入事件发生同时满足条件 α 也发生，上面输出事件就会发生
	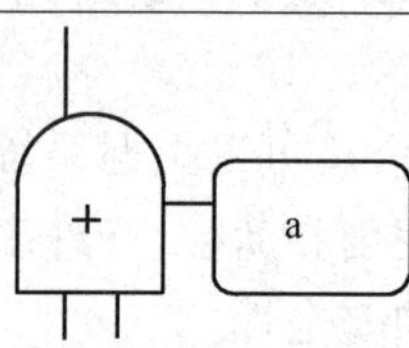	条件或门	任何一个输出事件发生同时满足条件 α 也发生，上面输出事件就会发生
	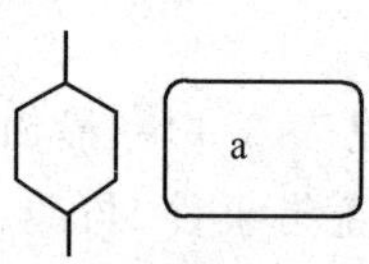	限制门	下面一个输出事件发生同时满足条件 α 也发生，输出事件就会发生
转移符号	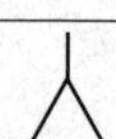	转入符号	表示此处和有相同字母或字数的转入符号相连接
	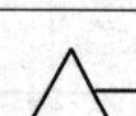	转出符号	表示此处和有相同字母或字数的转出符号相连接

4. 事故树分析的基本步骤

1)熟悉分析系统

首先要详细了解所要分析的对象，包括工艺流程、设备构造、操作条件、环境状况及控制系统和安全装置等。同时还可广泛搜集同类系统发生过的事故。在调查事故时尽量做到全面，不仅要掌握本单位的事故情况，还要了解同行业类似系统或设备以及国外相关事故资料，以便确定所要分析的事故类型都含有哪些内容，供编事故树时进行危险因素分析。

2)确定分析对象系统和要分析的对象事件(顶上事件)

通过试验分析、事故树分析和故障类型和影响分析确定顶上事件(何时、何地、何类)；明确对象系统的边界、分析深度、初始条件、前提条件和不考虑条件。熟悉系统并收集相关资料(工艺、设备、操作、环境、事故等方面的情况和资料)。

3)确定分析的边界

在分析之前要明确分析的范围和边界，系统内包含哪些内容。特别是化工、石油化工生产过程都是连续化、大型化，各工序、设备之间相互连接，如不划定界限，得到的事故树会很庞大。

4)确定系统事故发生概率、事故损失的安全目标值。

5)调查原因事件

顶上事件确定之后，就要分析与之有关的各种原因事件，也就是找出系统的所有潜在危险因素的薄弱环节，包括设备元件等硬件故障、软件故障、人为差错以及环境因素。凡与事故有关的原因都找出来，作为事件树的原因事件。原因事件定义也要确切，简单扼要说明故障类型及发生条件，不能含糊不清。

6)确定不予考虑的事件

与事故有关的原因各种各样，但有些原因根本不可能发生或发生机会很少，如导线故障、雷电、飓风、龙卷风等，编事故树时一般不予考虑，但要事先说明。

7)确定分析的深度

在分析原因事件时，要分析到哪一层为止，需事先确定。分析得太浅，可能发生遗漏；分析得太深，则事故树就会过于庞大繁琐。具体深度应视分析对象而定。

8)编制事故树

从顶上事件起，一级一级往下找出所有原因事件直到最基本的事件为止，按其逻辑关系画出事故树。每个顶上事件对应一株事故树。

9)定性分析

按事故树结构进行简化，求出最小割集和最小径集，确定各基本事件的结构重要度。

10)定量分析

找出各基本事件的发生概率，计算出顶上事件的发生概率，求出概率重要度和临界重要度。

11)结论

当事故发生概率超过预定目标值时，从最小割集着手研究降低事故发生概率的所有可能方案，利用最小径集找出消除事故的最佳方案；通过重要度（重要系数）分析确定采取对策措施的重点和先后顺序；从而得出分析、评价的结论。

5. 轨道交通典型火灾事件分析

根据表 3.2 中的 36 起世界范围的轨道交通火灾中我们可以看到设备故障引发的火灾有 7 起，电路故障引发的有 13 起，因为纵火而导致的火灾有 4 起，爆炸案件 2 起，由于香烟导致的火灾 6 起，人员操作失误占一起，其他类型的占 3 起。

表 3.2 火灾事故统计

设备故障	电路短路	纵　火	爆　炸	香　烟	操作失误	其　他
7 起	13 起	4 起	2 起	6 起	1 起	3 起

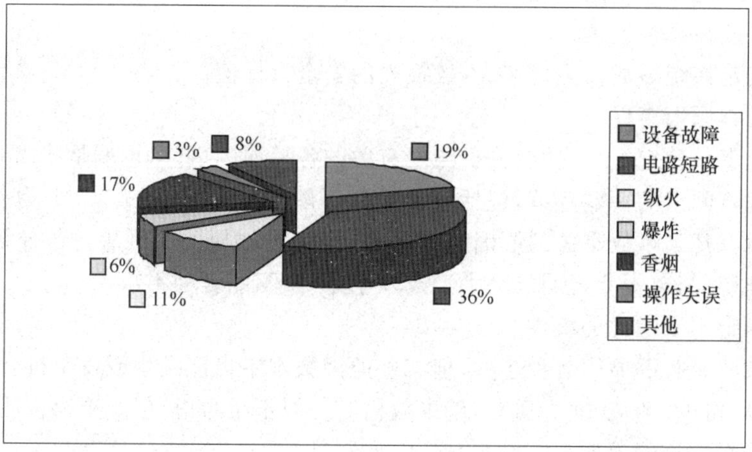

图 3.2 火灾类型的百分比

从图 3.2 中可以看出由电路短路引起的火灾占了总体火灾的 36%，是火灾起因的第一因素。电路短路容易引起电火花。根据放电原理，电火花可以分为 3 种：如高电压的火花放电、短时间的弧光放电、接点上的微弱火花。地铁里使用的低压电器设备往往会产生后面两种火花，这些电火花虽然放电能量极小，但是只要一点点的可燃气体、易燃物体就可以构成威胁。所以必须对电器设备进行仔细选型和安装。同时还要采取严格的使用、维护、检修制度和其他的防火措施，把电火花的危险降到最低。另外设备故障占了火灾比重的 19%，所以平时要对设备进行必要的维护和检修工作，防止设备在运营期间发生故障，增加轨道交通运营安全性和可靠性的系数。

1）建立事故树模型

（1）编制事故树

轨道交通发生火灾的主要原因可以通过自然环境、设备、人员和管理这四个方面来考虑。通过因果分析法(鱼骨刺法)可以按事物之间的因果关系,知因测果或倒果查因。因果预测分析是整个预测分析的基础。在社会经济现象之间,这种因果关系大致可分为函数关系、相关关系、因子推演关系等几种不同的类型。

从图 3.3 中可以看出轨道交通的火灾与自然环境、设备、人员和管理上存在着息息相关的联系。在自然环境方面主要存在着受潮影响,但是影响的对象主要是电器、电缆。在设备方面故障也集中在了电器和车辆上,可见电器设备在轨道交通火灾因素中占了很重要的位置。在人员方面主要涉及工作人员和乘客两方面,其中乘客的违章和工作人员的疏忽是导致火灾的直接因素。在管理方面,领导对安全的重视程度与火灾的发生存在反比关系,规章制度的确立和应用也在一定程度上对火灾的发生和解决起到了推动作用。根据图 3.3 建立轨道交通外因失火的事故树如图 3.4 和图 3.5 所示。

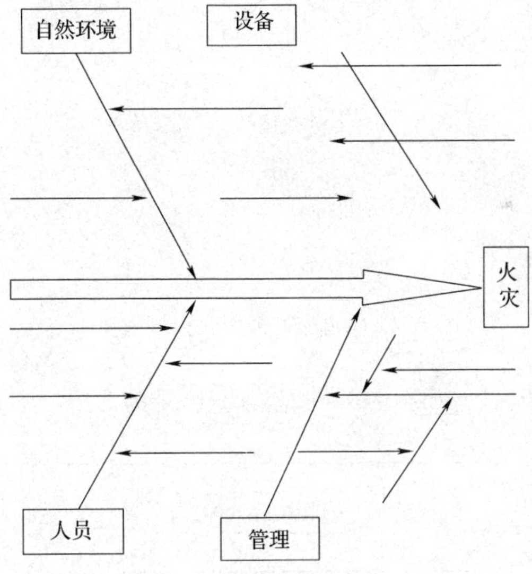

图 3.3　轨道交通火灾因果分析图

在图 3.4 和图 3.5 中,外因失火主要有两个顶上事件——“外火源 A1”和“可燃物的存在 B1”,这两个因素的共同存在是导致火灾的最根本因素。而外火源又有可能是“明火 A2”或“静电 X1”或“过热 A3”导致的。在明火下又可分为“吸烟 X3”、“电弧火花 A4”、“违章动火 X4”三个并列因素。电弧火花又有可能分别是“短路 A7”、“电焊 X7”、“击穿 X8”等因素引起的。“雷电 X14”、“设备老化 X15”、“误操作 X16”都可能导致短路的发生。在过热方面,可以分为“过热物体 A5”和“过热电器 A6”,“电、气焊后金属 X9”和“摩擦过热物体 X10”都有可能成为过热物体。在城市轨道交通中,过热电器主要有“仪表 X11”、“变压器 X12”、“牵引设备 X13”和“设备线路过热 A8”。“监视失误 A9”和“过电流 A10”和“过荷保护失效

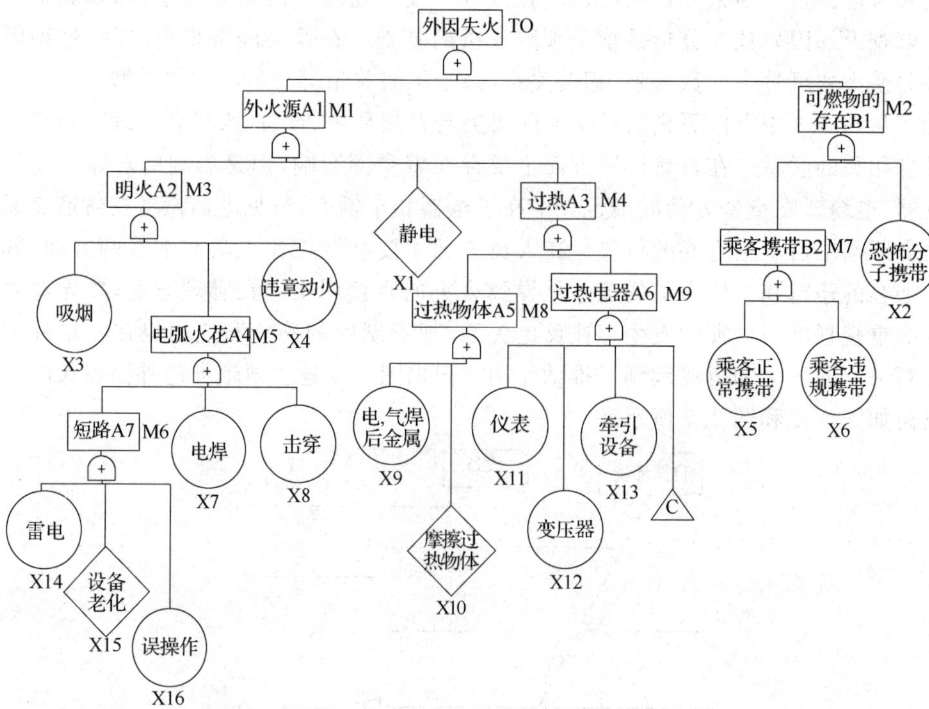

图 3.4　轨道交通外因失火事故树 1

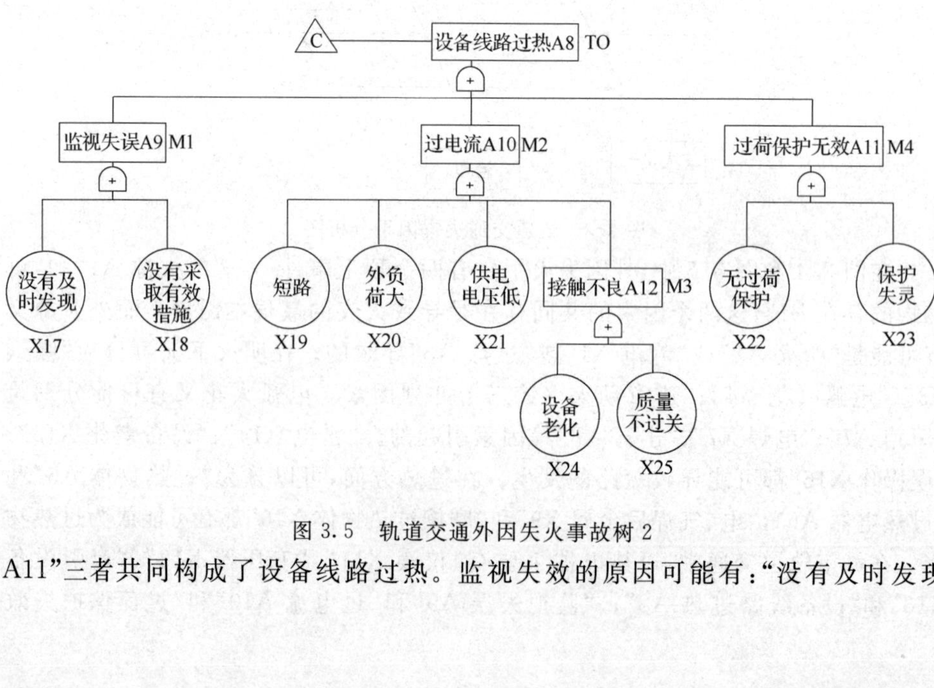

图 3.5　轨道交通外因失火事故树 2

A11”三者共同构成了设备线路过热。监视失效的原因可能有:“没有及时发现

X17"和"没有采取有效措施 X18"。而过电流则有可能由"短路 X19"、"外负荷大 X20"、"供电电压低 X21"和"接触不良 A12"等原因造成的。接触不良又可能起源于"设备老化 X24"和"质量不过关 X25"。过荷保护失效的原因可归结为两个，分别是："无过荷保护 X12"或"保护失灵 X23"。可燃物的存在主要是人为因素导致的。通常是"乘客携带的 B2"和"恐怖份子携带的 X2"。而乘客携带又可以分为"乘客正常携带 X5"和"乘客违规携带 X6。"

在这个事故树中共有 13 个顶上事件，分别为 A1 外火源、A2 明火、A3 过热、A4 电弧火花、A5 过热物体、A6 过热电器、A7 短路、A8 设备线路过热、A9 监视失误、A10 过电流、A11 过荷保护失效、B1 可燃物的存在、B2 乘客携带。除了这些顶上事件外还有 25 个基本事件，分别为 X1 静电、X2 恐怖份子携带、X3 吸烟、X4 违章动火、X5 乘客正常携带、X6 乘客违规携带、X7 电焊、X8 击穿、X9 电器焊后金属、X10 摩擦过热物体、X11 仪表、X12 变压器、X13 牵引设备、X14 雷电、X15 设备老化、X16 误操作、X17 没有及时发现、X18 没有采取有效的措施、X19 短路、X20 外负荷大、X21 供电电压低、X22 无过荷保护、X23 保护失灵、X24 设备老化、X25 质量不过关。

通过查找资料可得这些基本事件的发生概率，见表 3.3。

表 3.3　基本事件发生概率表

标号	基本事件	事件发生的概率	标号	基本事件	事件发生的概率
X1	静电	0.000 1	X2	恐怖份子携带	0.000 01
X3	吸烟	0.02	X4	违章动火	0.001
X5	乘客正常携带	0.000 1	X6	乘客违规携带	0.01
X7	电焊	0.000 2	X8	击穿	0.000 1
X9	电器焊后金属	0.001	X10	摩擦过热物体	0.001
X11	仪表	0.001	X12	变压器	0.000 1
X13	牵引设备	0.001	X14	雷电	0.000 01
X15 X24	设备老化	0.000 2	X16	误操作	0.001
X17	没有及时发现	0.001	X18	没有采取有效的措施	0.001
X19	短路	0.000 5	X20	外负荷大	0.000 1
X21	供电电压低	0.000 1	X22	无过荷保护	0.000 1
X23	保护失灵	0.000 1	X25	质量不过关	0.000 1

基本事件发生概率降续排列表 3.4 如下。

表 3.4 基本事件发生概率的降续排列表

标号	基本事件	事件发生的概率	标号	基本事件	事件发生的概率
X3	吸烟	0.02	X24	设备老化	0.000 2
X6	乘客违规携带	0.01	X1	静电	0.000 1
X4	违章动火	0.001	X5	乘客正常携带	0.000 1
X9	电器焊后金属	0.001	X8	击穿	0.000 1
X10	摩擦过热物体	0.001	X12	变压器	0.000 1
X11	仪表	0.001	X20	外负荷大	0.000 1
X13	牵引设备	0.001	X21	供电电压低	0.000 1
X16	误操作	0.001	X22	无过荷保护	0.000 1
X17	没有及时发现	0.001	X23	保护失灵	0.000 1
X18	没有采取有效的措施	0.001	X25	质量不过关	0.000 1
X19	短路	0.000 5	X2	恐怖份子携带	0.000 01
X7	电焊	0.000 2	X14	雷电	0.000 01
X15	设备老化	0.000 2			

根据表 3.4 我们可以看出在这 25 个基本事件中发生概率最高的前 10 名基本事件分别为:吸烟、乘客违规携带、违章动火、电器焊后金属、摩擦过热物体、仪表、牵引设备、误操作、没有及时发现、没有采取有效的措施。其中人为造成的基本事件为:吸烟、乘客违规携带、违章动火、误操作、没有及时发现、没有采取有效的措施。在前十高频发生因素中占了 60%的比例。设备问题造成的基本事件为:电器焊后金属、摩擦过热物体、仪表、牵引设备。在前十高频发生因素中占了 40%的比例。

可见在这些导致城市轨道交通火灾发生的基本事件中,人为的因素占了很大的比例。人是导致火灾的最直接的因素。从图 3.5 中可以看出,吸烟在这 25 个基本事件发生概率中占了 50%的比例,乘客违规携带占了 25%,是导致火灾的主要基本事件,它们共占到了 75%的高份额。

我们经常可以看到一些乘客在大厅里面吸烟,有的时候为了赶车,就将还没有完全熄灭的烟头往垃圾桶里一扔,如果正好垃圾桶里有纸张,那么这就导致了火源的产生。现在世界上的烟民很多,这更加增加了火灾的发生几率。要想解决因为吸烟引起的火灾,一方面要制止乘客在轨道交通的运营范围内吸烟,还有一发面就是加强教育,宣传吸烟的危害性。从根本上降低吸烟人群的数量,为降低城市轨道交通火灾的发生率而做出贡献。

(2)事故树的定性分析

轨道交通火灾事故树结构函数式:

$$
\begin{aligned}
T= & A1 \cdot B1= \\
& (A2+X1+A3)(B2+X2)= \\
& (X3+A4+X4+X1+A5+A6)(X5+X6+X2)= \\
& (X3+A7+X7+X8+X4+X1+X9+X10+X11+X12+X13+A8) \\
& (X5+X6+X2)= \\
& (X3+X14+X15+X16+X4+X1+X9+X10+X11+X12+ \\
& X13+A9 \cdot A10 \cdot A11) \\
& (X5+X6+X2)= \\
& [X3+X14+X15+X16+X4+X1+X9+X10+X11+X12+X13+ \\
& (X17+X18)(X9+X20+X21+X24+X25)(X22+X23)](X5+X6+X2)
\end{aligned} \tag{3.13}
$$

定性分析包括求最小割集、最小径集和基本事件结构重要度分析。

• 最小割集

① 割集与最小割集

在事故树中凡能导致顶上事件发生的基本事件的集合称作割集；割集中全部基本事件均发生时，则顶上事件一定发生。

最小割集是能导致顶上事件发生的最低限度的基本事件的集合(即割集中任一基本事件不发生时，顶上事件就不会发生)。

② 最小割集的求法

对于已经简化的事故树，可将事故树结构函数式展开，所得各项即为个最小割集；对于尚未简化的事故树，结构函数式展开后的各项，尚需用布尔代数运算法则(如吸收率、德·摩根律等)进行处理，方可得到最小割集。

运用尔代数运算法则得出“外因失火”事故树的81个最小割集K1～K81如下：

K1＝{X8,X5}　　K2＝{X9,X5}
K3＝{X1,X5}　　K4＝{X16,X2}
K5＝{X18,X5,X25,X22}　　K6＝{X9,X2}
K7＝{X1,X2}　　K8＝{X3,X2}
K9＝{X4,X2}　　K10＝{X11,X5}
K11＝{X12,X5}　　K12＝{X13,X5}
K13＝{X17,X2,X24,X22}　　K14＝{X10,X2}
K15＝{X11,X2}　　K16＝{X12,X2}
K17＝{X13,X2}　　K18＝{X17,X2,X19,X22}
K19＝{X17,X2,X20,X22}　　K20＝{X17,X2,X21,X22}
K21＝{X17,X2,X24,X23}　　K22＝{X18,X2,X19,X22}

K23＝{X17,X2,X19,X23}　K24＝{X18,X2,X20,X22}

K25＝{X17,X2,X20,X23}　K26＝{X18,X2,X21,X22}

K27＝{X17,X2,X21,X23}　K28＝{X18,X2,X24,X23}

K29＝{X17,X2,X25,X23}　K30＝{X18,X2,X19,X23}

K31＝{X18,X2,X20,X23}　K32＝{X18,X2,X21,X23}

K33＝{X18,X2,X25,X23}　K34＝{X3,X5}

K35＝{X4,X5}　K36＝{X16,X6}

K37＝{X10,X5}　K38＝{X9,X6}

K39＝{X1,X6}　K40＝{X7,X2}

K41＝{X8,X2}　K42＝{X17,X6,X25,X22}

K43＝{X17,X5,X19,X22}　K44＝{X17,X5,X20,X22}

K45＝{X17,X5,X21,X22}　K46＝{X17,X5,X24,X23}

K47＝{X11,X6}　K48＝{X12,X6}

K49＝{X13,X6}　K50＝{X18,X2,X24,X22}

K51＝{X17,X2,X25,X22}　K52＝{X3,X6}

K53＝{X4,X6}　K54＝{X7,X6}

K55＝{X8,X6}　K56＝{X10,X6}

K57＝{X18,X6,X25,X22}　K58＝{X17,X6,X19,X22}

K59＝{X17,X6,X20,X22}　K60＝{X17,X6,X21,X22}

K61＝{X17,X6,X24,X23}　K62＝{X18,X5,X19,X22}

K63＝{X17,X5,X19,X23}　K64＝{X18,X5,X20,X22}

K65＝{X17,X5,X20,X23}　K66＝{X18,X5,X21,X22}

K67＝{X17,X5,X21,X23}　K68＝{X18,X5,X25,X23}

K69＝{X17,X5,X25,X23}　K70＝{X18,X2,X25,X22}

K71＝{X18,X6,X19,X23}　K72＝{X18,X6,X20,X23}

K73＝{X18,X6,X21,X23}　K74＝{X18,X6,X25,X23}

K75＝{X17,X6,X19,X23}　K76＝{X17,X6,X20,X23}

K77＝{X17,X6,X21,X23}　K78＝{X17,X6,X25,X23}

K79＝{X18,X5,X19,X23}　K80＝{X18,X5,X20,X23}

K81＝{X18,X5,X21,X23}

③ 最小割集的作用

最小割集表示系统的危险性，每个最小割集都是顶上事件发生的一种可能渠道，最小割集的数目越多，危险性越大。

表示顶上事件发生的原因，事故发生必然是某个最小割集中几个事件同时存在的结果。求出事故树全部最小割集,就可掌握事故发生的各种可能,对掌握事故的规律,查明事故的原因提供帮助。

一个最小割集代表一种事故模式。根据最小割集,可以发现系统中最薄弱的环节,直观判断出哪种模式最危险,哪些次之,以及如何采取预防措施。

可以用最小割集判断基本事件的结构重要度,计算顶上事件的概率。

由于一个基本事件发生的概率比两个基本事件同时发生的概率要大得多,比3个基本事件的同时发生概率更大,因此,最小割集含有的基本事件越少,发生顶上事件就越有可能,也即故障模式危险性大,只有一个基本事件的割集最危险。

• 最小径集

① 径集与最小径集

在事故树当中,当所有基本事件都不发上时,顶上事件肯定不会发生。然而,顶事件不发生常常不要求所有基本事件都不发生,而只要某些基本事件不发生,顶事件就不会发生。这些不发生的基本事件的集合称为径集。

最小径集又称最小通集。在事故树中凡是不能导致顶上事件发生的最低限度的基本事件的集合,称作最小径集。在最小通集中,去掉任何一个基本事件,便不能保证一定不发生事故。因此最小径集表达了系统的安全性。

② 最小径集的求法

将事故树转化为对偶的成功树,求成功树的最小割集即事故树的最小径集。成功树的转化方法是将事故树的各项逻辑门作如下改变:或门变成与门,与门变成或门,基本树形不变。

根据结构式进行推导计算后得出的4个径集W1——W4如下:

W1={X14,X9,X1,X17,X11,X12,X13,X3,X4,X10,X7,X8,X18,X15,X16}

W2={X5,X2,X6,}

W3={X14,X9,X1,X24,X11,X12,X13,X3,X4,X10,X7,X8,X19,X20,X21,X15,X16,X25}

W4={X14,X9,X1,X22,X11,X12,X13,X3,X4,X10,X7,X8,X23,X15,X16}

③ 最小径集的作用

最小径集表示系统的安全性,如事故树中有一个最小径集,则顶上事件不发生的可能性就有一种;最小径集越多,控制顶上事件不发生的方案就越多,系统的安全性越大。

由最小径集可选择控制事故的最佳方案,如一个事故树中有几个最小径集,那么使顶上事件不发生的方案就有几个。一般,控制最小径集中的基本事件少的比控制最小径集中的基本事件多的省工、省时、经济、有效;当然,如果由于经济或技术上的原因,难以控制,则又当别论,此时应选择其他方案。

利用最小径集可以进行结构重要度的分析。

· 基本事件的结构重要度分析

结构重要度分析，就是不考虑基本事件发生的概率是多少，仅从事故树结构上分析各基本事件发生对顶上事件的影响程度。

$$I_{\phi}(i)=\frac{1}{2^{n-1}}\sum_{p=1}^{2^{n-1}}[\phi(1_i,X_{jp})-\phi(O_i,X_{jp})] \tag{3.15}$$

式中 n——事故树中基本事件的个数；

$2n-1$——基本事件 $X_i(i\neq j)$状态组合；

p——基本事件的状态组合序号；

X_{jp}——$2n-1$ 状态组合中第 p 个状态；

O_i——基本事件 X_i 不发生的状态值；

1_i——基本事件 X_i 不发生的状态值。

此事故树的结构重要度是：

I(8)=0.018518518519	I(5)=0.104938271605
I(9)=0.018518518519	I(1)=0.018518518519
I(16)=0.012345679012	I(2)=0.12962962963
I(18)=0.070987654321	I(25)=0.033950617284
I(22)=0.067901234568	I(3)=0.018518518519
I(4)=0.018518518519	I(11)=0.018518518519
I(12)=0.018518518519	I(13)=0.018518518519
I(17)=0.083333333333	I(24)=I(15)=0.018518518519
I(10)=0.018518518519	I(19)=0.033950617284
I(20)=0.033950617284	I(21)=0.033950617284
I(23)=0.086419753086	I(6)=0.111111111111
I(7)=0.012345679012	I(14)=0.0

结构重要度的顺序为：

I(2)>I(6)>I(5)>I(23)>I(17)>I(18)>I(22)>I(20)=I(21)=I(25)=I(19)>I(12)=I(13)=I(9)=I(24)=I(15)=I(10)=I(1)=I(8)=I(3)=I(4)=I(11)>I(16)=I(7)>I(14)

事件名称是：恐怖分子携带>乘客违规携带>乘客正常携带>保护失灵>没有及时发现>没有采取措施>无过荷保护>外负荷大=供电电压低=质量不过关=短路>变压器=牵引设备=电，气、焊后金属=设备老化=摩擦过热物体=静电=击穿=吸烟=违章动火=仪表>误操作=电焊>雷电。

事故树是由众多基本事件构成的，这些基本事件对顶上事件均产生影响，但影响程度是不同的，在制定安全防范措施时必须有个先后次序，轻重缓急，以便使系统达到经济、有效、安全的目的。通过上面的分析我们可以看出恐怖分子携带、乘客违规携带和乘客正常携带排在前三名。这3种都是外来人员，具有很强的流动性，是不可预知的危险。虽然恐怖袭击在地铁的事故中占的比例很少，但是它一旦发生，后果往往是十分严重的。所以加强对外来人员的监视也是提高城市轨道交通运营安全的一种手段。

(3)事故树的定量分析

事故树的定量分析是在求出各基本事件发生概率的情况下，计算顶上事件的发生概率，求出概率重要度和危险重要度。

• 顶上事件的发生概率

计算事故树顶上事件(事故)的发生概率。其计算过程采用下面方式分步进行。具体做法是：

① 收集树中各基本事件的发生概率；

② 下面基本事件开始计算每一个逻辑门输出事件的发生概率；

③ 将计算过的逻辑门输出事件的概率，代入它上面的逻辑门，计算其输出概率，依次上推，直达顶部事件，最终求出的即为该事故发生概率。

$$P\{T\}=\sum_{r=1}^{k}\prod_{x_i\in E_r}q_i-\sum_{1\leqslant r<s\leqslant k}\prod_{X_i\in E_r\cup E_s}q_i+\cdots+(-1)^{k-1}\prod_{\substack{r=1\\X_i\in E_r}}^{k}q_i \tag{3.16}$$

式中　r,s,t——最小割集的序数，$r<s<t$；

i——基本事件 X_i 的序号，$X_i\in E_r$；

k——事故树的最小割集数；

$1\leqslant r<s\leqslant k$——$k$ 个最小割集第 r,s 两个最小割集的组合顺序；

$X_i\in E_r$——属于最小割集 X_i 的第 i 个基本事件；

$X_i\in E_r\cup E_s$——属于最小割集 X_i 或 X_i 的第 i 个基本事件。

顶上事件发生的概率是：

$q=0.000\ 267\ 779\ 452$

放满车子的车库发生火灾的概率是0.000 008 071，烟花厂发生火灾的概率为0.003 125 7，一般场所发生火灾的概率为0.000 002 569。可见城市轨道交通发生火灾的概率还是比较高的。它的火灾发生率介于一般建筑与高危场所之间，是个不容忽视的火灾易发场所。

• 概率重要度分析

概率重要度分析是考察各基本事件发生概率的变化对顶上事件发生概率的影响程度。

$$I_g(i)=\frac{\partial P(T)}{\partial q_i} \quad (i=1,2,\cdots,n) \tag{3.17}$$

式中 $P(T)$——顶事件发生概率；

q_i——第 i 个基本事件 X_i 的发生概率。

本事故树的各基本事件概率重要度如下：

X1 的概率重要度是：0.01010889901

X2 的概率重要度是：0.02635229965

X3 的概率重要度是：0.01010889901

X4 的概率重要度是：0.01010889901

X5 的概率重要度是：0.025182713802

X6 的概率重要度是：0.026352299523

X7 的概率重要度是：0.0100099

X8 的概率重要度是：0.01010889901

X9 的概率重要度是：0.01010889901

X10 的概率重要度是：0.01010889901

X11 的概率重要度是：0.01010889901

X12 的概率重要度是：0.01010889901

X13 的概率重要度是：0.01010889901

X14 的概率重要度是：0

X15 的概率重要度是：0.000000001014

X16 的概率重要度是：0.0100099

X17 的概率重要度是：0.000000001819

X18 的概率重要度是：0.000000000918

X19 的概率重要度是：0.000000003044

X20 的概率重要度是：0.000000003044

X21 的概率重要度是：0.000000003044

X22 的概率重要度是：0.00000000917

X23 的概率重要度是：0.0000000182

X24 的概率重要度是：0.000000001014

X25 的概率重要度是：0.000000004034

概率重要度顺序为：

Ig(2)＞Ig(6)＞Ig(5)＞Ig(7)＝Ig(16)＞Ig(1)＝Ig(3)＝Ig(4)＝Ig(8)＝Ig(9)＝Ig(10)＝Ig(11)＝Ig(12)＝Ig(13)＞Ig(23)＞Ig(25)＞Ig(19)＝Ig(20)＝Ig(21)＝Ig(22)＞Ig(17)＝Ig(24)＝Ig(15)＞Ig(18)＞Ig(14)

事件名称是：恐怖分子携带＞乘客违规携带＞乘客正常携带＞电焊＝误操作＞静电＝吸烟＝违章动火＝击穿＝电，气焊后金属＝摩擦过热物体＝仪表＝变压器＝牵引设备＞保护失灵＞质量不过关＞短路＝外负荷大＝供电电压低＞没有及时发现＝设备老化＞没有采取措施＞雷电。

通过概率重要度分析可以知道每一个基本事件如果降低其发生概率，可以如何有效地降低顶上事件的发生概率。通过上面的分析，可以发现恐怖分子携带、乘客违规携带、乘客正常携带这三个基本事件的概率变化对顶上事件的影响程度最大。轨道交通每天都要承载上万名乘客，它就是以服务大众为目的的工具，它每天接触最多的也是乘客，所以乘客的一举一动都将对城市轨道的运营安全带来影响。所以应当将乘客的举动置于可控制范围内通过监视器、巡警和工作人员的三维监视来杜绝任何安全隐患。

· 危险重要度分析

一般，概率大的基本事件的概率减少比概率小的基本事件的概率减少要容易，而概率重要系数并未反映此特性。

危险重要度系数是从敏感度及自身发生概率的双重角度来考察各基本事件的重要度标准，它是从本质上反映在事故树中各基本事件的重要程度，因此更为科学、合理。

$$I_g^c(i)=\frac{q_i}{P(T)}\cdot I_g(i) \tag{3.18}$$

式中　$I_g^c(i)$——第 i 个基本事件 X_i 的临界重要度系数；

$I_g(i)$——第 i 个基本事件 X_i 的概率重要度系数；

$P(T)$——顶事件发生概率；

q_i——第 i 个基本事件 X_i 的发生概率。

本事故树的危险重要度如下：

X1 的危险重要度是：0.003775083916

X2 的危险重要度是：0.000984104624

X3 的危险重要度是：0.755016783278

X4 的危险重要度是：0.037750839164

X5 的危险重要度是：0.00940427417

X6 的危险重要度是：0.98410461902

X7 的危险重要度是：0.007476227126

X8 的危险重要度是：0.003775083916

X9 的危险重要度是：0.037750839164

X10 的危险重要度是：0.037750839164

X11 的危险重要度是:0.037750839164

X12 的危险重要度是:0.003775083916

X13 的危险重要度是:0.037750839164

X14 的危险重要度是:0

X15 的危险重要度是:0.000000000757

X16 的危险重要度是:0.037381135628

X17 的危险重要度是:0.000000006793

X18 的危险重要度是:0.000000003428

X19 的危险重要度是:0.000000005684

X20 的危险重要度是:0.000000001137

X21 的危险重要度是:0.000000001137

X22 的危险重要度是:0.000000003424

X23 的危险重要度是:0.000000006797

X24 的危险重要度是:0.000000000757

X25 的危险重要度是:0.000000001506

危险重要度分析顺序为:

Cg(6)>Cg(3)>Cg(4)=Cg(9)=Cg(10)=Cg(11)=Cg(13)>Cg(16)>Cg(5)>Cg(7)>Cg(1)=Cg(8)=Cg(12)>Cg(2)>Cg(24)=Cg(15)>Cg(23)=Cg(17)>Cg(19)>Cg(18)>Cg(22)>Cg(25)>Cg(21)=Cg(20)>Cg(14)

事件名称是:乘客违规携带>吸烟>违章动火=电,气焊后金属=摩擦过热物体=仪表=牵引设备>误操作>乘客正常携带>电焊>静电=击穿=变压器>恐怖分子携带>设备老化>保护失灵=没有及时发现>短路>没有采取措施>无过荷保护>质量不过关>供电电压低=外负荷大>雷电。

通过上面的分析,可以发现乘客违规携带、吸烟、违章动火、电,气焊后金属、摩擦过热物体、仪表、牵引设备这 7 个基本事件最为敏感,在整个事故树中是最危险的基本事件。它们可以大致归结为两类:设备因素和人的因素。其中以人的因素最为重要,像乘客违规携带、吸烟等因素是地铁经常发生的,也上最难解决的。因此我们要加强宣传,教导乘客文明乘车,为营造一个安全的运营环境贡献自己的一份力。

• 改善系统的方法

一般可以从以下三条途径来改善系统的安全性:

① 减少最小割集数,首先应消除那些含基本事件最少的割集。本节中的"外因失火"事故树有 25 个基本事件,有 81 个最小割集,其中由两个基本事件构成的最小割集有 31 个,其余都是由 4 个基本事件构成的,有 50 个。要通过减少最小割

集来改善系统安全需要花费大量的人力和物力，不是最理想的解决方法。

② 增加割集中的基本事件树，首先应给含基本事件少、又不能清除的割集增加基本事件。像吸烟、乘客违规携带等可以通过加大对乘客的宣传和教育来减少这些因素的发生。在短路、设备故障方面则可以通过定期的检修来增强设备的抗挫能力。

③ 增加新的最小径集，也可以设法将原有含基本事件较多的径集分成两个或多个径集。在上述事故树的最小径集中，有一个最小径集包含了18个基本事件，则可以将其分成多个径集。在这18个基本事件中，我们可以将其归结为4个方面，设备方面：对仪表、变压器、牵引设备等地铁常用设备加强日常维护，减少故障率；工作人员方面：在进行电焊、击穿等操作时，应该防止电火花的产生，防止不必要的火灾发生，另外只有得到上级领导的批准后才可以进行动火作业；环境方面：安装防雷设施，防止雷击导致的短路和火灾；管理方面：工作人员应该加强对乘客的引导和教育，防止他们将易燃易爆物体带进站台。控制了这四个方面的因素，可以在一顶程度上减少火灾的发生。

像轨道交通外因失火这样的事故树中或门越多，得到的最小割集就越多，这个系统也就越不安全。对于这样的事故树应该从最小径集着手，找出包含基本事件较多的最小径集，然后设法减少基本事件树，或者增加最小径集数，以提高系统的安全程度。本树有最小径集4个，其中只有一个是由3个基本事件构成的，其余的都超过10个基本事件。这3个基本事件分别是X2恐怖份子携带、X5乘客正常携带和X6乘客违规携带，只要保证这三个事件都不发生就可以最大限度的防止轨道交通火灾事故的发生。我们可以对乘客加大安全教育，增强乘客的安全防范意识。另外工作人员也要对乘客做好安全防范工作，一发现有什么可疑人或可疑物，就要及时采取措施，防止火灾事故的发生。

综上所述，引起轨道交通火灾的基本事件主要是集中在人的因素上。但是人具有流动性，是最难预先控制的对象。既然难以事先控制，那么做好善后工作就显的由为重要。如何在事故发生后采取最快最有效的救援措施是轨道交通工作者要着重考虑的问题。

3.2 事故原因调查法

事故原因调查是事故分析的重要组成部分，通过事故调查，确定事故发生的原因(包括直接原因和间接原因)，为事故分析、制定对策措施提供必要的基础资料。

由于不同的事故，其类别及人员受伤、设备物质受损情况各不相同，其发生的原因也千差万别，因此执行适宜的事故原因调查程度是非常重要的。

3.2.1 事故原因模型

专家学者已经从不同的角度提出许多模型,试图描述事故的原因。事故原因的模型提出除了描述导致事故发生的即时原因的有关事件外,还扩展到人为因素的作用。而且模型还倾向于将与对事故有关的更为广泛的一些附加因素包括在内。图 3.6 表示了事故原因模型。

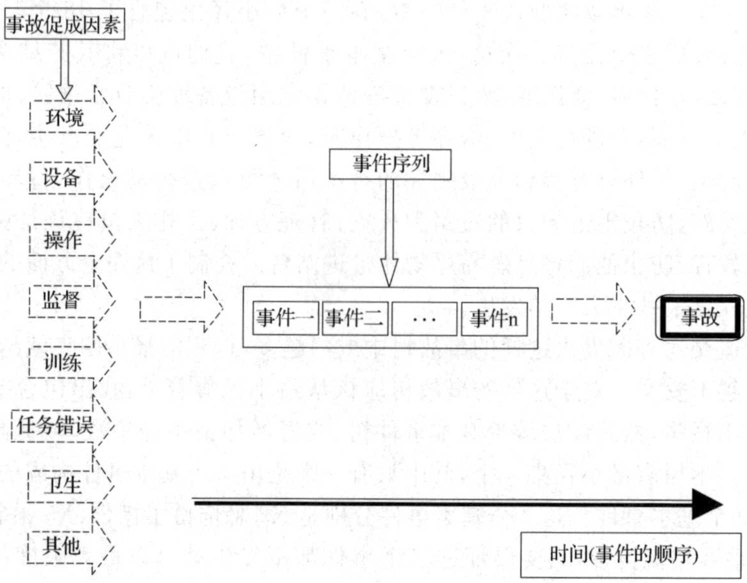

图 3.6 事故原因模型

3.2.2 事故原因调查应注意的事项

为了有效地进行事故原因调查,应注意如下问题:

(1)事故调查的时机。当事故发生后,要尽快进入调查程序,要趁事故发生后的现场状况尚未改变时尽快进行,这样才能保证调查的可靠、有效。

(2)调查组的人员组成。调查组应有二名以上人员组成,从事调查工作的人员应以与事故有关的生产线的管理、监督者及作业人员为中心,安全管理者、卫生管理者这些专职人员也应参加。如果需要的话,还应要求安全生产委员会的委员、车间安全员、劳动卫生管理员、工会干部参加,如果需要专业学科的理论的判断时,要借助有经验的学者的力量,实务方面的工作可依靠劳动安全顾问或劳动卫生顾问。调查组的成员应具备以下条件:

① 现场管理、监督者对现场的人与物的关系非常熟悉。

② 安全卫生专职人员对企业的安全卫生方针和现场的关系最了解，会广泛积极地在企业内对管理缺陷这一事故原因实施防止事故措施的。

③ 安全生产委员会的委员对事故状况可作出公正的判断。

④ 车间的安全员、劳动卫生管理员能够抓住车间特有的事故原因。

⑤ 工会干部能从工会的立场出发去努力抓住事故的真正原因，并且为防止事故的再发生会广泛地向工会会员作宣传。

(3)要尽量听取受伤者、目击者、现场负责人、设备检修负责人的情况介绍。

(4)调查内容及方法。

① 为了尽量客观、详细地把握作业开始到事故发生的全过程，要用文字记录以下事项，如果需要的话，还要同时使用录音机、录像机进行录制。

a. 何时；

b. 何人；

c. 何处；

d. 进行什么作业时；

e. 存在什么不安全状态或作业者的不安全行动；

f. 事故如何发生的。

② 对事故现场的状况除了摄影、绘制示意图以外，还要根据需要进行测量、测定、检查等工作。

③ 被认为与事故有关的物件，在事故原因确定之前要保管好，必要的话要进行取样分析。

④ 调查人员要站在公正的立场上做出正确的判断。对有关人员不能采用高压手段，而要热情相待，特别要注意不能持追究责任的态度。

⑤ 要把调查的重点放在弄清引起事故的原因上，尽量避免对多余项目的调查。

⑥ 除了事故当天的状况外，还要搜集平时车间的习惯、未遂事故、故障、异常事态的征兆和发生状况等方面的信息。

⑦ 除了与事故有直接关系的不安全状态、不安全行动外，对管理、监督者的管理状况和管理上存在的缺陷也要调查。

⑧ 当发生二次事故时，必要的话，要对事故发生时采取的措施的内容和妥当性也进行调查。

⑨ 在调查结果的基础上，要从人、物、管理方面人手，分析研究事故因素，努力查清真正的事故原因。

调查时，要把受伤者、目击者的猜测、判断或心理状态等和事实区别开来，前者只能作为参考。

3.2.3 事故原因调查的步骤

事故原因调查的步骤一般分为 3 个过程，如图 3.7 所示。

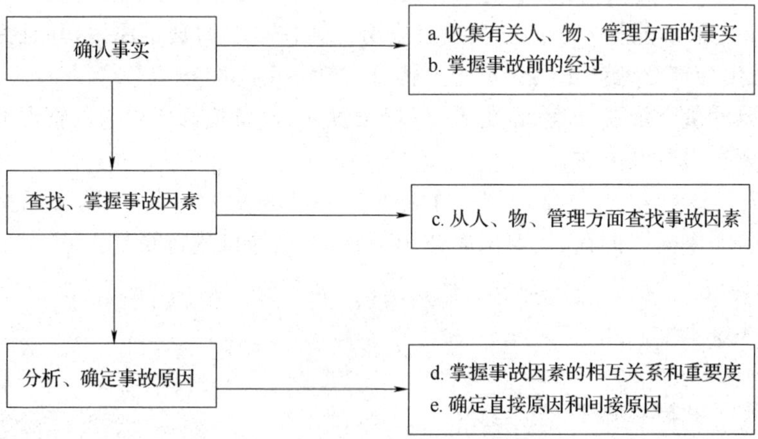

图 3.7 事故原因调查的程序

1. 第一个过程：确认事实

确认事实按图 3.8 所示的程序进行，可按人、物、管理、事故发生前的经过这一顺序进行。

在确认事实阶段，其调查项目有：

1)人的方面

(1)受伤者的特性；

(2)受伤者所从事作业的名称和内容、查清受伤者承担的作业任务和责任；

(3)查清是单独作业还是共同作业。如果是共同作业，要调查包括受伤者在内共有几个人作业；

(4)共同作业者等的特性和任务。共同作业者等的"等"当中，如果车间所属的作业者是加害者时，该人应包括在内。"任务"中包括共同作业者进行的作业的名称、内容和职责。

2)物的方面

(1)服装、护具。要根据服装及护具的特性，对下列项目进行检查：

① 服装是否是规定的服装；

② 是否穿了规定以外的鞋；

③ 护具的选择是否正确；

④ 护具的使用是否正确；

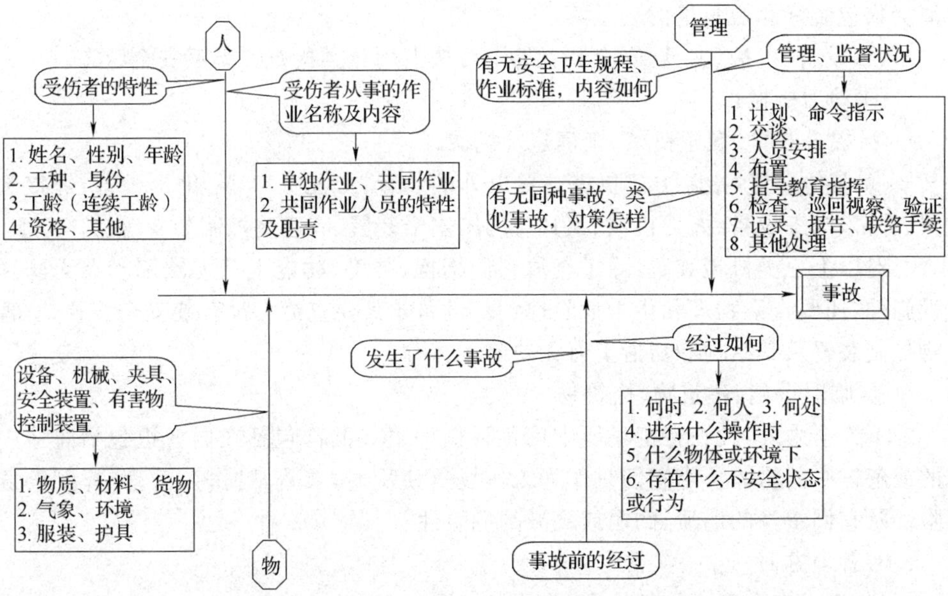

图 3.8　确认事实的程序

⑤ 护具的性能是否良好；

⑥ 是否戴了禁止使用的手套。

(2)气象、环境。

① 气象方面要查清天气、温度、湿度、风速等；

② 环境方面除了查清室内外的区别、工作地面、通路、道路、山坡、河川、水池的状况以外，还要研究环境条件。例如温湿条件、照明、噪声；通风、异常气压、有害气体；蒸气、粉尘、缺氧等；

③ 查清工作场所和通路的整理整顿及清洁状况的保持是否良好，特别要注意物体的放置方法、工作场所及道路有无缺陷。

(3)物质、材料、货物。要对使用或加工的危险物、有害物、材料、货物等进行研究。

① 危险物是指爆炸物、易燃物、可燃物、可燃气体。有害物是指有害气体、蒸气、粉尘及放射线等。对危险物、有害物要查清其名称、质量、数量、相位、物性及容许浓度等；

② 材料是指还没有安装在机械、装置；临时设施、建筑物、构造物等上面的呈材料单体状态的物体。要查清是否是规格、规定、标准外的材料，材料有无损伤、变质；

③ 货物仅限于打包成特定货物形态的物体，在搬运中其特性难以把握。要查

清货物包装好坏及重量的表示等。

(4)设备、机械、夹具、安全装置等。可按下列分类检查有无不安全状态。

① 动力机械;

② 提升装置、搬运机械、车辆建筑机械;

③ 其他装置,指除上述机械装置以外的装置,如压力容器、化学设备、焊接装置、炉窑、电工设备、人力机械、工具、夹具、安全装置、有害物控制装置等。

对以上三类机械装置,除了查清它们结构、强度、功能上有无缺陷和有无防护设施外,还要查清物理和化学危险性、有害性,尤其要查清有没有装安全装置、有害物控制装置及其结构和功能上有无缺陷。

④ 临时设施、建筑物、构筑物。

不论全内外,凡在特定场所中用各种构件组装的都包括在内。也包括建造中的或解体中的物体。当它们是作为工作场所使用时,要查清坠落、滚落、摔倒的危险性及它们本身的崩溃、倒塌或飞溅的危险性。

3)管理方面

(1)有无安全卫生管理规程、作业标准及其内容如何

要查清有没有发生事故时的作业的安全卫生管理规程和作业标准及内容。查清"事故发生前的经过"中,管理、监督者是怎样要求作业者遵守规程标准的。如果没有发生事故时的作业规程、作业标准或规程标准不完全时,要查清"管理、监督状况"中,管理、监督者采取了什么措施。

(2)有没有同种事故或类似事故,对策的内容如何

查清过去有没有与这次事故相同或类似的事故发生,当时采取了什么防止事故的措施、在下面的"管理、监督状况"中说明管理、监督者是怎样落实该对策的。

(3)管理、监督状况

从与管理监督者的责任、职务、权限的关系出发,查清对计划、命令指示、交谈、分配、安排、指导、教育、指挥、检查、巡视、验证、记录报告、联络传达手续等的管理监督状况。重点要放在事故发生日上,但对平时的管理监督状况也要查清。例如要检查平时对部下的不安全行动是否忽视了,对部下就设备危险性、有害性提出的报告、提案是否采取了措施等。

① 计划、命令、指示。查清管理监督者制定了什么生产计划,作业计划,向部下下达了什么命令,对防止事故作了什么指示,特别要检查为了防止事故,监督者不在时是否指定了代理人或共同作业的指挥人,是否对信号、联络方法作了指示,是否讲清了上高或下低作业的禁止措施。

② 交谈。要了解作业前的班前会、作业中的交谈内容,特别对非固定作业等没有制定作业标准的作业,要调查在作业开始前是否谈论了确定作业方法、顺序、

安排、信号、联络等应注意的问题，查清当时的状况。

③ 分配（人员分配）。是否考虑了工作内容和部下的适应性、能力来配备人员和安排作业，对必须由具备法定资格或公司内资格的工人从事的作业是否分派了有资格者承担，人数是否合适。对这些情况要从质的和量的两方面查清。

④ 安排。查清根据作业的特性，作业需要的原材料、设备、夹具、护具等在数量上是怎样准备、配备的，怎样采取禁止进入的措施的，标志等是怎样设置的。

⑤ 指导、教育、指挥。查清对作业所需的知识、技能和态度的指导、教育状况及对应直接指挥的重要作业是否进行了指挥。

⑥ 检查、巡视、验证。调查对原材料、设备、机械、夹具、护具和环境进行安全卫生检查的状况，对为监视作业行动而进行巡视的状况，及对在检查巡视结果的基础上进行的改进、进行验证及是否按照命令、指示去作业了进行验证的情况。

⑦ 记录、报告、联络、传达、手续。查清对重要事项的记录、向上级的报告、向有关方面的联络和传达、规定的手续的状况及来自部下的报告内容。

⑧ 其他。除了上述各项外，还要查清作为管理监督者应采取的必要措施的状况，例如对向上级提出的或来自下面的意见、提案、要求或人际关系、健康管理的处理或考虑。

3）事故发生前的经过

查清作业开始前后到发生事故这段过程中的不安全状态和不安全行动及为什么发生这一状态和行动、它的原因和背景是什么。本项目包括异常时、事故时和发生伤害时的措施。异常时的措施有联络、报告、验证、处理等；事故时的措施除了上几项外还有紧急停机、躲避；发生伤害时的措施则还包括紧急措施（含急救处理）等。

在了解事故发生前的经过时，要特别注意以下几点：

（1）按照5W原则（who、when、where、what、which，who）进行调查。

（2）把事实按时间序列（过程）排列。

（3）忠实于真相，尽可能客观、正确、简洁地加以表现。要特别注意即场、即物、即人来表现。

（4）查清事实的背景（管理方面的状况）。

（5）对不安全行动要注意以下几点：

① 是否让安全装置起作用？

② 是否施行了安全措施？

③ 是否对运转中的机械装置进行清扫、注油、修理、检查？

④ 是否接近了危险有害场所？

⑤ 开机器中有无失误？

⑥ 作业方法有无缺陷？

⑦ 作业动作有无失误或不当?

⑧ 有无其他不安全动作?

2. 第二个过程:查找、掌握事故因素

“事故因素”是指不安全状态、不安全行动及管理方面的缺陷中,决定事故发生的因素。对前一阶段中掌握的和事故有关的事实,要根据预先明确规定的判断标准来确定哪里存在缺陷,并把它作为事故因素。

3. 第三个过程:确定事故原因

认真研究已掌握的事故因素的相互关系和重要程度之后,确定直接原因和间接原因。直接原因由不安全状态和不安全行动构成,间接原因一般由管理上的缺陷构成。

3.2.4 针对事故内容的原因分析

发生灾害事故时进行的原因分析有各种目的,有的为了防止再发生类似事故,有的为寻找防护措施,有的为了查明是否有违法的行为,这就要根据调查者的立场而定。在原因分析的结果汇总阶段,从表面上来看可能有完全不同的印象。但无论是什么情况,都要查清事故的发生经过,确定原因的真相。原因分析的方法和程序都是大致相同的。灾害事故类别中有工伤事故、飞机事故、化工厂的爆炸事故、矿山事故等等,看起来采用的原因分析方法似乎是千差万别,但基本上都是用系统工程方法分析灾害事故要点、综合调查的结果,然后从系统全体推论出事故的原因。安全管理者重要任务之一就是要收集事故信息,根据信息进行事故分析,从分析结果找出防止事故的必要措施,并将措施切实地付诸实现。

在进行信息收集时,必须把握安全信息的基本特点。安全信息一般有 3 个基本要点:

(1)根据信息管理能量。事故是能量作用于人体而发生,使用安全信息对能量进行管理和控制是系统安全管理的重要内容。因此也是事故信息收集的重要内容。

(2)生产第一线的信息是安全信息的核心。因为险源是生产第一线的单元作业,大多数事故发生在生产现场,利用信息来管理能量,防止由于能量转移而造成事故。主要的安全信息也是在劳动现场,在生产第一线才能获得。所以生产现场的安全信息称为一次信息。而有关安全生产的方针政策、法令、国标、安全规程、以及各种工程技术、企业管理等的文献及其中的数据;安全教育培训用的图书资料、事故统计分析报告,国内外安全生产的文明创造、经验总结以及国际劳工组织的标准、协议等等都是安全信息,但这些与生产第一线的安全信息不同,称为二次安全信息。当然也有介于一、二次安全信息之间的另类安全信息。

(3)现代安全管理是以安全信息为中心,在计划、实施、工程竣工等系统中各环节之间,用系统安全分析、系统安全评价为方法所建立起来的能预防、预测、预警、预评价的新的安全管理体制。从计划、实施、结果检查等步骤中经常吸收安全信息，这种信息尽可能把握住生产现场和企业管理的实际状况，但是吸收信息量的大小是有弹性的，这取决于个人的知识水平和组织的管理能力。为此，设置出一个安全信息系统是非常必要的。分析和评价工作在系统安全中占有重要位置。在这一新体制中，分析和评价相当于各个阶段、各类问题的研究结论以及对关键安全问题的确认。

安全一次信息来源于生产现场，指与发生事故有关的某种生产活动的全部信息。安全信息寓于生产之中，有组织系统的信息流，流动于经营者、管理者、检查者及生产者之间。

人在进行各种生产活动时，安全信息流也在不断地有序流动。如果发生的安全信息流紊乱，意外事件就可能发生。因此，在进行事故分析时，安全信息是至关重要的。

下面简要介绍针对事故内容的二种原因分析方法：

1. 海因里希分析方法

海因里希在《产业灾害防止论》一书中对事故原因分析法以及安全管理内容作了较为详细的分析、总结，参见图 3.9。

2. 日本使用的分析方法

在日本从人和物的两个方面对事故情况进行调查，从技术、教育、管理等各个角度进行原因分析。除了如图 3.9 的基本调查外，还要从工厂环境方面调查并进行反馈，以便进一步找出更深的原因。参见表 3.5。

表 3.5　灾害事故的原因分析和对策

<table>
<tr><th colspan="4">灾害状况</th><th colspan="2">灾害原因</th><th rowspan="3">对策 4M</th></tr>
<tr><th colspan="4">人物</th><th rowspan="2">直接原因</th><th rowspan="2">间接原因 3E</th></tr>
<tr><th>伤害</th><th>事故类别</th><th>现象</th><th>类型</th></tr>
<tr><td>身体部位</td><td rowspan="4">剪绞
卷入
坠落、翻倒
飞物打击
跌倒
切割
崩塌
冲击
灼伤
触电
交通事故
天灾
其他</td><td rowspan="4">1. 火灾
2. 爆炸
3. 中毒
4. 破裂
5. 碰撞
6. 污染
7. 触电
8. 其他</td><td rowspan="4">1. 机械的
2. 电气的
3. 化学的
4. 热的
5. 射线
6. 天灾
7. 其他</td><td rowspan="3">不安全行为
（人的
原因）</td><td>技术的缺陷
Engineering
（设计、材料、
维修、检查）</td><td>Man
人际关系</td></tr>
<tr><td>种类
（伤害、
病名）</td><td>教育的缺陷
Education
（知识、经验、
健康、错觉）</td><td>Machine
物的条件</td></tr>
<tr><td rowspan="2">程度
（死亡、
残废、
休工、
不休工）</td><td rowspan="2">管理的缺陷
Enforcement
（组织、制度、
标准概念）</td><td>Media
人机媒介</td></tr>
<tr><td>不安全状态
（物的
原因）</td><td>Management
管理法规</td></tr>
</table>

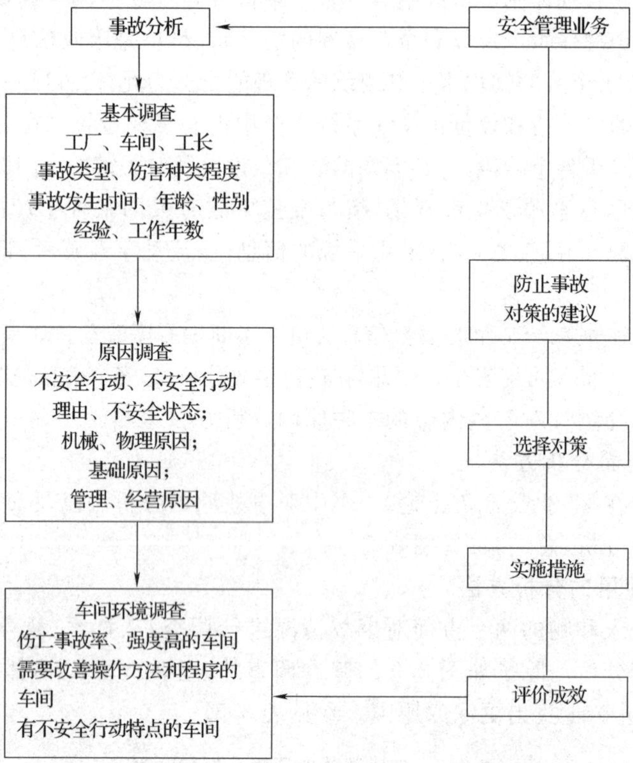

图 3.9　海因里希伤亡事故的原因分析方法和安全管理业务

一般来说,从事故统计的结果采取防护措施时是分类方法的问题。表 3.5 从事故状态、事故原因和措施等方面进行分析。

间接原因是从 3E 方面进行分析的,最近以来,则重视从操作程序、整理整顿、工作时间等人机关系方面进行分析,并采取相应的措施,这就是 4M 方法。

3.2.5　特别事故的调查项目

爆炸、破裂、塌方、冒顶、触电、起重机事故等特别事故发生时,须对按一定的项目进行调查,必须选具有特殊技术知识和经验的人制作调查表,要查清机械、装置、物体等有无不安全放置;是否制造了危险有害状态;是否使用了指定外的机械装置。

1. 几种特别事故的调查项目

1)化学装置的爆炸事故

(1)与爆炸有关的物质的分子式、结构式、性质;

(2)正常运转时的相态、温度、压力、混合物的混合比、单位操作或单位时间的处理量、反应式；

(3)装置的工艺流程简图、重要仪器及与事故有关的部分结构的简介、安全装置的种类、功能以及是否起作用；

(4)正常运转状态时，操作(包括监视、措施)的方法(包括自动控制、集中管理的状况)；

(5)事故发生前操作(包括监视、措施)的方法以及得当与否；

(6)过去有无偏离正常运转状态的事实及状况；

(7)事故时装置、建筑物等被破坏状况的特征；

(8)成为事故因素的火源以及其他能源(包括事故前对火源等的措施)；

(9)企业优先确定的每个工序的危险之处、理由及预防对策；

(10)对危险处的检修状况以及是否妥当；

(11)是否存在混入杂质的危险性以及预防对策；

(12)有无事故前兆。

2)破裂事故

(1)容器内的物质的分子式、结构式、性质；

(2)正常运转时的相态、温度、压力、混合物的混合比、单位操作或单位时间的处理量、有无化学反应以及其反应式；

(3)容器的结构、尺寸、容积、材质、工作状况、使用时间长短；

(4)安全装置的种类、结构、功能以及是否起作用；

(5)最近检查的状况；

(6)正常运转状态时，操作(包括监视、措施)的方法(包括自动控制、集中管理状况)；

(7)事故发生前操作(包括监视、措施)的方法以及是否妥当；

(8)事故发生时容器和安全装置的破坏状况，断裂面的外观及腐蚀状况；

(9)有无异物混入的可能性及预防对策；

(10)有无事故前兆；

(11)压力振幅和周期；

(12)在长时期内，容器内的物质和残渣的变化状况。

3)触电事故

(1)发生触电的设备的使用电压及额定电流；

(2)电路的结构(正常时和发生事故时)；

(3)发生事故的电路的绝缘状况；

(4)护具、安全用具的安装及配备状况；

(5)作业内容及操作程序；

(6)触电前的作业状况；

(7)电流流入、流出人体的路线；

(8)天气及其他特殊触电危险状态；

(9)有无作业标准以及执行状况。

4)起重机事故

(1)起重机本身的事故

① 起重机的种类、型号、用途、吊物重量；

② 吊具的类型、功能；

③ 开动率、负荷率；

④ 事故发生时的额定负荷、作业半径、支臂的倾角；

⑤ 货物的种类、形状、重量；

⑥ 与事故有关的部分的尺寸、性质；

⑦ 破损或拉断方法，断裂或拉断面的外观；

⑧ 事故发生时的驾驶操作；

⑨ 与事故有关的安全装置的种类、形式，是否起作用；

⑩ 最近检查的结果；

⑪ 起重机的运行经历；

⑫ 瓦斯、蒸气、粉尘、温度等环境条件；

⑬ 挂钩工人的技能、信号；

⑭ 气象状况；

⑮ 管理负责人与起重机使用者的关系。

(2)起重机造成的事故

① 房屋、设备、建筑物与起重机的关系、位置、间距；

② 防止接近起重机的措施与措施是否得当；

③ 与起重机周围的作业有无联系，妥当与否；

④ 挂钩用具的种类、尺寸、容许负荷、事故发生前的状况；

⑤ 挂钩方法以及是否妥当；

⑥ (1)项目中的相应事项。

2. 事故中的人为因素

在生产过程中，人为因素是事故原因中的一个主要因素，对人为因素在事故中实际涉及的程度的估计有很大的差别，正确分析人为因素在事故中的作用，对事故分析是非常重要的。

20世纪80年代初，有人对澳大利亚在三年期间发生的所有与工作有关的死亡原因研究表明，涉及到人的行为因素的死亡占事故死亡人数的90%以上。由此可见，在事故发生中认识到人为因素的作用是很重要的。在过去传统的事故分析中，把人为因素仅仅看作是在即时事件序列中与出现的失误相联系的因素。随着事故分析技术的发展，对人为因素的认识提高到一个新的水平。在事故分析中，要清楚人为因素是如何、为什么、以及何时涉及到事故等等，这大大提高了预示人为因素作用的能力，并有助于事故的预防。

专家学者已经从不同的角度提出许多模型，试图描述事故中人为因素的影响。前面论及的事故原因的模型(参见图3.6)提出除了描述导致事故发生的即时原因的有关事件外，还扩展到人为因素的作用。而且模型还倾向于将与对事故有关的更为广泛的一些附加因素包括在内。人为因素(如生产实践和监督管理等)即可以在事件序列中即时地引发事故的失误发生，也可以作为预先存在的、影响到事故发生的事件序列的人为因素。对人为因素模型的两个主要成分：促成因素和事件序列，在概念上应当设想它们的出现是有时间顺序的，即事件序列失误总是出现在促成因素之后，这是固定的，不过它们发生的时间是不固定的。总之，这两个成分是事故因果关系中不可缺少的部分。

1)人失误的性质分析

在预防事故发生时，不可缺少的部分是了解失误的性质、误差性质、时机以及发生的原因。而失误的重要的和独特性的性质之一(与事故中其他因素不同)就是失误是行为过程中的一个正常部分。在学习新的技能和操作过程及维持其运转时，失误常起着重要的作用。人们在试探环境与造成失误之间的分界线时常犯失误，但他们从中却领会到究竟什么是这些分界线。这不仅对于人们学习新的技能是不可缺少的，而且在更新和巩固已经学过的知识时也是必要的。因此，人们应该察觉到，自己的技能边缘检测与他们准备接受的危险水平是相关的。

差错是所有行为中一个不变的特征。研究表明，它约占与生产有关的致命性事故的2/3。因此，对可能发生差错的形式以及何时发生和为什么会发生有所认识都电气非常重要的。尽管对人为失误在许多方面还不理解，但目前的认识水平可以预计某些差错的类型，希望关于这些差错类型的知识能指导人们尽力去防止差错的发生或至少可以改变差错产生的不利后果。失误性质的最重要特征之一就是它不是单一的现象，尽管传统上对事故的分析常把失误作为一个单纯的实体处理，似乎不能进一步去解析它。但实际上，失误是以多种方式出现的，失误的不同取决于对所面对的信息处理的功能。例如，误差可以由感觉器官对刺激的感觉衰减以致造成失误的感觉，也可以因过长时间注意力集中造成的误差，是由于环境中很复杂的刺激、各式各样的记忆失误以及失误的判断和失误的推断所造成。所有这些类型的失误可根据其发生时的背景及条件或任务的特性而加以区分，用不同的信息处理方法把它们加以剖析，然后采取不同的途径去一一克服。

不同类型的失误也可根据技术操作是否熟练来区别。训练通常是解决人为失误的一种方式，因为熟练的操作行动是指在完成序列动作时是自发的不需要时刻注意和反馈。只需要断续的有意识的检查，以确保操作运转正常。熟练操作的优点是，一旦机器启动操作者只要稍加努力就可正常运行。操作者同时也可以进行其他的活动（如开车的同时也可与人谈话），如计划如何进行未来的工作。此外，熟练的操作通常是可以有预见性的。遗憾的是尽管熟练减少了许多类型的差错的可能性，但也增加了其他的一些问题。熟练操作者时常表现为心不在焉、无意识的动作或疏忽，但其所造成的差错与不熟练操作者所发生的差错是不同的。技能性的差错一般与所控制的任务的性质发生改变有关，可以发生在有意识的检查阶段，也可能是由于类似的熟练操作方式所造成。失误的第二个特性是既不是新奇的也不是偶然的。失误的形式有限，往往以类似的形式出现在各类活动中。例如，“迷失地点”可以发生在讲话中和察觉性的任务中，也可以发生在与知识有关的任务或解决某类问题的任务时。同样地，失误发生的时机和位置在事故发生原因的序列中似乎并不偶然。处理信息过程的一个重要特征是不论在何种场合其表达方式都是一样的，即日常生活中在厨房里失误发生的形式，也可以同样的形式发生在高度危险的工业中。但这些差错的后果却差异很大，这取决于发生失误的环境，而并不在于失误性质的本身。

2）人失误的模式分析

人失误的模式在失误的分类和人失误模式的制作方面，重要的是要考虑到失误的各个方面及可能的范围。不过这种分类要能应用于实践，也许这是最大的限制。在建立事故原因的学说中，所作的一切可能很难应用于实践。若试图分析事故的原因或估计人为因素在整个过程中所起到的作用，以了解人在处理有关资料的所有各个方面是不可能的，或者在事故发生之前就知道某个意图所起的作用都是绝对不可能的，即使在其后也不容易，因为事故发生的真象可以改变一个人对事故周围情况的回忆。因此，到目前为止最成功的事故分类都集中在失误发生当时所执行的行为的性质。这样可使人们对失误的分析做到相对地客观和尽可能地重现失误本身。对于失误的分类，应区别开是在熟练操作时发生的（由失误、疏忽或不在意的动作引起的）还是在不熟练操作时发生的，或者是在执行解决问题的行为时发生的（失误）。失误或技能性失误都是无意识的失误，是在非常习惯的常规条件下，或实质上是自主的情况下的行为。将失误进一步地分为三类：

（1）规章性的失误。即按规章进行要求操作时发生的。

（2）知识性的失误。即发生在解决问题时，当人们没有这方面的知识或没有规章可遵循时发生的。

(3)技能性的失误。即在执行工作规划时受到干扰而发生的。

知识引起的失误是由于缺乏专门知识,规章引起的失误是由于不正确的应用这些专门知识,而技能性的失误则是在执行工作规划时受到干扰,通常是由于注意力发生变化。

应用这些分类去研究人群中与生产有关死亡的事故,表明了其应用的可靠性。结果表明,技能性的失误总是最常见。而且这三种失误类型的出现,在事件发生的序列中的分布是不同的。例如,技能性失误最常见于事故发生前的一瞬间(占致命性事故的79%)。由于时间来不及挽救,其后果可能很严重,而其他性质的失误似乎在事故序列中的排列要早一些。

3)事故中的人为因素

事故发生当时的周围情况涉及到的是人为因素细节,而不是人的失误,这对理解事故的发生是一个重要的前提。尽管在多数事故序列中,失误毫无疑问是存在的。但从广义而言,人为因素也被涉及到。例如,所采用标准操作工作方法的形式和对确定工作方法的性质及可接受性所产生的影响,包括最早期的管理中的决定等。显然,有缺陷的工作方法和决定是与失误有关的。因为这样涉及到判断和推理的失误,但有缺陷的工作方法是可以通过其特性来加以区别的,也就是判断和推理中的失误一旦被批准成为标准操作方法,由于没有即时的后果,往往使人们对这种表现没有紧迫感。然而,它们应该被认为是一个不安全的、带有基本要害的工作系统。其所提供的状况,可能在以后无意识的与人的行为相互配合而直接引发事故。在这里,人为因素包括在个人及其所处工作环境之间相互作用中所涉及的许多成分,其中某些是直观和显而易见的部分,它们在工作系统中不出现即时的有害后果。例如仪器的设计、使用和维护、规范条例、个人防护及其他安全设备的使用和维护,以及来自管理或工人,或二者共同产生的标准操作方法等,所有这些都是实践中人为因素的例子。即使已经排除人为成分,直接地涉及到事故本身,但在系统功能中,这些显而易见的人为因素在很大程度上仍然反映整个组织的背景情况。组织的特性可集中称为组织文化和组织气氛,这类术语已经用来表明个人所拥有的一组目标和信念、组织的目标以及信念对个人的影响等。最后,反映组织特性的共性或规范准则,可能就是影响各级水平对安全行为的态度和促进的决定性因素。例如,在工作环境的条件下,耐受危险的水平就是由这类规范准则决定的。明显,任何在工作系统及工人们所用的标准操作方法中反映的组织文化,是人为因素在发生事故中的主要原因。习惯上对事故的看法是在事故发生的当时和当地突然间做错了许多事情,所以人们只是把注意力集中在事故发生当时可以公开地测量的事件上。实际上,失误发生的本身就可能存在允许不安全操作或失误表现。为了揭示工作系统中早已存在的引发事故的条件,就必须考虑到问题的各个方面,这也涉及到能影响事故发生的人为成分。因此从广义上看,在事故发生的原因中,人为因素的作用可能是极其重要的。工作系统中不完善的决定和实践,虽没有产生即时的影响,但是它可产生一种使操作者发生操作失误的条件,以致发生事故(失误的结局)。传统上,由于与事故发生相隔的时间太远,而且与事故之间的因果联系并不明显,所以在事故分析的设计和资料收集中,常常忽略了事故组织方面的作用。但最近已明确,在结构分析和资料收集系统中,要将事故的组织因素包括在内。在澳大利亚所有职业性死亡原因中有相当大的比例(占42.0%),涉及到预先存在的和正在进行的不安全的工作实践,成为导致事故发生的因素。从大量事故的分析中可以认识到,并论证了组织对事故的影响。在工作系统中的组织和管理因素常常构成潜在的失误,它们好像生物系统中存在的病原体一样,组织的缺陷与具有引发性质的事件以及和事故当时的周围环境状况的相互作用,就像生长在生物体内的病原体受到有毒因素的启动那样而产生疾病。上述概念分析说明组织与管理的缺陷在事故序列发生之前早已存在,它们是一个具有潜在的或迟发的作用因素。因此要理解事故如何发生,人又是如何影响事故发生以及他们为什么会这种做,就必须保证使分析自始至终都不仅限于可直接和立即导致危害的那些情况。

4)人为因素在事故和事故预防中的作用

了解了与事故有关的广泛环境情况在引发事故的潜在原因中的意义之后,描述事故发生原因的最好做法就是考虑有关成分的机遇,以及他们彼此之间是如何相关的。

首先,引发事故的原因各不相同,其时间也不一样。而且这两个方面的因素彼此也各不相同、不尽一样。也就是说,原因之所以重要,是因为他们出现于接近事故发生之时,因此揭示了事故发生时的某些情况,或者是由于它们是事故的主要的根本的原因,或者是二者均有。在验证时间因素和原因因素重要性时,会涉及到较广泛的环境情况以及事故发生当时的情况,分析的焦点应放在为什么会发生事故,而不要着重于它们是怎样发生的。

其次,通常大家都知道事故是由多方面的原因引起的,在工作系统内,人、技术和环境成分是以其关键性的方式相互作用的。传统的事故分析模式仅局限于所规定的分类范围内,限制了获得资料的性质,因此也限制了选择最优预防行动的范围。所以,当考虑事故的广泛周围环境情况时,所利用的模型不得不涉及更广泛的因素。某个人为因素可能会与其他人为因素以及与其他非人为因素相互作用。在因果关系网络内广泛地存在着各种不同成分,无论它们是联合出现的,还是以相互作用的方式出现的,都提供了最完整的和最富于信息性的事故发生的图像。

第三,要考虑事件本身的性质及其对事故影响的性质这两方面的问题,以及二者相互作用的问题。尽管总是存在多种原因,但它们的作用程度并不都是相等的,确切地认识各因素的作用对理解事故为什么发生以及如何防止它再度发生是非常关键的。例如,事故发生当时的环境可能有影响,因为早期的行为因素是按标准操作方法进行的。同样,在工作系统原有的各方面可能会提供这种背景条件,即在这个条件下,以熟练技能为基础的行为所犯的常规失误,也可突然发生带有危害后果的事故。在正常情况下,这类常规失误是没有严重后果的。如果目标是对准潜在的基本事故原因,而不是对准促发因素,则采取预防措施将是最好的和最有效的。因此,只有考虑到了所有各个类型的因素、检查了它们相应的时机并确定了它们的相对的重要性,才可能理解因果关系的网络系统,并理解他们是如何影响结局的。

尽管人的活动可能以无数的不同的方式直接促成事故的发生,但相对地,只有少数因果途径的模式能说明大多数事故的因果关系,特别要强调在基本潜在的现场条件下,使得人为因素或其他因素能产生效应的场合仅局限于少数工作系统方面。据有关报道,在澳大利亚仅用四种因素模式便可解释他们在三年期间观察到的大约2/3的职业性死亡的原因,而且毫不奇怪,几乎所有这些事故都是在某些场合涉及到人为因素。总结人为事故因素的性质依据其类型、时机选择以及在造成事故发生的重要性方面而有不同。在多数情况下,人为因素是以有限范围的先前存在的形式和在有缺陷的工作系统中,产生了造成死亡事故的最根本的和最主要的原因。若这些因素与熟练操作期间的失误相结合,或与存在于环境中的有害物质联合,就会进一步促进事故发生。这些方式说明了在事故发生中主要涉及到人为因素的层次作用,但是当用于制订预防措施时,问题就不能仅仅简单地描述那些人为因素涉及到事故中的各种各样的方式,而要确切地查明在什么地方和如何才能更有效地进行干预。因此,只有当所使用的模型能精确地、综合地描述事故因果关系中各种相关因素(包括因素的性质、相关时机的选择以及相关的重要性)的复杂网络系统时,才有可能达到此目的。

3.2.6 事故危险的动态模型

有这样一个寓言,“给我一个稳定性为两倍的梯子,我将爬到两倍那样高;若给我一个警告的原因,我就会有两倍的畏缩。”寓言深刻地反映了事故危险动态平衡的基本道理。

人们对安全(包括健康)的期望水平与所在的现实系统是一个动态发展的关系,这种关系对人的行为将会产生巨大的影响。例如吸烟,大家都知道有害健康。但如果发明一种新的香烟,吸每支这种香烟死的人数与吸每支现有香烟死的人数相比,其致死率减为半数。这是否构成一种文明进步呢?如果新的香烟取代了今天的香烟,又假定人民对健康的愿望没有改变,那么吸烟者可能将增加其吸烟量达两倍之多。尽管吸每只烟的死亡率减半,但吸烟造成的死亡的危险对每个吸烟者来说仍然是相同的。但是，这还不是惟一的反响。由于可得到“较安全”的香烟，就使戒烟的人数减少。并使当前不吸烟的人将受到吸烟的诱惑，结果使得与吸烟有关的死亡率在居民中上升了。不过，一旦人们采用更安全健康的生活方式，改用其他更适合于自己的方式时，就会削减不利因素，减少不利的引诱、不安全和不健康的习惯。最终结果是，与生活方式有关的死亡率基本上仍是一样的。

由此可见，危险动态平衡理论的基本前提是：

第一，人们有一个危险的目标水平，也就是他们能接受、耐受、喜欢、需要或选择的危险水平。危险目标水平主要取决于能察觉到的利益、对安全的不利条件及不安全行为的选择，并且它能确定他们将要接触的安全和健康的风险的程度。

第二，在整个期间由生活方式造成的死亡、疾病和损伤发生的实际频率是维持一个闭合的循环、自身调节的控制过程。从而人们施加于他们的行为中的谨慎程度，决定了健康和安全的上下浮动的水平，而且实际上与生活方式有关的损失的浮动水平，也能确定人们在行为中行使谨慎的活动的浮动值。

第三，要掌握失去生命和健康的水平，这是指由于人的行为引起的，可以通过干预手段有效地降低人们愿意接受的危险水平。即没有必要通过什么“安全香烟”的措施或其他类似的努力来解决什么“技术上的合格”问题，只要通过一些规划以强化人们对生存和健康的期望就行了。

1. 事故原因和预防危险的动态平衡理论

对职业事故、职业病、交通事故和生活方式引起的不健康状况大家谈的很多，但很少讨论有关这些问题的原因和预防的促动因素。已有研究中所谈到的变动，像永久性的或半永久性的特征（即性别、个性或经历等）、瞬间状态（疲劳、血液中酒精水平）、信息过多或过少、超负荷或负载（压力或厌烦）、训练和技能、环境因素和工作地点人类工效学等，所有这些变量除了促动因素（能影响危险的目标水平的因素），其他因素对每操作小时中事故发生的频率仅有一点影响而已。然而，有些变量也可能对每个生产单位或移动每个单位距离时的事故率有很好的作用。例如，当危险动态平衡理论应用到道路交通情况时，假定在单位时间内道路使用者的交通事故率是固定在一个闭合循环控制过程中的结果，在这个过程中的危险的目标水平就是惟一的可控制的变量。因此，与临时浮动相对比，按时间平均的事故风险不与某些因素相关（如车辆本身的特征、道路环境和操作者的技术熟练程度等），而最终还是取决于道路使用人群对事故危险可接受的水平，这个水平是他们从汽车的一般性活动（如开车多的经历）以及与特殊的活动有关的特殊危险性操作（如超速车开得很好）中所察觉到的好处得到的。在任何一个时候，一个车辆驾驶人员利用他的察觉技能，察觉到有一定危险水平的事故，于是与他们愿意接受的事故危险水平相比较，这种情况是合理的。愿意接受的水平是通过所选活动所获得的利益与所预期的耗费之间取代平衡的方式而确定的。因此，这个目标危险水平应被认为是所有使用的方式和活动量都达到了最大的限度时的危险水平。而预期的耗费和利益与经济、文化和与个人有关的变量相关，也与它们长期的、短期的和时时刻刻的浮动相关，这些效果在任何特殊的瞬间都会控制着危险的目标水平。不论何时，道路使用者察觉到目标危险和经验危险在方向和其他方面不符合时，就会通过某些操作，试图恢复这种平衡。这种平衡能否成功，取决于个人所做的决定和心理动力的技能。但是所采用的任何动作都可能带来一定的事故危险。如在一个地区范围内，道路使用者在一定期间（如一年）所采取的全部行动决定了他在该地区所发生的交通事故的严重程度和频率。假定这个事故率影响（通过反馈）到存活者察觉事故危害的水平，并由此影响了他们随后的活动与发生的事故等，那么只要目标危险水平没有改变，在循环的因果关系链内，事故的损失和行为的谨慎程度总是彼此相互制约的。

2. 危险的动态平衡过程模拟

危险的动态平衡过程模拟见图 3.10。

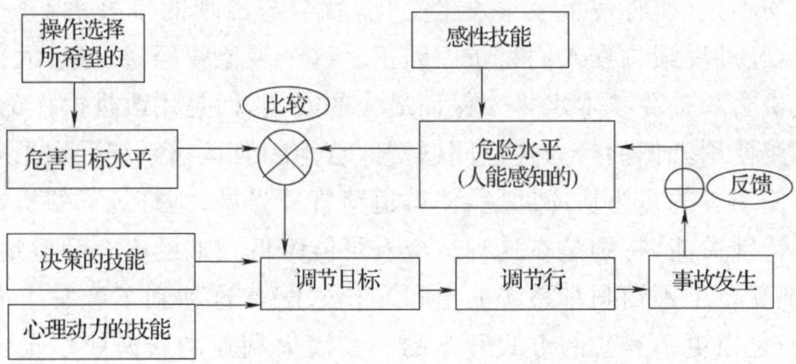

图 3.10　危险的动态平衡过程示意图

由图 3.10 可以看出，事故率既是操作者行为改变的原因，也是它的后果。动态平衡机制中的自我纠正的性质是至关重要的，这是一个闭合循环。在这个循环中，有的运行需要延迟一些时间，人们才能意识到事故率发生了改变（反馈总是有一定的延迟期）。闭合循环的外边表明，采用降低目标危险水平的干预措施，可使事故率呈持久性的降低。

下面用"室内恒温控制"的例子来进一步说明动态平衡过程。先设置恒温器的温度为任一点，并可及时地与实际温度比较，当这两个温度出现差别时，需要加以调整，引发调节的行动，结果使室内分布的空气按要求变得冷一些或者变热一些。过一些时间后新的空气温度达到恒温器上的设置点，产生了一个新的温度读数，该读数可同设置温度点相比较。如果这个温度计不灵敏，则室内温度会显示一些基本的波动。若调节动作比较慢，不论是由于接通开关的惯性，还是受致冷热系统能力的限制，都会产生上述情况。但应注意，这些缺陷不会改变室内的时间平均温度，同时还要注意所设置的温度是惟一在闭合循环外的因素。重新设置恒温器到一个新的目标温度将对时间平均温度引起持久性的改变。正如同一个人根据他所察觉的利益和在安全以及危险行为上的耗费去选择危险的目标水平一样，选择这个目标温度时，已经考虑了预期花费的方式和高或低温度的利益(即能量消耗和身体舒适)。目标危险和实际危险持久地不一致的情况仅发生在对危险总是过高或过低的估计。正如一个温度计，所表现的读数总是过高或者过低时，就会造成实际温度系统偏离目标温度。

图 3.10 所描述的危险的动态平衡模型，可以推论任何防止事故发生的措施，但不改变目标危险水平的情况，这些都是根据道路使用者对安全的内在影响所做的估计而得出来的。

根据新的抗事故措施，如果道路使用者不改变他的操作，在做这个估计时要对感觉到的和可接受的危险水平进行比较，同时也会影响其后的操作调节。如果起始的估计平均不正确，将使事故率发生变化，就会与出现的事故率不一致，但这仅仅是暂时的，经过反馈过程人们将予以纠正。这个现象曾经讨论过，人们没有采用最好的安全机会和提高技术水平来保证最大的安全，而是用改进操作的办法代替。也讨论到道路使用者们的行为适应问题，“即认为随着运输系统采用了安全措施而出现的道路使用者的行为适应问题，使得道路管理当局、制订规章的机构和汽车制造厂商对此特别关注，特别是在这种适应有可能降低预期的安全利益情况时”。例如，德国发现配备了不锁刹车系统的出租车比未配备这种刹车者发生的事故少得多，而且他们是以更不经心的方式开车的。在澳大利亚的新南威尔士已经发现加宽两条线路宽度的高速公路与增加开车速度是有关的，每加宽 30 cm，则一般的汽车可提速 3.2 km/h，卡车则增速 2 km/h。美国对减少路面宽度作用的研究发现，熟悉这种路面的驾驶员们可减速 4.6 km/h，不熟悉的司机可减速 6.7 km/h。在安大略发现路面宽度减少 30 cm，车速下降约 1.7 km/h。在得克萨斯，道路的路边缘有栏者比无栏者车速至少要高 10%。驾驶员们通常发现，晚上在有明显路边标记的道路上开车，车速可加快。芬兰的一个研究，调查了沿高速公路安装反射标杆的作用(每小时时限 80 km)，随机选择路段总长 548 km 安装这种标杆与另一条长 586 km 没有安装反射标杆的路段相比较发现，安装反射标杆可增加黑暗中行车的速度。但是没有任何迹象表明在这段路上减少了每公里行驶的事故发生率。还有许多其他的例子，如安全带的立法并未减少交通事故死亡率，但习惯于不用安全带者，如让他们扣紧安全带，却增加了他们的行驶速度，同时减少了他们的车距。在瑞典和冰岛，将交通规则从左手方向转换为右手方向通行后，开始时，明显地减少了严重事故的发生，但当道路使用者发现道路并没有改变得比他们原先所想像的那么危险时，则事故发生率又有回到原先水平的趋势。

3. 事故预防的动力

危险动态平衡理论讨论的许多现象的根据都是来自道路交通的许多资料，而这个理论在事故预防前景方面得到的肯定则是在职业环境方面，该理论可能促进工人和驾驶员们降低他们的危险目标的水平，在原则上有四种方式

(1)降低从危险行为(及其他)期望得到的利益；

(2)增加对危险行为(及其他)期望付出的成本；

(3)增加从安全行为(及其他)期望得到的利益；

(4)降低对安全行为(及其他)期望付出的费用。

尽管这些方法中的某些方法比其他方法更有效，人们普遍认为，安全可通过某种促动力量使其加强，显然这个促动力量就是普遍使用的惩罚法律。

尽管强制惩罚法律是社会的一种传统做法，其目的是促使人们重视安全，但其明显有效的迹象并没有出现，而且还受到许多其他问题的影响。首先，受所谓“自我满足式的预言”的影响，例如标明某人有不合乎要求的特征，那个人就有可能受到刺激而表现出好像他确实具有这种情况。如果把人们看作是不负责任的，则他们最后就会表现得不负责任。其次，强调对过程的控制，如对某些特殊的操作，像使用一套安全装备或要求服从某种限速，用来作为安全保障，而不是把焦点放在最终的安全结局。可是对过程控制的设计和执行都是很麻烦的，而且不能包揽所有的时间和所有的人的全部意想不到的特殊行为。第三，惩罚会带来消极的副作用，惩罚会造成一种有碍于团体的气氛，表现为怨恨、不合作、对抗，甚至故意破坏。因此，实际上最好的预防做法就是鼓励。

与惩罚相比，鼓励方案可以达到预想的效果，也可以形成良好的社会气氛作为其积极的副作用，已经证实鼓励和理解在对强化安全方面产生的效益。一般认为，鼓励和认识对解决安全问题比工程改进、人员选择和其他类型的干预(包括训练操作、特殊许可证以及锻炼和减少紧张等)更为有效。

4. 操作的适应对事故预防的作用

根据危险动态平衡理论模式，生产过程的事故率(按人时计)或者每个居民每年的事故率，基本上不是借助于个人的能力和机遇来得到安全，而是由人们对安全的需要来决定的。因此，尽管从理论上说，教育和工程能够为保证安全提供最大的能力和机会，但这些预防事故的方法不能减少每小时事故率，因为他们不可能减少人们自愿接受的危险水平。因此这些干预方法的效应通常表现为对某些操作进行了调整，在这种调整中蕴藏有潜在的安全优势。事实上，也就是在业绩上表现出更高的生产率、更大的灵活性，以及(或者)更快的速度。这可用动态平衡控制过程的因果关系来解

释，在这个过程中，行为中的谨慎程度可决定事故率，同时事故率又可确定操作者在行为中的谨慎程度。在这个闭合的循环过程中，危险目标的水平是惟一可说明这个事故率的独立的变量。而危险目标的水平是通过人对各种各样操作及其他行为的优缺点的察觉而得到的。要保持安全本身的效益必须忽略这样一个事实，即人们常有意地接受各种可能调整的、偶然性的危险。因此，在所有当今可以得到的避免发生事故的措施中，那些能提高和鼓励人们重视安全的做法似乎是最有希望的，而且在所有能影响人们对安全产生促进的措施中，那些奖励人们在工作中对不发生事故的做法似乎是最有效的。有文献评论，"至少在短期内的主要结果是，每个研究都毫无例外地发现奖励或反馈提高了安全和(或)降低了工作场所的事故。"

在所有对无事故的操作者给予奖励的方案中，由于计划中包含了增强人们对安全的促动力，所以获得比其他方案更好的结果。但鼓励计划可能产生"有漏报的事故"的副作用，然而这种现象仅限于较小的事故，人们可以隐瞒一个手指断掉的事故，但很难隐藏一具尸体。

5. 事故模拟

人在导致发生事故的许多过程中，以及为了预防事故发生而采取的主要措施中都起着主导的作用。因此事故过程模型最重要的是能够对人的活动和事故之间的联系提供明确的指导。只有进行系统事故调查才能认识其间的联系，并对企业的设计和安排、工人和管理者的训练、选择和能动性、对工作组织和管理安全制度以及在发生事故后出现的变化等方面作出预示。因此，事故的模拟是非常重要的。

6. Hale 和 Glendon 模型

1)早期的事故模型

直到 20 世纪 60 年代，模拟人和组织因素对事故方面的影响模型还是相当简单的。这些模型没有详细区分与事故有关的人为因素，仅仅是做了粗略的分组，如技能、个性因素、促动因素和疲乏等。把事故看作是没有差别的问题，并寻求无差别的解决问题的方法。到 70 年代，有人发表了关于事故研究的文献综述。他们首先试图进一步研究并提供能反映不同发生原因的事故分类基础，但疏忽了在"人－技术－环境"系统中不同方面的相互联系，他们用认知心理学方面的知识来制造模型。在模型中，提出人是作为信息加工者，通过察觉当时出现的危险和控制危险以对他们所处环境及其危害做出反应。在这些模型里，认为发生事故是由于在控制过程的不同部分出现失败(疏忽)，是其中一个或多个控制步骤执行不当的原故。模型的侧重点不是在责怪个人的失败或失误，而是认为问题的焦点是由于任务或系统中的操作要求与组织和产生这种操作的固有的方式之间不相匹配造成的。

2)人的操作模型

在早期的事故模型的基础上，Hale 和 Glendon(1987)把这些模型与 Rasmussen、Reason 的工作联系起来，提出人的操作模型，人的操作行为分为 3 种处理水平：

(1)自动地、完全无意识地对常规状况作出反应(技能性操作)；

(2)配合学过的规章，正确判断现有的状况(按规章进行的操作)；

(3)有意识地和费时地解决新情况下的问题(知识性操作)。

对操作进行控制的失败情况在各级中表现不同，即从一个操作水平到另一个操作水平是不相同的。同样，事故的类型以及用于控制事故的安全措施在各级也各不相同的。Hale 和 Glendon 利用近期的研究提出了他们的改进模型，见图 3.11。图 3.11 由许多元素组成并较好地说明了整个模型。

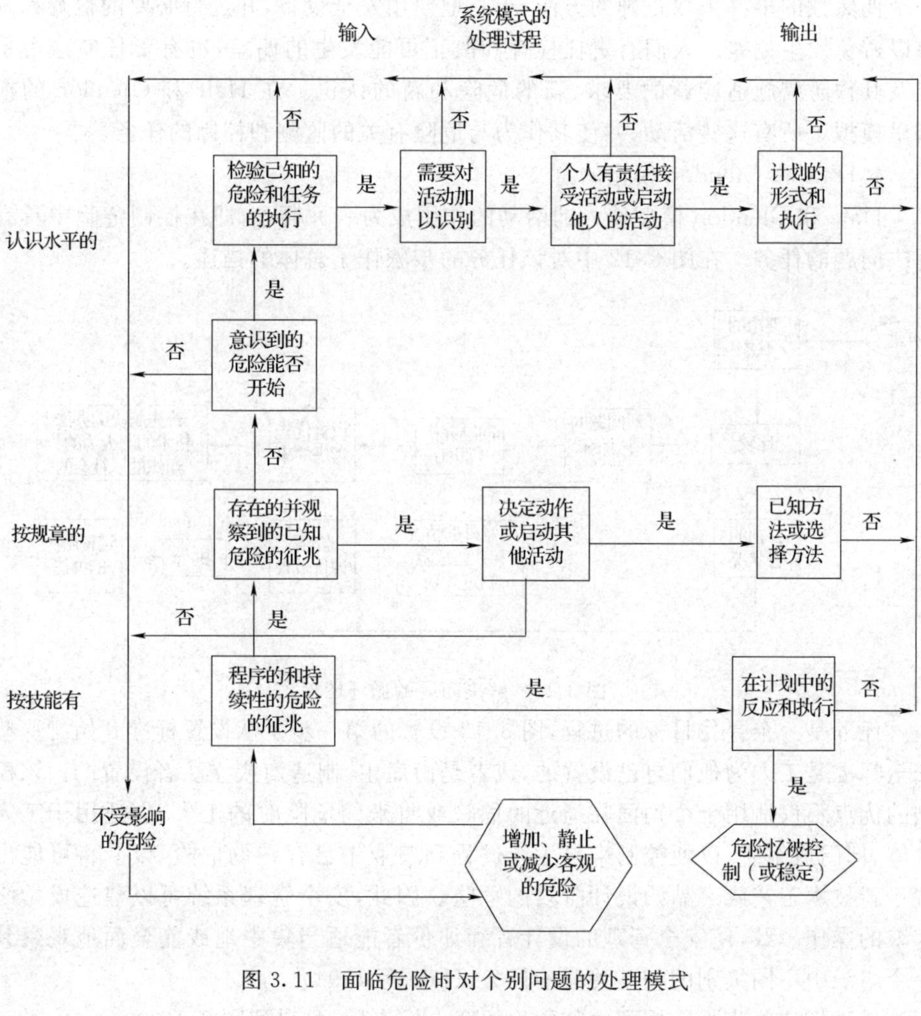

图 3.11　面临危险时对个别问题的处理模式

3)与偏差模型的关联

Hale 和 Glendon 模型的起始点是关于危险如何发生在一个工地或系统中。他们认为危险总是存在的,但危险受大量预防事故的措施的控制。这些控制措施是与硬件(如设备和安全防护的设计)、人(如熟练的操作者)、方法(如预防维护)以及组织(如负责对主要安全任务的分配)有联系。假如预先知道所有有关的危险和潜在的危害,同时对其预防措施也作了适当的设计和选择时,就不会有危险出现。只要偏离了这些必要的正常状态,就会使事故过程开始(这些偏差将在事故偏差的模型一节中详细讨论)。

人在系统中的任务是保证使预防事故发生的措施能发挥适当的作用,对待每一个偶然性的事件采取正确的方法,小心地使用安全设备,并进行必要的检查和调整以避免发生偏差。人们有责任检查和改正可能发生的偏差,也有责任使这个系统及其预防措施适应新的要求、新的危险和新的认识。在 Hale 和 Glendon 的模型里模拟了所有这些活动,并使其作为与危险有关的监测和控制的任务。

4)Hale 和 Glendon 模型的意义

Hale 和 Glendon 模型使人的活动的作用成为一种概念,即在控制危险中具有解决问题的任务。在图 3.12 中对该任务的步骤作了总体的描述。

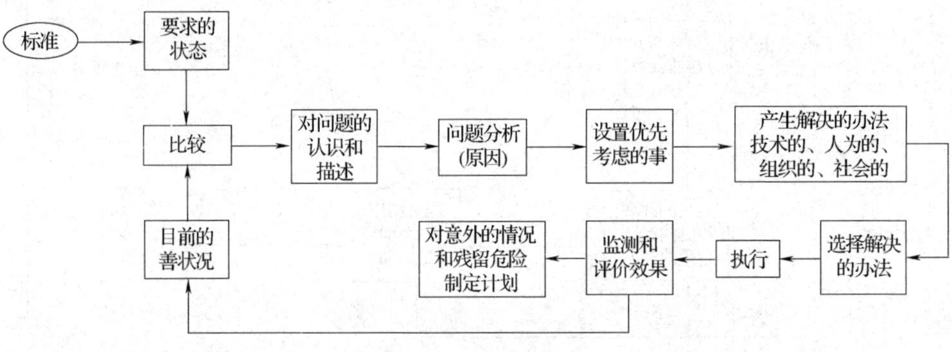

图 3.12 解决问题的循环图

任务是一个寻找目标的过程,图 3.12 设置的第一步是从设置标准开始。这些安全标准是工人为他们自己设置的,或者是由雇主、制造商或立法者设置的。该模型的优点不仅适用于个别面临逼近的危险或将来的危险时的工人,也适用于工人群体、部门或组织,以便控制来自生产过程和工业中已存在的危险,以及将可能出现于新技术工艺或产品的设计阶段的危险。因此,安全管理系统可以建造成始终与人的操作一致,使安全管理的设计者和评价者能适当集中地或能全面地观察到一个组织中不同级别的相互关联的任务(Hale 等 1994)。

通过把这些步骤应用到面临危险的个人操作后,可得到图 3.13。

图3.13中每一步的例子清楚地说明了个人的具体任务，正如上面提到的，某些危险水平在所有时间、所有的情况下都可能存在。问题是个别工人是否对那个危险有反应，这将部分地取决于危险怎样持续性地存在，以及部分地取决于工人自己是否意识到这个危险和对这个危险接受水平的标准。比如当一台机器意外地发红和发热，或者一个叉车的速度变得太快，或者有烟从门的下方逸出时，这时工人可能立即考虑到需要采取行动或者决定他们自己或其他某人能够做些什么。在多数工业中，这种即时的临近危险状况是不多的。当其危险还未太逼近的时候，通常需要督促工人去控制危险。比如工人应该能识出机器的保护装置有轻度耗损，而且有必要向上级报。也要认识到如果他们持续接触一定噪声水平若干年后，将会导致耳聋。设计者们应该预先考虑到在向新的工人推荐使用新产品时，有些使用方式可能对他们有危险。

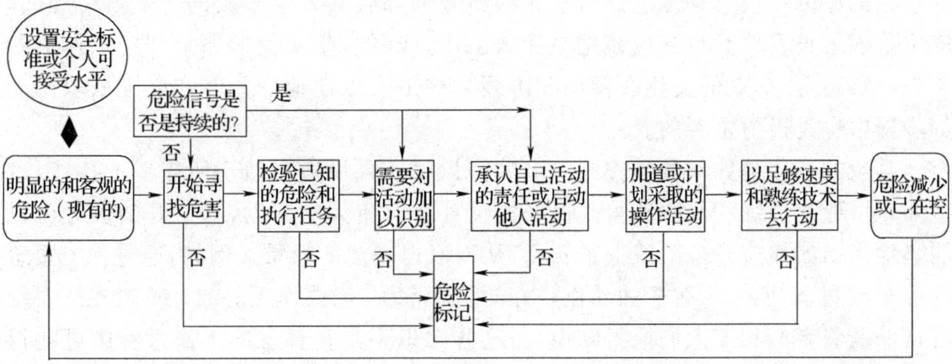

图3.13　面临危险时的行动

为了做好这项工作，所有负责安全工作的人首先要考虑到危险是可能或将会存在。考虑危险部分是由人的个性决定的，部分是由经验决定的，也有可能是由于训练和同事们或上级的鼓励造成的。因为这些人教导他们考虑危险是在工业过程的设计和执行阶段中要做的任务和方法中的一个明确的部分，而且这是由同事们和上级们肯定的和鼓励他们去做的。其次，工人或监督者必须知道怎样预先料到和识别这些危险信号。为了确保他们具有适当警觉的本领，他们必须熟悉如何认识潜在的事故情况，即能识别指示器和可能导致失控与发生损坏的指示标志。这也是要理解原因和作用关系的部分问题，如一个过程怎样会失去控制、噪声怎样损害听力或者管沟是怎么塌陷的、何时塌陷的等等。同样重要的是产生一种不信任的态度，以致人们用怀疑的眼光来考虑工具、机器和系统有可能被误用、可能发生故障或者显示有超出设计者意料之外的特性和相互作用。这种态度与知识和理解合在一起，对于下一步也有帮助，即为了保证正常活动，要确信某些危险是可能存在的或者是严重的。

对某些有危险性的活动(人或物)给以必要的标志,这也部分地与人的个性有关。例如,某些人可能对技术问题感到悲观。这种经验还会很强烈地影响到工人,促使他们甚至向自己提出疑问,如问"过去是做了吗?"或者问"在同样危险水平工作多年一直没有发生过事故吗?"至于关于对危险的察觉,以及就危险问题进行交流或从事故及其发生的经验得到的反馈去影响危险的企图的研究结果。

尽管已经认识到某些活动是必要的,但可能由于许多原因,工人们对其毫无反应。比如,他们认为处于他们的地位不应该打扰其他人员的工作,他们不知道该做些什么,他们认为这个情况是不可改变的(这正是工业中的部分工作),或者他们害怕由于报告一个潜在的问题而遭到报复。信任和对事故原因及其影响的认识,以及有关事故责任的归属和对事故的预防等在这里都是重要的。比如,若监督们认为事故的原因在很大程度上是由于那些粗心的和容易发生事故的工人所引起的,就不重视去查看他们自己应该做些什么工作,或者只是从他们那个部门除掉那些工人。实际上,有效的交流在调动和协调某些工人以使他们能够和必须采取行动等步骤中也是极为重要的。

其余的步骤是如何掌握控制危险的知识以及采用适当活动所需要的技能,这些知识可通过训练和经验获得。但好的设计会有更大的帮助,因为好的设计可以明显地指出如何避开危险或保护自己,从而取得一定的效果。例如,通过一个紧急的停车或刹车,或一个避开的动作。好的信息来源,像操作手册或计算机支持系统可帮助监督者们和工人们取得知识,而这些知识不是在日常的工作过程中可能得到的。

最后,技能和实践可决定是否能够使所需要的反应活动能够精确地进行,并在适当的时机取得成功。但这出现了一个自相矛盾的问题,一旦人们有更多的提防和准备,以及有更可靠的装备(硬件)后,则需用应急步骤的频率就会更少,要求他们执行任务时所需支撑的技术水平也就会更艰难。

7. 工作环境基金(WEF)模型

1973 年瑞典工作环境基金会建立了一个委员会来回顾在瑞典的职业事故研究状况,该委员会提出一个"新"模型,并促使其成为在这个领域内各项研究必须使用的通用工具,并宣布他是将现有的行为、流行病学和系统模型综合而成的,还包括所有关于预防方面的内容。新模型在实际上和 Surry 的模型几乎完全是相同的,仅仅做了少许的修改。这个模型仅被少数几个设计项目所采用。然而,WEF 的"新"模型报告引起事故研究者们对模拟试验和理论发展感兴趣,同时在短期内形成了几个新的事故模型。

与 Surry 的"人和环境"水平相比较,WEF 模型中所作的变动,主要表现在他们对危险的概念采用“客观危险”，而不是主观察觉的危险。根据对安全的投资量，把客观危险规定为一定系统中不可缺少的部分，而且把提高系统对人们的差异的耐受力作为降低危险的一种方法。当一个人接触到一定系统及其危险时，一个过程就开始了。危险可能由于系统的特征和个人的行为而引起。最重要的问题是（在系统特性方面），通过不同种类的信号危险是如何指出的，确定危险是否临近取决于个人对这些信号的察觉、识别和行动。过程的第二个序列在原则上与Surry模型一致，是直接与事件有关，即这个事件是否会导致损伤，如果这个危险发生了，实际上能观察到吗？所涉及的个人能察觉到吗？他或她能避免损伤和破坏吗？对这类问题的回答将说明临危期间产生的危害结局的类型和程度。

1）Surry模型的特点

与Surry模型相比，WEF模型有4个优点：

（1）清楚地说明了安全工作的先决条件是尽可能地在最早期阶段采取行动；

（2）说明了处理干扰和临近事故以及可导致破坏和损伤的事故的工作的重要性；实际结局对预防前景方面的意义不很重要；

（3）描述了对人的资料的处理原则；

（4）提供从研究事件结果得到的反馈信息可建立自我改正的安全系统。

2）Surry模型的评价及发展

在发出WEF报告的时候，一个职业事故流行病学研究正在瑞典Malmo城市进行，该研究是根据所谓“Haddon　Matrix”的修改版，即采用二维法的十字交叉表。根据事故前、事故中和事故后三个时间阶段，以及流行病学关于宿主、因素（或载体/传病媒介）以及环境的三个方面进行调查。尽管这个模型提供了很好的资料收集基础，但研究组发现对于理解和解释事故和损伤现象内在的因果关系的机制还是不够的。WEF模型似乎代表了一个新的研究方法，引起大家的注意。因此决定立即对模型进行评价，通过随机选择的60个实际的职业性事故例子进行检验，这些事故是Malmo组正在进行研究的一个部分，曾作过充分的调查并形成了文件。将评价结果总结为4点：

（1）模型不是所期望的那种综合性工具，应该把它主要看成是一个行为的模型，它指出“危险”，分析的重点是集中在与危险有关的个人的行为，因此，由此得出的关于预防的选择方案是针对人为因素，而不是针对环境或装备，像这样的“危险”几乎在模型框架内很少被怀疑。

（2）模型在工作过程中没有考虑到技术和组织的限制，以致产生可在危险性和安全性二者的选择方案中自由选择的错觉。人们发现尽管通过管理完全可以避开一些危险，但是某些危险实际上不是个别工人可以避开的，因此，可以认为，有时模型是不合适的，并可误导人们去询问工人是否知道如何避开（或选择避开）实际上无法避开的危险。

(3)模型提供的方法不能洞察到重要的问题,即为什么要做某些危险性活动,以及为什么要由某个特殊的人来做,有时某些危险性的任务可以不需要完成,有时可以由其他更合适的、有非常熟练技术的人去完成。

(4)仅仅是针对单个人进行分析,但许多事故发生常是两个或更多人之间相互作用的结果。不过这个缺点可以克服,可将分析的结果结合起来,每个平行对象都选自前瞻性研究人群中的不同个人。

根据这些评论,模型又被 Malmo 研究组作了进一步发展。其最重要的创新是增加了第三个问题序列以补充其他两个序列。设计这个序列是为了分析并解释在人一机器系统中作为一种固有特征的"危险"的存在和性质,并且应用了系统理论和控制技术的一般原则。此外,从人一机器一环境相互作用去理解工作过程时,应从公司(企业)和社会水平上看到它在组织和结构上的关系。要考虑到实际活动时需要与个人的特性和动力相联系,而且也需要指出执行那个活动的个人。

这些早期的模型对损伤的概念(作为健康结局的)和事故的概念(作为事前发生的)之间作出了明显的区分,而且证明,事故并非是一个"事件",而且是一个过程,可作为一个系列步骤进行分析。这些模型像许多"元素盒子"组织成暂时的或等级的体系,同时指出了不同的暂时阶段或分析水平,这类分析水平也显然是模型的中心。但这些序列模型为分析连接这些水平在一起的有关机理提出了一个理论性的指导,一些研究者,从人为因素的观点和系统的观点出发在这方面做出了重大贡献。当比较这些模型时可清楚地看出,Surry 模型像 WEF 模型一样没有把危险的概念放到一个关键的地位,起始点是人一环境相互作用,反映出较广的手段,类似于 Malmo 组所建议的。另一方面像 WEF 委员会一样,除了工人和环境以外,没有涉及到任何进一步的分析水平,如组织的、社会的水平。而且由 Malmo 研究组对 WEF 模型所做的评论似乎也与 Surry 的模型有关。

将上述 3 个模型组合成一个新的模型,其中可能很少涉及关于人的资料的详细处理,而更多地是在组织水平和社会水平中关于"上游"的信息(进一步回到因果关系的"流程")。在所设计的问题序列中提到组织和人一机器水平之间的相互关系时,其主要成分可由安全管理的近代原理得出,涉及到质量保证方法学(内部控制等)。同样,关于社会和组织水平之间的连接的问题序列可能涉及到与系统有关监督和审查的新原则。一个临时的综合模型(根据 Surry 原始设计并包括这些附加成分)如图 3.14 所示。

8. 事故偏差模型

职业事故可认为是工业系统过程中出现的异常或是不希望有的效应,或是某些事情没有按计划进行。除个人损伤外,还有一些其他不希望出现的效应,如物质破损、由于事故性原因而释放到环境的污染物、时间延误或产品质量降低等。偏差模型是根据系统理论产生的。使用偏差模型时，要按照出现的偏差来分析事故。

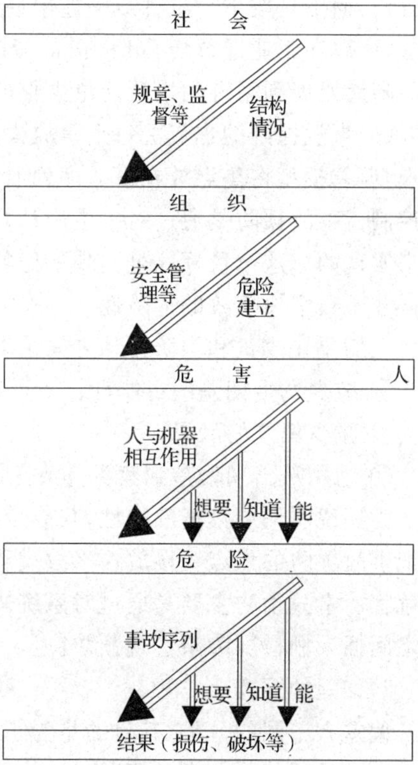

图 3.14 关于事故原因的暂时性综合模型

1)与偏差有关的术语

(1)偏差。偏差的定义是指与国际标准化组织 ISO9000 质量管理标准中变动相一致的特殊要求。一个系统的变量值落在标准范围外即可视为偏差，系统变量是系统内具有可测定特性的变量，同时可假定他们有不同的数值。

(2)标准。标准有 4 种不同类别：

① 有特定要求的标准；

② 已经计划好的事物的标准；

③ 正常或通常事物的标准；

④ 可接受事物的标准。

每类标准的特征根据其建立的方式及其正规化的程度来表示。安全规章条例、安全规则和安全方法等都是特定要求标准的实例。这类标准的一个典型偏差实例就是“人为失误”，可称为超越规章的范围。关于什么是“正常或通常”的标准以及什么是“可接受”的标准则很少是正规化的，他们主要用于工业情况。在工业情况下，计划是针对结局的，操作者可在工作中斟酌决定自行处理。在“可接受”标准中产生的偏差实例是一个“偶然的因素”，它可以是一个不寻常的事件，有可能(或不可能)产生一个事故。另一个实例是“不安全的动作”，传统地认为不安全动作就是个人的行动违背了被公众接受的安全操作步骤。

(3)系统变量。在应用偏差模型时，系统变量值的范围和设置可分为两类，即正常的和有偏差的。正常和有偏差之间的区别可能是不易看出的。例如，关于什么是正常，在工人、监督、管理员和设计者之间可能有不同的意见。另一个问题是对工作状况缺乏标准值，在以前没有遇到过，这些意见不同和缺乏标准的现象可能对危险增多有影响。

(4)时间范围。时间是一个偏差模型的基本维度。一个事故是按照一个过程来分析，而不是按单个事件或一连串原因来分析。整个过程是通过连续的阶段发展的，所以在工业系统内，可从正常情况转变成异常或转变成一个失去控制的状态。随后发展到系统内出现能量失控的情况，并且发生破坏和损伤。

(5)事故控制的焦点。每个事故模型都有一个与事故预防措施相关的独特的焦点，偏差模型将焦点放在事故序列的起始阶段，该阶段的特点就是异常状态或缺乏控制。事故预防是通过对于生产计划、控制、安全管理中所创建的信息系统的反馈来实现的。这个目标就是实现平稳的工作、尽可能没有混乱和临时凑合的行为，这样才不致增加事故的危险性。

人们要在改正和预防行动之间予以区分，通常预防活动有 3 个不同目的：

① 减少发生偏差的可能性；

② 减少偏差的后果；

③ 缩短从出现偏差到察觉并改正的时间。

为了说明偏差模型的特性，与能量的模型(Haddon 1980)作一个比较，能量模型把事故预防的焦点直接放在事故过程的后一阶段，也就是能力失控和随后产生的危害。事故预防主要是通过对系统内的能量予以限制或控制，或在能量和受害者之间插入栅栏屏障来实现预防。

2)偏差的分类

偏差有不同的分类，其目的是为了使收集资料偏差、加工处理和反馈简单化，表 3.6 表示了偏差分类的概况。

表 3.6 偏差类别分类

理论或模型和变量	种类
过程模型时间 事故序列的阶段	事件/行为、情况起始阶段、结束阶段、损伤阶段
系统理论 人—物 系统工效学 工业工程	人的动作，机器/身体状况 个人、任务、装备、环境 物质、劳动力、信息、技术、人、交叉/平行活动 固定的保护装置、个人防护装备
人为失误 人的动作 能量的类型	疏忽、犯错、无关动作、系列失误、时间上的量模型 热(量)的、辐射、力学的、电力的、化学的控制能量系统的类型技术、人
后果 损失的类型 损失程度	没有明显的时间损失、产品质量下降、设备损坏、物质损失、环境污染、个人损伤 可忽略的、边缘的、关键的、灾难性的

典型的偏差分类曾在“人的不安全动作”和“不安全的机器/身体状况”之间予

以区分，该分类的依据是将时间和人一物分开，事故偏差模型是基于工业工程系统观点，其中每个偏差等级均与生产控制的典型系统有关。比如，通过物质控制来控制与工作物质有关的偏差以及通过监察和维护常规来控制技术偏差，通过安全监察来专门地控制固定不变的防护设备等。描述能量失控的偏差就是用有关能量类型的特点来进行说明，）对能量的失控在人为失误和技术系统之间也给予了区别。

13）事故偏差模型的应用

偏差与损伤危险之间一般不存在相关关系，然而有研究结果表示，某些偏差类型在某些工业系统与事故危险的增加是有联系的。这些包括装备状况不佳、生产混乱、为了特殊目的而不正常的超负荷和使用不正规的工具。总之，与能量失控的流程有关的能量的类型和能量的负荷是最好的后果预示指示器。

偏差的资料是指对安全检察、安全采样、事故点附件的报告以及事故调查等方面的收集资料。例如，安全采样就是通过业绩反馈给工人关于他如何控制偏离安全规则的方法，在安全的业绩中，安全采样得到了正面的效应，这是通过测量事故的危险度而得到的。偏差模型已经被应用并作为事故调查的工具。在伴随因素分析方法中，事故序列偏差被查明并按逻辑树的结构进行排列。在安全实践中应用的不同手段设计基础，也是建立事故调查步骤的基础。研究表明，利用这些方法可制作一个综合的和可靠的图表，以及对偏差的评价，同时偏差模型也促进了关于危险分析方法的发展。

偏差分析是一个危险分析的方法，一般包括3个步骤：

(1)总结系统的功能和操作者的活动，并分为一些次级部分；

(2)检查每个活动，验明可能的偏差，并估计每个偏差的潜在后果；

(3)产生矫正补救方法。

偏差模型的重点是放在事故发生(便于干预操作)的早期阶段。为了顺利地进行操作和避免可能导致出现事故的临时性凑合措施，人们应通过采取反馈控制的手段来达到预防事故发生的目的。

9. 事故信息模型(MAIM)

事故是用来表示某些引起不希望有的或意外的身体损伤或破坏的事件，事故模型就是用来分析这些事件的概念性方案。

事故模型可用于以下目的：第一，对事故如何发生提供了一个概念性的认识；第二，模型可用于记录和储存事故的资料；第三，可能提供调查事故的机理。这三种目的是不能完全区分的，且形成了一个有用的分类方法。

事故信息模型主要用于上述第二个目的，即记录和储存事故资料。

1）MAIM 事故信息模型

有用的事故信息不应该只着重在其对环境的直接破坏和损伤，还应该对包括其前面发生的一连串的事件和导致事故序列发生的因素的全面理解。图 3.15 表达了 MAIM 事故模型。

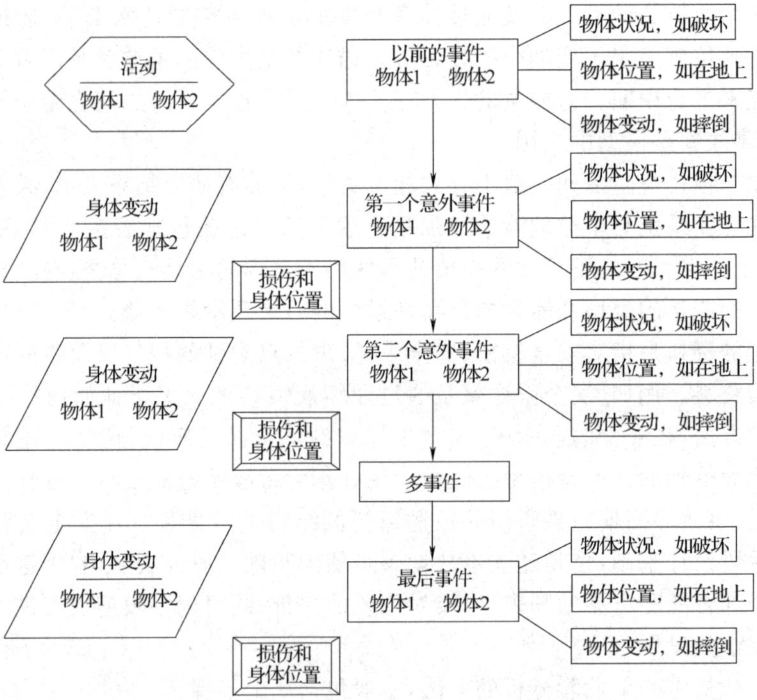

图 3.15 MAIM 事故模型

下面用一个简单的例子说明这个模型。一个工人在有油的地面上因脚打滑而摔倒，导致头碰撞机器，造成脑部受到震荡。这很容易识别这个事故的直接原因(是油引起的脚打滑)和损伤原因(头碰在机器上)。然而这个例子所描述的却不是事故的直接原因(滑倒在油上)，也不是导致的因素(油是怎样洒到地上的)。实际上问题是在多因素状况下发生的，而他们只考虑了一个因素。

一个事故可能由许多因素构成，不总是由一个单独的事件组成，这些观点是 MAIM 理论发展的基础。上面所举的例子，脚打滑可看作是事故的第一个意料之外的事件(由于地面上有油的存在，可以想象到某些人将会发生脚滑和摔倒，但这个情况是人走路时没有预见到的)。当第一个事件出现时，人或装备的动作可通过当时一般的活动以及更为详细的身体移动等情况来加以描述。那些与事件、物体特征有关的位置、移动和状况等都要加以描述。有时，也要涉及与第一个物体相关的第二个物体。正如上面提到的，可能有一个以上的事件发生，同时第二个事件也可能涉及到一个物体(或者是不同的物体)。此外，设备和人可能有另外一种身体的移动方式，像伸出一只手去防护或阻断摔倒的动作，均可包括在模型中。

第三、第四或以后的事件都可能相继出现在序列之前，最终导致损伤。该模型还可通过记录与每个成分有关的因素而向各方面扩展，比如，在活动和身体移动的这些部分中也可以记录心理学因素、药物处理或工人的身体受限制的因素等。通常分开的事件可能易于凭直观区分，但更有用的是应有一个明确的定义。如一个事件是在所处的能力状态下出现的一个意外的改变，或者是缺乏改变（能量包括动能和潜能），"第一个事件总是意外的，继而发生的事件可能是预料到的，甚至是必然发生的，但在第一个事件以后，事故发生之前总是意外的。

例如举起一个锤子敲打一个钉子而没有打准就是一个意外的缺乏能量改变的例子。一个工人在有油的地上脚打滑、摔倒和打破了头的例子也说明这个问题。他的第一个事件是"脚打滑"，由于脚具有动能故仍然保持不倒。当工人进一步获得动能时，造成第二个事件发生即"摔倒"。当工人的头与机器碰撞时，并发生损伤能量被吸收，于是事件序列终止。这些情况可"绘制"成模型如下：

(1)第一个事件，脚在油地上打滑；

(2)第二个事件，人摔倒；

(3)第三个事件，头碰撞在机器上。

2)MAIN 模型的应用

1973 年曾用一个早期的 MAIM 模型版本，研究在一个汽车公司的齿轮箱制造厂报道的 2 428 例事故。工厂中的操作包括切割、磨齿轮、热处理和齿轮箱装配。切割过程产生锐利的金属碎片和刮刀，用油作冷却剂。有目的地设计了表格用来收集资料，每一个事故由两个人单独地绘制在模型中，如有不一致之处经过讨论解决，对每一事故的各个成分给以数字代码，以便将资料储存在计算机中并进行分析。下面概括了某些基本的结果，同时提出一个检查的结果，特别说明从使用模型中学到了什么。从表面上看，由于执行了这个研究，事故率明显降低（接近 40%），但研究员们了解到由于研究中提出了一些外加的问题要求（涉及到所需的时间），许多雇员"不能被打扰"去报告微小的损伤。从多项资料确定了这个看法：

(1)在研究结束后，于 1975 年事故率再次升高；

(2)由损伤造成的时间损失率未受影响；

(3)为了非工业性疾病访问医疗中心而没有影响工人；

(4)在其他基地的事故率未受影响。

因此，以上事实证明，得出的降低率是一种假象的报道。

另一个有兴趣的发现是有 217 例(8%)损伤，当明确地问到工人他们是否曾真的发生过什么损伤时，他们不能确定是如何发生的或者何时发生的损伤，这就揭示出这类刀割或尖片类的损伤在该厂相当普遍，这主要是由于该厂工作性质所造成的。在其余的事故中，接近一半(1 102 例)只包括一个事件，包括两个和 3 个连续事件的事故很少，涉及到 4 个或更多事件的有 58 例，随着每个事故中事件数增加，事故造成的时间损失率也明显地增加，可能的解释是在每个事件中动能都要增加，所以发生的事件增多，以致当工人与物体碰撞时，就会有更多的能量消耗。

当进一步检查损失时间的事故与不损失时间的事故之间的差异时，发现模型的个别成分在分布上有明显的差异。例如，第一个事件是“人滑倒”时，几乎就有 1/4 的事故出现时间损失，而“身体被刺伤”时，反而只有 1%出现时间损失。若是由于这些成分的联合作用，这种差异就更大了。比如，就最终事件和有关的物体而言，在 132 例事故中，没有一例是由于刺破或尖片扎伤引起时间损失的，但若最终事件不是与物体碰撞而发生的扭伤，则 40%的损伤造成了时间的损失。这些结果在很大程度上反驳了损伤的严重性是与命运有关，以及对各类事故都进行预防可使严重损伤下降的观点，这个意思是说，如果分析了所有事故以及试图预防最常见的各类事故，对那些引起严重损伤的事故未必有作用。

在一个附属的研究项目中对模型中信息的作用进行评估，查明下面几种事故资料的可能用途：

(1)衡量安全的执行情况，衡量一个厂或厂的一个区域在一段时间内所发生事故的范围和程度；

(2)查明原因；

(3)查明失误；

(4)检查控制，即查看所用安全措施在预防某些类型事故中是否确实有效；

(5)提供一个专家鉴定意见的基础，这种关于广泛事故的情况和环境的知识可能有助于预防事故发生的设计。

3 个安全专业人员评估了字面上的描述，以及为一系列事故设计的模型的实用性，每个人至少评估了 75 例事故，用 0(无用的信息)至 5(完全适用的信息)来打分。对大多数事故的评估结果是一致的，也就是说从书面描述转换到模型的过程中没有丢失任何信息，信息丢失之处几乎都正好是 0 至 5 分之间的一个点，即仅仅有很少的丢失。然而所得到的信息很少是“完全合适的”，部分原因是由于安全专业人员仅将它们用于详细的就地调查，某些内容在本书所列举的事故中没有涉及到，包括从最小到最严重的。不过应该记住，模型上绘制的信息直接取自书面上的描述，由于丢失的信息相当少，故建议排除中间步骤的可能性，由于更广泛的使用个人计算机和得到改良的软件，因而能够做到自动化收集资料，并用核查清单确保所有的有关资料都能够得到。

MIAM 的智能软件 Troup、Davies 和 Manning 用 MAIM 模型调查了引起背部损伤的事故建立数据库，由一名熟悉 MAIM 模型的随访者通过对病人随访取得资料。由随访者分析随访的资料，并完成 MAIM 的描述(见图 3.16)，在这个阶段将资料输入资料库。方法是相当满意的,但是为使这个方法容易被普遍地接受,还有一些潜在的问题。为此,特别需要两个领域的专家,要求有随访技能的专业人员和为建立 MAIM 的事故描述所需的熟练的分析人员。

Davies 和 Manning 通过对病人进行随访,并使用 MAIM 模型建立事故资料库编制智能软件,该软件的意图是提供给两个区域的专门技能——随访及分析和形成 MAIM 事件结构。MAIM 模型描述事件的结构是用动词和物体构成简单的句子。事件中的动词可与不同事故情况有联系,而且这种模型的特点是建立一套随访时所使用的问题的基础,提出问题的方式是:被询问的人在任一阶段只要做简单地选择就可以,实际上就是减少了复杂性,有效地将复杂的事故说明变成一套简单的描述。一旦查明事件的动词,通过把物体放到合适位置的方式便可找到有关的名词,并构成能全面详细地描述这个特殊事件的一句话,很清楚,这种方法实际上利用了一个能够快速、有效地找到物体名称的有丰富内容的词典。

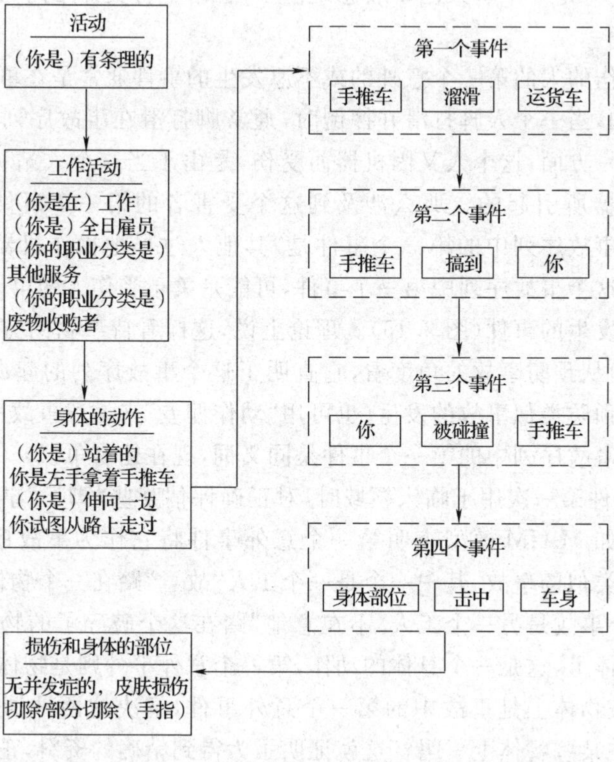

图 3.16　根据对病人随访的记录所做的事故总结

家庭事故监视系统 HASS,1987 年能监测事故中所涉及到的各种物体,而且 HASS 所用的物体名单是 MAIM 软件的物体词典的基础,同时已扩展到包括工地上所出现的各种物体。将这些物体分类，还可以使这个分类结构形成一个等级制的菜单系统，将物体分类形成不同层次，相当于菜单中所列的项目。因此可利用一个联系起来的物体的清单找到个别项目。例如，选择物体“铁锤”可从3个连续性菜单的清单中发现，其顺序为：a. 工具、b. 手用工具、c. 铁锤。一个给定的物体可能分在几个不同的组内，例如，一把菜刀可能放在厨房类项目中、工具或尖锐物体项目中。在物体的词典里通过观察建立了过多的联系，人们可从许多不同的途径去寻找所需要的物体。最近关于工作和休闲环境项目的物体词典包括大约有2 000个词汇。MAIM随访也收集事故当时活动的有关信息，收集身体移动、事故地点、影响因素、损伤和丧失能力等信息，所有这些成分在一次事故中可出现多次，这也反映在基本的合理的资料库的结构内，用来记录事故。在随访的后期，记录了几句描述事故中事件的句子，同时要求病人将这些句子按正确顺序进行排列。此外，还要求病人将损伤与记录事件相联系，然后总结所收集的信息并在计算机屏幕上显示。图3.16是一个病人的事故总结例子，省略了有关详细的因素和事故发生的位置。

涉及到受伤的人的第一个意外的或不愿发生的事件通常是在事故序列中的第一个事件，例如，当一个人脚打滑并摔倒时，通常脚打滑在事故序列中是第一个事件。如果在另一方面，这个人又因机器而受伤，是由于当这个人站稳之前，另一个人操作这个机器所引起的。那么涉及到这个受害者的第一个事件是“受机器打击”，但在这个事故序列中的第一个事件是“其他人过早地操作机器”。在MAIM软件中记录了这个事故序列中第一个事件，可能是关于受伤人的第一个事件，也可能是一个预先发生的事件(图3.15)。理论上说，这样看待事物的方式可能是不能令人满意的，但从预防事故的角度看，它查明了这个事故序列的起源，今后就可对准这个目标以预防类似事故的发生(也可用“动作偏差”来描述事故序列的起源，但它是否总是与事故序列中的第一个事件是同义词，现在还有争议)。

MAIM软件第一次用于临床领域时，对正确评估某些“脚下”事故类型是明显存在问题的。如MAIM模型查明第一个意外事件将它作为事故序列的起始点。如考虑到两个类似的事故，其中一个是一个工人“故意”踏在一个物体上，使这个物体破坏，第二个事故是另一个工人“不在意地”踏在这个破碎了的物体上。第一个事故是踏在物体上，这是一个身体的动作，第一个意外事件则是物体破坏。在第二个中，踏在已破物体上是事故中的第一个意外事件，解决这两种情况时，就要问，“你意外地踏在某些物体上了吗?”这就证明了为得到精确的资料，正确设计随访中的问题是何等重要，通过对这两个事故的分析，推荐对事故的预防措施，首先，对第一个事故的预防可以让病人知道物体会破；其次，对第二个事故的预防应该让病人知道脚下物体的危害性。

3.3　事故原点分析法

事故原点理论是事故调查工作的基础理论之一，这一理论自20世纪80年以后得到了广泛的应用。

3.3.1　事故原点的概念及事故原点的确定方法

1. 事故原点的概念

事故原点就是事故隐患转化为事故的具有初始性突变特征并与事故发展过程有直接因果联系的点。这个点是具有时空意义的广义点。

事故原点是构成事故的最初起点。如火灾事故的第一起火点，爆炸事故的第一起煤点等。事故原点具有时间和空间的双重概念。对某一单元事故，它表示某一时间或空间的某一点。事故原点具有如下特征：

(1)事故原点是从事故隐患转化为事故的具有突变特征的点，没有突变特征的点不是事故原点。

(2)事故原点是从事故隐患转化为事故的具有初始性的点，只有突变特征没有初始性的点也不是事故原点。

(3)事故原点是在事故发展过程中与事故后果有直接因果联系的点，只有突变特征和初始性而与事故后果无直接因果联系的点不是事故原点。

在任何单元事故中，事故原点只能有一个。事故原点不是事故原因，也不是事故的终点，它们之间有严格的区别，这一点必须注意。

事故原点理论为调查事故提供了科学方法。在事故调查工作中，必须首先查清和验证事故原点的位置，然后才能对事故调查过程中的各个环节进行定性定量分析。在比较简单的单元事故中，如冲床伤手事故，发生事故的人机接触部位，即是事故的起点(事故原点)，也是事故的终点。对比较复杂的大事故，应首先查到事故原点，调查工作才能按程序深入下去。如果在未确定事故原点之前，就对事故原因作了结论，则该结论必然是失误的，所采取的措施必然无针对性。因此，确定事故点在事故调查过程中是个关键问题。

2. 事故原点的确定方法

事故原点的确定方法有3种：定义法、逻辑推理法和技术鉴定法。

1)定义法

定义法就是用事故原点的定义，查证落实事故的最初起点。此法适用于事故发生、发展过程比较明显，凭直观可基本确定事故原点和事故原因的事故。如机具伤害事故等。

2)逻辑推理法

逻辑推理法是用发生事故的生产过程的工艺条件,结合事故的发生、发展过程的因果链进行逻辑推理。

因为事故的原因与结果在时间上是先后相继的,后一个结果的原因,就是前一个原因的结果,依次推导至终点,便找出事故的原点。这个方法适用于事故过程不明显而破坏性又比较复杂的事故,如较大的爆炸事故。

3)技术鉴定法

技术鉴定法是利用事故现场的大量物证进行综合分析,使事故的发生、发展过程逐步复原,进而将事故原点从中揭露出来。这个方法适用于极其复杂,而且造成重大损失的事故,如重大爆炸火灾事故。根据实际工作经验,技术鉴定要查被爆物承受面的痕迹、爆炸散落物的状态和层次、抛射物体方位和状态、人机损伤部位及现场遗留物等五个方面。还要和爆炸物理学、化学工艺学、物质燃烧理论、结构力学等相结合。

3. 事故原点确定过程举例(应用逻辑推理法)

有一雷管装药工房的相邻两个工作间(防爆间)同时发生了爆炸(如图 3.17),爆炸过程极短(≤1 s),两个工作间共有四个爆炸点,都有突变特征,但初始性都不明显,给确定事故原点造成困难。

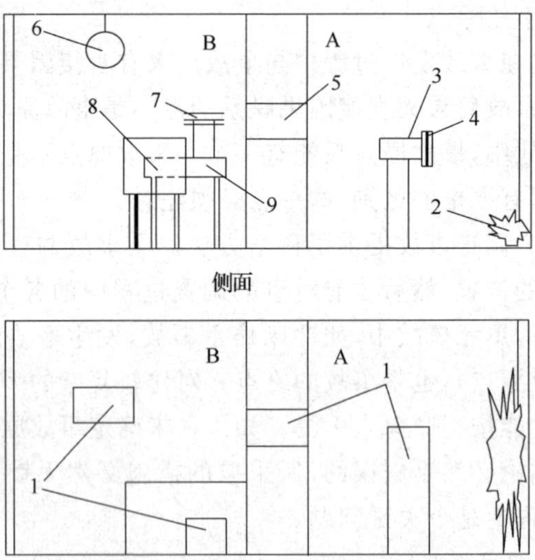

图 3.17 爆炸现场示意示意图

图注:1—爆炸点;2—玻璃碎片;3—装药机;4—药盒;

5—传递窗;6—防爆灯;7—提盒;8—储存器;9—木桌。

通过深入勘查,在 A 室的爆炸残留物中发现有许多玻璃碎块,而该室内又没有玻璃制品。经技术鉴定这些玻璃碎块是B室中防爆灯罩被炸的残留物。用逻辑推理，B室的玻璃碎片只有在防爆传递窗先爆炸且将两个防爆窗门爆掉之后，才有可能进入A室，如B室内两个爆炸点(任何一点)先爆，传递窗有铁门相阻，玻璃块是不能通过的，即便是B室的爆炸引起了传递窗的殉爆，在这一瞬间B室的爆波波衰减了，而传递窗处却正是爆炸生成物密度最大的时候，玻璃碎块不可能通过。因此证明，传递窗处的爆炸先于B室。现场勘查时，在B室内两个爆炸点间发现墙壁上的爆炸痕迹，证明了起爆药提盒的爆炸位置，放提盒的桌面板被炸成碎木条，这些碎木条又被铺在地面上的胶皮板向室内方向卷起，这种现象说明在起爆药提盒爆炸之后，首先把木桌炸烂，同时引起铝储存器爆炸，才能使地面上的胶皮板向室内方向卷起，才能把木桌的烂木条卷在胶皮板内。由此证明，在B室内是起爆药提盒先爆，而后引起铝储存器殉爆。现在再判断传递窗和A室的装药机两者之间的爆炸顺序。从B室来的玻璃碎块，大量集中在A室的一侧，如果装药机在传递窗爆炸之后爆，B室爆炸时，A室处于正压状态，玻璃碎块是不易进入A室的，即使进入一些也会被A室的爆炸气流所驱散。也不可能是碎玻璃先飞过去之后，装药机殉爆，因为装药机上的起爆药是裸露的，殉爆速度要比被炸物的飞行速度大得多。因此，可以判定是装药机先爆(装药机上450 g起爆药爆炸，引起传递窗内300 g药殉爆)，是第一起爆点，也就是事故原点。

应用事故原点理论进行事故分析的方法有很多，下面里将简要介绍常用的四种事故分析方法，事故的调查技术，事故的数理分析及事放过程分析，事故的综合分析和典型事故分析。

3.3.2 事故调查技术

事故调查技术是事故管理工作的基础。如果事故原因不明，资料不全，计量的基础有严重误差，计算方法再好也达不到预防事故的目的。随着现代工业的发展，发生事故的原因更加复杂多样，事故的性质、损失、社会影响趋于增大。因此，查明事故的原因，采取有效的预防措施，就尤为重要。

事故构成有三个基本要素，即危险因素的性质、能量和感度。这是事故发生的必要条件。管理缺陷是促使危险因素转化为事故的前提条件。对于危险因素和管理缺陷的研究，必需依据大量科学的事故原始资料，只有掌握完整的事故原始资料，进行技术分析，才能把事故原因调查清楚。

1. 事故结构模型

事故的发生、发展过程和事故现场可用事故结构模型表示，见图3.18。图3.18显示了事故的结构和结构之间的关系，从总体上表达了事故的概念。

事故原点是发生事故的最初的起点。在生产过程中，一次激发使事故隐患在事故原点处转化为事故。事故原点一定存在于事故的发生、发展过程之中，其左端是事故发生前的生产情况（即事故隐患形成过程和状态），右端是事故发展过程。随着事故的复杂程度向两端延伸，事故前情况和事故的发展过程，有时会超出发生事故的生产过程的范围，事故损失区也就随之扩大。生产过程中发生的事故第一次激发条件一般容易找到，但例外的条件就容易被忽略，有时还常常搞错。

例如某化工厂在试生产中胶化机投料试车，由于在离厂房外200 m处进行电焊施工，电焊地线接到通往试车机房的工艺管道上，引起胶化物料起火。这次事故的事故原点在胶化机的电打火处，但激发条件却在机房外的施工用火处。一般说来，一次事故都存在于生产过程之中，因而其损失区和严重程度都不太大小。而由一次事故造成的二次激发所引起的二次事机就可能扩展到生产过程的区域之外，造成严重损失。事故的发生、发展过程对空间作用的积累，形成了事故现场，其涉及范围的大小随事故的发生、发展过程和第一次激发条件的变化而变化。

事故结构模型为事故调查指出明确的方向。

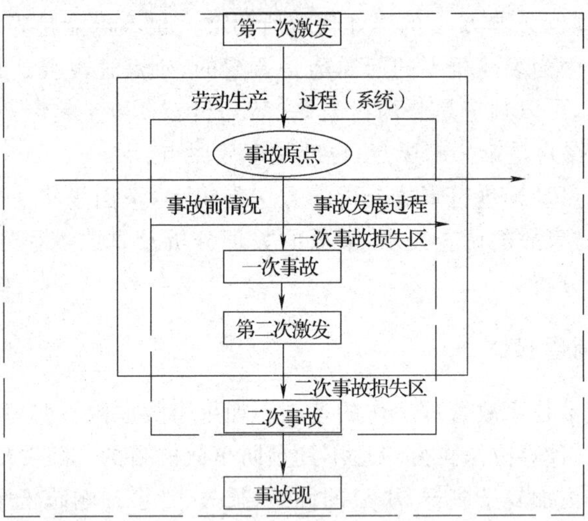

图 3.18 事故结构模型

2. 事故调查程序

事故发生是由于人们违背了劳动和生产过程的客观规律，但事故本身的发生、发展过程也有它的必然规律，所以事故调查具有可能性。

事故调查时，事故调查人员必须实事求是，根据事故现场的实际情况进行调查，按物证作出结论。调查人员必须掌握事故调查技术，懂得原料产品性能、工艺条件、设备结构、操作技术等科学知识。事故不论大小，都应该按照事故的调查程序进行。调查工作程序一般不得省略或跨越。例如只有在确定了事故原点之后，才能确定发生事故的原因和事故扩大的原因。只有在查清了事故原因的基础上，才能做事故性质和责任分析。事故调查程序见图 3.19。

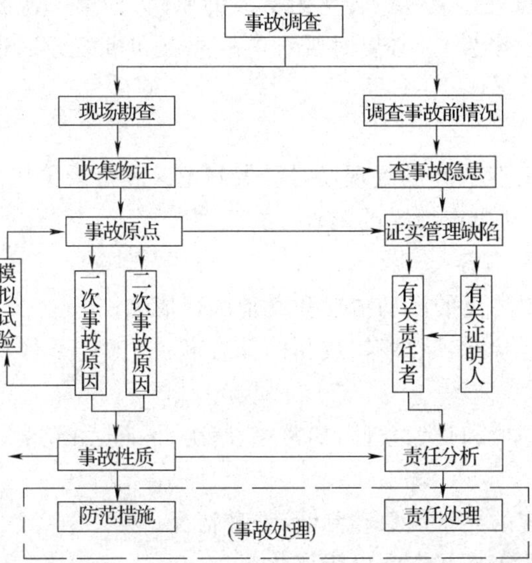

图 3.19　事故调查程序

3.3.3　事故现场勘查方法和步骤

首先要保护事故现场。事故现场是保持着事故发生后原始状屈的地点，包括事故所波及的范围和与事故有关联的场所。只有现场保持了原始状态，现场勘查工作才有实际意义。在事故原点和事故初步原因未完全确定以及拍摄、记录工作未进行完以前，事故现场不能废除和破坏，也不准开放。现场勘查步骤如下：

1. 勘查事故现场的目的

(1)查明事故造成的破坏情况(包括物资损失、设备和建筑物的破坏、防范措施的功能作用和破坏、人员伤害等)；

(2)发现或确定事故原点和事故原因的物证，以确定事故的发生和发展过程；

(3)收集各种技术资料，为研究新的防范措施提供依据。

2. 勘查工作的准备

安全部门要经常做好事故现场勘查的准备工作，最好备有事故勘查箱，箱内存放摄影、录象设备、测绘用的工具仪器，备好有关的图纸、记录和资料。应事先培训好事故调查人员，以便在发生事故时能迅速进行勘查工作。

3. 勘查工作步骤

根据现场的实际情况，划定事故观场范围，制定勘查计划，并对现场的全貌和重点部位进行摄影、录象和测绘。然后按调查程序,从现场中找出可供证明事故发生和发展过程的各种物证。首先要查证事故原点的位置,在初步确定事故原点之后,再查证事故原点处事故隐患转化为事故的原因(即第一次激发)和造成事故扩大的原因(即第二次激发)。必要时要对事故原点和事故原因进行模拟试验,加以验证。

1)勘查记录

为了保存现场记忆,在勘查现场时妥做好记录和摄录象作。

2)对事故前劳动生产情况的调查

(1)调查对象和内容

① 生产过程中人员的活动情况和设备远行情况;

② 生产的进行状态,原材料、成品的储存状态,工艺条件和操作情况,技术规定和管理调度等;

③ 生产区域环境和自然条件,如雷电、晴雨、风向、温湿度、地震等以及其它有关的外界因素;

④ 生产中出现的异常现象和判断、处理情况;

⑤ 有关人员的工作状态和思想变化等。

(2)调查方式和时机

① 凡是与形成事故隐患有关和发生事故时在场的人员以及目击者、报警者都在调查范围之内;

② 要注意他们对调查分析事故的心理状态和他们向调查人员提供事故线索的态度;

③ 事故前情况的调查工作应比现场勘查工作早一步进行;

④ 对负伤人员要抓紧时机调查并核实他们的负伤部位;

⑤ 查清死亡人员的伤痕部位、状态及致死原因;

⑥ 要注意现场勘查和事故前情况调查两者互通情况,互相配合提供线索和依据;

⑦ 在调查中要注意用物证证实人证,用物证来揭示事故的事实真象,不要被表面现象所迷惑。

(3)人证材料的可靠性

调查结论必须以物证为基础,不能仅凭某些人的推理和判断,但人证材料仍不可缺少,有时一句话就能说明事故发生的关键,特别在事故刚出现时有关人员的证实材料较为真实,应充分注意最初的个别谈话材料。

3)事故原因的分析

事故原因就是事故原点处危险因素转化为事故的激发条件和技术条件。

危险因素转化为事故的技术条件，是指物质条件本身(性质、能量、感度)向事故转化的物理或化学变化。

激发条件是指失误操作和外界条件促使危险因素转化为事故的作用。

事故原因(直接原因)可分为一次事故原因和二次事故原因。一个单元事故的事故原因只应有一个，难于准确判断的事故原因最多不应超过三个。事故原因多了，只能说明事故原因还没有真正找到。

查证事故原因的方法，一般有直观查证法、因果图示法和技术分析法3种。

(1)直观查证法。适用于事故情况比较简单的事故，凡能用定义法确定事故原点的事故，一般均可用直观查证法确定事故原因。

(2)因果图示法。即利用事故隐患转化为事故的因果关系来确定事故原因的方法。使用因果图示法，首先要尽可能地把事故原点处危险因素转化为事故的条件，再罗列出来，按因果关系作出因果图进行分析。

(3)技术分析法。对不能直观查证又作不出因果图的，可用技术分析法查证事故原因。技术分析法是根据事故原点的技术状态，并密切结合发生事故时的产品、工艺、操炸、设备运行等情况，分析危险因素转化为事故的技术条件、管理缺陷以及外界条件对事故原点所起的激发作用，从中找出事故原因。

4)模拟试验

在事故调查中，模拟试验是检验事故原点和事故原因的准确性的定量标难。因此，在判定事故原点和事故原因之后，都要根据事故的实际情况进行模拟试验。在一些物证充分、故原点和事故原因明显、调查人员认识一致的条件下也可以不做模拟试验。

5)事故的性质和责任分析

事故性质解析。在事故原点和事故原因查清以后，就要对事故的性质进行定性分折。事故性质一般分为政治事故、自然事故、责任事故三类。无论是什么性质的事故，都要对事故隐患的形成原因进行全面分析，从中体现出人的责任，以便真正吸取教训。

事故责任分拆。就是追查事故原因的责任，在许多事故原因中，不但有操作者的责任，而且有组织者和指挥者的责任。只有分清了责任，才能正确进行事故处理，吸取事故教训，制定防范措施，防止同类事故再次发生

3.3.4 事故的数理分析及事故过程分析

1. 事故过程分析

数理统计方法的基本思想就是通过研究局部推断或判断整体，通过分析大量的偶然现象，掌握出现问题的一般规律。如生产中出现一起事故，它的发生与否是

偶然的，对一个车间、一道工序或一个操作人员来说，事故发生与否同样是偶然的，但对大量的偶然性事故进行综合分析，就可以找出某种必然性的规律。我们把发生的事故拿来进行数理分析，就是找出它的发生规律，制定出对策，以把事故减下来或不再发生重复性事故。用数理统计方法分析事故，一般常用排列图和控制图。

事故过程分析。相对事故统计分析来说，是种微观分析。它是针对一次事故，或者一种类型事故的发生，发展过程，从事故发生后所留下的痕迹，先追查同事故发生的有关因素，分析那些因素以及它们是如何互相作用，才导致事故发生的，从而订出有效的安全措施，防止同类事故的重复发生。常用的事故过程分析方法有，因果分析图，事故树分析图，事件树分析和逻辑分析图。

在事故的数理分析及事故过程分析应注意以下几个问题：

(1)为作出正确的判断，数据必须真实可靠。

(2)进行统计分析前，应对收集来的数据进行分级(或分类、分组)，这是分折的基础。

(3)应用数理统计工具有助于寻找问题及其主要矛盾所在，有助于及时发现生产中的异常情况以控制生产的稳定。但数理统计方法只能反映问题，而不能解决问题。

(4)要灵活地综合运用各种方法和工具，使用时不要局限于某种方法，宜交错使用，一定要讲究实效，不要搞形式。

下面介绍二种分析方法，其他方法可参阅有关教材。

1)排列图法

排列图可以清楚地定量反映出发生事故各因素影响的大小和相互关系，明确主要原因和主攻方向。是常用于分析事故主次因素的方法，故又称主次因素图。

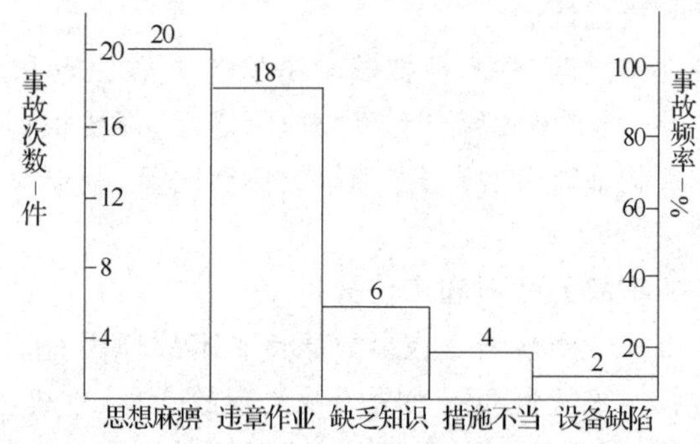

图 3.20 排列图

作图方法：

(1)收集数据进行分类，针对要解决的问题，收集一定期间的数据，并按有关的标志进行分类。

(2)划记各项目内出现的次数。

(3)根据划记结果，按各项目内出现次数的多少顺序排列，制成排列图数据统计表，并计算出累积数和累积百分率(或频率)。

(4)绘制排列图。排列图见图 3.20。图中有两个纵坐标，一个横坐标。左边的纵坐标表示频数,右边的纵坐标表示频率(累积百分率)。横坐标表示影响安全的各种因素,一般按影响因素的主次从左到右排列。图中矩形图的长短表示某个影响因素的大小,曲线表示各影响因素大小的累积百分数。

举例:如某厂某年全厂发生各类事故 50 件,按其发生的原因分类,得到表 3.7 数据统计表。再根据表 3.7 即可画出排列图(图 3.20)。

表 3.7　事故数据统计分类表

项目	频数,件	累积数	累积百分数,%	项目	频数,件	累积数	累积百分数,%
思想麻痹	20	21	40	措施不当	4	48	96
违章作业	18	38	76	设备缺陷	2	50	100
缺乏知识	6	44	88	合计	50		

累计百分数的 70%以上的项目称为主因素,其余为次要因素。如上面排列图得前两项原因的累计百分数为 76%,即为主因素,后三项则为次要因素。主要因素确定后,为了尽快解决问题,尚应进一步分层。例如,主要原因之一的思想麻痹,还可以进一步分解,思想不集中是工作有情绪,还是家庭中出现问题;违章作业是不懂操作规程,还是明知故犯等。针对分层分析出的主要原因,采取预防措施,就能很快地见到效果。如图 3.20 中某工厂某年事故原因排列出的主要原因是:思想麻痹和违章作业。针对这两个原因所应采取的对策,主要是安全教育。即对职工进行安全第一的思想教育、遵章守纪教育和安全操作规程教育。

排列图法反映了一个客观规律,这就是社会上和自然界都遵循的"极其重要的少数和无关紧要的多数"这一规律,即帕累托(Pareto)原理。帕累托分析法有助于把极其重要的少数问题与无关紧要的多数问题区分开来,这两类问题各有不同的处理方法。作为主管部门、企业的主要领导,应该考虑优先解决这几个极其重要的少数问题,至于先处理哪一个?需根据严重程度而定。无关紧要的多数问题,可以交有关部门去处理,如果他们的原因大体类似,则可以集中处理。如图 3.20 发生事故的原因中,主要原因是前三个,所采取的措施是相类似的,在处理上可由安全教育部门去实施。而其次要原因,即少数事故的原因是设备缺陷所造成,但它属于重要问题,需要领导优先抓紧解决这个问题,否则还会酿成大事故,给生产带来重大损失。

2)因果图法

发生任何事故总是有原因的,原因往往是多方面的,有时多种原因交织在一起不易分清。因果图,顾名思义,就是用来寻找造成事故的各种原因的。因果图又名树枝图、鱼刺图、或特性因素图。

把事故有关人员组织起来分析,使每个人都能充分发表自己的看法,然后把各种意见用图 3.21 的形式加以归纳。

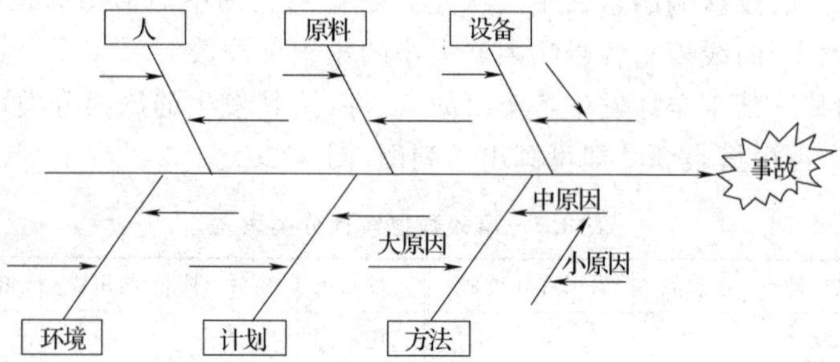

图 3.21　因果图

一般情况可从人、原料、设备、方法、计工划、环境六大因素中，从大到小，从粗到细，由表及里，一层一层地寻找原因，再从这些大大小小的原因中分析确定主要原因。然后采取有效措施，防止事故发生。

因果图简便实用。事故发生后用于分析原因，其特点是系统化、条理化，因果关系层次分明。但要注意在查找原因时要实事求是，防止发生停留在罗列许多表面现象，不深入分析因果关系的情况。找出的各项原因应是有可能采取措施的，但防止事故的措施不写入图内。确定的主要原因应是多数人的意见，要充分讨论，集思广益，不轻易否定别人的意见，只有这样，因果图才能做到分析完善、全面。

2. 事故综合分析

事故的综合分析是指在一定的时间内，对某种事故或多种事故进行综合性的分析，从中找出其原因和发生的规律，以便制定出预防事故的措施和规划。

1)化学工业危险因素的综合分析

美国保险协会对化学工业的 317 起火灾、爆炸事故进行调查，分析了主要和次要原因把化学工业危险因素归纳为以下 9 个类型。

(1)工厂选址

① 易遭受地震、洪水、暴风雨等自然灾害；

② 水源不充足；

③ 缺少公共消防设施的支援；

④ 有高湿度、温度变化显著等气候问题；

⑤ 受邻近危险性大的工业装置影响；

⑥ 邻近公路、铁路、机场等运输设施；

⑦ 在紧急状态下难以把人和车辆疏散至安全地。

(2)工厂布局

① 工艺设备和储存设备过于密集；

② 有显著危险性和无危险性的工艺装置间的安全距离不够；

③ 昂贵设备过于集中；

④ 对不能替换的装置没有有效的防护；

⑤ 锅炉、加热器等火源与可燃物工艺装置之间距离太小；

⑥ 有地形障碍。

(3)结构

① 支撑物、门、墙等不是防火结构；

② 电气设备无防护措施；

③ 防爆通风换气能力不足；

④ 控制和管理的指示装置无防护措施；

⑤ 装置基础薄弱。

(4)对加工物质的危险性认识不足

① 在装置中原料混合，在催化剂作用下自然分解；

② 对处理的气体、粉尘等在其工艺条件下的爆炸范围不明确；

③ 没有充分掌握因误操作、控制不良而使工艺过程处于不正常状态时的物料和产品的详细情况。

(5)化工工艺

① 没有足够的有关化学反应的动力学数据；

② 对有危险的副反应认识不足；

③ 没有根据热力学研究确定爆炸能量；

④ 对工艺异常情况检测不够。

(6)物料输送

① 各种单元操作时对物料流动不能进行良好控制；

② 产品的标示不完全；

③ 风送装置内的粉尘爆炸；

④ 废气、废水和废渣的处理；

⑤ 装置内的装卸设施。

(7)误操作

① 忽略关于运转和维修的操作教育；

② 没有充分发挥管理人员的监督作用；

③ 开车、停车计划不适当；

④ 缺乏紧急停车的操作训练；

⑤ 没有建立操作人员和安全人员之间的协作体制。

(8)设备缺陷

① 因选材不当而引起装置腐蚀、损坏；

② 设备不完善，如缺少可靠的控制仪表等；

③ 材料的疲劳；

④ 对金属材料没有进行充分的无损探伤检查或没有经过专家验收；

⑤ 结构上有缺陷，如不能停车而无法定期检查或进行预防维修；

⑥ 设备在超过设计极限的工艺条件下运行；

⑦ 对运转中存在的问题或不完善的防灾措施没有及时改进；

⑧ 没有连续记录温度、压力、开停车情况及中间罐和受压罐内的压力变动。

(9)防灾计划不充分

① 没有得到管理部门的大力支持；

② 责任分工不明确；

③ 装置运行异常或故障仅由安全部门负责，只是单线起作用，

④ 没有预防事故的计划，或即使有也很差；

⑤ 遇有紧急情况未采取得力措施；

⑥ 没有实行由管理部门和生产部门共同进行的定期安全检查；

⑦ 没有对生产负责人和技术人员进行安全生产的继续教育和必要的防灾培训。

瑞士再保险公司统计了化学工业和石油工业的102起事故案例，分析了上述9类危险因素所起的作用，得到表3.8的统计结果。

表3.8 化学工业和石油工业的危险因素

类别	危险因素	危险因素的比例/%		类别	危险因素	危险因素的比例/%	
		化学工业	石油工业			化学工业	石油工业
1	工厂选址问题	3.5	7.0	6	物料输送问题	4.4	4.0
2	工厂布局问题	2.0	12.0	7	误操作问题	17.2	10.0
3	结构问题	3.0	14.0	8	设备缺陷问题	31.1	46.0
4	对加工物质的危险性认识不足	20.2	2.0	9	防灾计划不充分	8.0	2.0
5	化工工艺问题	10.6	3.0				

由表3.8可以看出，设备缺陷问题是第一位的危险，若能消除此项危险因素，则化学工业和石油工业的安全就会获得有效改善。在化学工业中，“4”和“5”两类危险因素占较大比例。这是由以化学反应为主的化学工业的特征所决定的。在石油工业中，“2”和“3”两类危险因素占较大比例。

石油工业的特点是需要处理大量可燃物质，由于火灾、爆炸的能量很大，所以

装置的安全间距和建筑物的防火层不适当时就会形成较大的危险。另外，误操作问题在两种工业危险中都占较大比例。操作人员的疏忽常常是两种工业事故的共同原因，而在化学工业中所占比重更大一些。

第 4 章　城市轨道交通风险分析

4.1　风险理论

4.1.1　风险概念

根据 GB/T 21562—2008、IEC 62278:2002 的定义，风险是指发生引起损害危险的概率及其损害的严重程度。

简单的讲，风险就是发生事故的概率。在安全领域，风险指的是可能出现的影响安全的不确定因素。

对风险概念的理解可以知道：

1. 风险和危险是不同的

危险只是意味着一种坏兆头的存在，而风险则不仅意味着这种坏兆头的存在，而且意味着有发生这个坏兆头的渠道和可能性。因此，“危险”是事物客观的属性，是风险的一种前提表征。

2. 风险是一种不确定性

不确定性是某一事件的预期结果与实际结果间的变动，风险是不确定性的一种。由于不确定因素的影响，对于一个特定的事件或活动，人们不能确知最终会产生什么样的结果，或者能够事先辨识各种可能结果，但仍然难以确定或估计它们发生的概率，这就是不确定性。不确定性存在的主要原因是人们对未来活动或事件的信息掌握不全面，无法对对结果进行准确预计。

3. 风险是可以度量的

不确定性的可能结果是多样的，难以度量，而风险是可以度量的。个别的风险事件是很难预测的，但可以对其发生的概率进行分析，并可以评估其发生的影响，同时利用分析预测的结果为人们的决策服务，预防风险事件的发生，减少风险发生造成的损失。

4.1.2　风险的数学表达

描述系统危险程度的客观量：

一是把风险看成是一个系统内有害事件或非正常事件出现可能性的量度；

二是把风险定义为发生一次事故的后果大小与该事故出现概率的乘积。

一般意义上的风险具有概率和后果的二重性

$$R=f(p,c)$$

简单起见，大多数文献中将风险表达为概率与后果的乘积

$$R=p\times c$$

其中 R 表示风险，p 表示事故发生的概率，c 为后果 f 表示函数关系。

4.1.3　风险管理步骤

风险管理一般包括以下几个步骤：

1. 风险识别

对影响系统的各种因素进行分析，确定系统存在的风险。

2. 风险分析与评估

对存在的单个风险进行量化分析，估算风险事件的损失程度和发生的概率，确认风险出现的时间和影响范围，衡量其风险量，在此基础上形成风险清单；综合考虑各种风险对项目目标的影响，确定不同风险的严重程度顺序，确定风险应对措施及各种措施的成本，论证风险成本效益。

3. 风险控制

制定风险管理方案，采取措施避免风险的发生或减少风险造成的损失，即降低风险量。

4. 风险监控

在项目实施过程中，评估风险控制工作的效果，及时发现和评估新的风险，监视残留风险的变化情况，在此基础上对风险管理方案进行调整。

通常情况下，对风险的应对，一是采取措施防患于未然，尽可能地消除或减轻风险，将风险的发生控制在一定的程度下；二是通过适当的风险转移安排，减轻风险事件发生后对项目目标的影响。

4.2　城市轨道交通风险分析

城市轨道交通由于其自身特有的密闭性、高速性、容量大、系统复杂等特点，其运营安全也呈现出不同于其他交通工具的特点。作为重要的公共交通工具，一旦发生安全事故，必将对城市的生产、生活产生重大的社会影响。

城市轨道交通系统是一个庞大复杂的系统工程，其建设施工到正式运营的整个过程中都存在着诸多的潜在安全隐患。例如在施工期间以及运营期间的供电系统、车辆系统、屏蔽门系统、售检票系统、通风、排烟系统、给排水系统、通信、信号系统等方面都会出现危险因素。从城市轨道交通事故产生的基本原因来看，可以归

结为人的因素、设备因素、管理因素和环境因素等。

从我国的运营实践来看，管理和乘客的不良乘车行为是影响正常运营的两大因素。另外人多、人车冲突和人员侵限等人的因素也会对运营造成较大影响，对于运营时间长、运营里程较长的线路尤其如此。对于运营时间较长的线路来说，由于客流压力较大，由车辆引起的故障较多；对于刚开通的线路，由于系统处于磨合阶段，车辆故障和信号故障较为频繁，这些都是设备因素对运营造成的影响。

4.2.1 设备因素

轨道交通是一个庞大而复杂的系统，是由一个个相互独立而又相互关联的子系统组成，由于设备系统状况造成安全隐患的因素主要有以下几点：

1. 工务系统因素

工务系统是轨道交通运营的基础，包含轨道、路基、桥隧、房建以及其它附属设备等。工务系统工作状态异常，会对运营安全带来严重隐患。2001 年 5 月 22 日，台北地铁淡水线士林站附近轨道发生裂缝，地铁被迫限速，并改为人工驾驶，10 万乘客出行受阻。

2. 车辆系统因素

车辆是轨道交通系统中的运载工具，车辆故障通常是影响线路运营的主要原因，其中以车门故障、主回路故障居多，此外还有列车制动故障、电气故障、列车出轨以及列车追尾等。

车门故障率受客流变化影响较大。2002 年 4 月 4 日，上海地铁二号线因机械故障车门无法开启，停运半小时；2005 年元旦，开通运营仅一周的深圳地铁一号线从罗湖开往世界之窗的一列车因电源短路停运 42 min，造成数万乘客滞留车站；2005 年 7 月 11 日晚，日本东京地铁千代田线的一列车因制动故障无法重新开动，大约 1 000 名乘客被困在车厢内长达 40 min。

列车出轨是导致列车事故的主要因素。1991 年 8 月 28 日，美国纽约地铁列车在运行中脱轨，10 节车厢受损，机车起火，5 人死亡，155 人受伤。2000 年 3 月发生的日本日比谷线地铁列车脱轨，造成了 3 死 44 伤的惨剧。在 2003 年 1 月 25 日，一列 8 节编组的地铁列车在行经伦敦市中心一车站时脱轨并撞在隧道侧壁上，导致 3 节车厢在站台区域倾倒，32 名乘客受轻伤。另一个导致运营事故的重要因素是列车追尾。2005 年 1 月 17 日，泰国曼谷一辆地铁列车准备出站时，被后面驶来的列车追尾相撞，两列车均受到严重损坏，并有 100 多人受伤。

3. 信号系统因素

信号系统是轨道交通运营的行车指挥系统，信号系统的异常，会对轨道交通运营带来不良影响。2003年2月14日，上海地铁2号线中央控制室自动信号系统发生故障，造成停运20 min。

由信号引起的故障以车载故障（主要是ATC/ATP故障）最为频繁，还有SECEM故障、列车收不到速度码、发车表示器不亮、中央ATS故障导致进路不自动触发等。出现SECEM故障后需用电话闭塞法行车，这在行车密度加大的情况下，对运营有较大影响。另外，新车载客运行，上线后也会出现较多的信号故障。

对于这些常见信号故障，调度员要对重点车站和重点设备重点监控，同时也要发挥车站的主观能动性，遇此类故障做到尽早发现，尽快处理。

4. 通信系统因素

通信系统是轨道交通运营的信息收发系统，其电源发生故障或通信设备本身发生故障时，不能保证各种行车信息及控制信息不间断地可靠传输，从而引起事故的发生。因此，通信系统在运营安全中的作用不言而喻。2000年11月11日，奥地利萨尔茨堡一列高山地铁列车在隧道内运行中发生火灾，由于通讯指挥信号失控，另一列下行线列车驶来，在此相撞造成车毁人亡。

5. 供电系统因素

供电系统是为轨道交通运营提供电能的设备，供电系统故障对轨道交通运营的打击往往是致命的。2003年7月7日，上海地铁1号线莲花路到莘庄的列车突然停电，被迫停运62 min，经查明原因是由于地铁牵引变电站直流开关跳闸，列车蓄电池亏电过量，致使列车无法正常启动。

供电系统包括电气元件及其线路连接，轨道交通的各设施设备都要依靠电来运行，因此，电气系统对安全运营也有着重要影响。接触网带的是高压电，一旦发生接触网断线或绝缘子损坏，接触到金属结构物就会使其带电，危及人身安全；由于电气设备损坏和使用不当常发生触电伤亡事故；变电所、配电室中的电气设备等由于短路、过载、接触不良、散热不良、照明、电热器具安置或使用不当、违章作业等均会引起电气火灾、触电事故；杂散电流会给城市轨道交通以外的金属管道、金属结构造成电蚀危害。列车内的高压电器设备的安全防护措施不当，可能引起人员伤亡事故。

6. 通风/排烟系统因素

在通风系统管理上的缺陷，如对风亭、风道设置不合理，会妨碍通风系统的正常工作。排烟系统对轨道交通的安全运营也相当重要，在城市轨道交通系统内，如在地下隧道内发生火灾，不仅火势蔓延快，而且积聚的高温浓烟很难自然排除，还会在隧道、车站内蔓延，给人员疏散和灭火抢险带来极大的困难，严重威胁乘客、员工和抢险救援人员的生命安全。

7. 给/排水系统因素

给、排水管道的防腐、绝缘效果不佳会发生泄露;隧道内排水系统不完善,隧道防水设计等级过低,会导致涝灾或地表水侵入;地面车站的地坪高度低于洪水设防要求;排水系统设置不完善,污水乱排以及污水、垃圾的排放会影响运营环境卫生。

8. 服务设备因素

轨道交通的其他系统出现故障,对运营及服务也会造成较大影响。如车站地面材料防滑效果不明显会存在安全事故隐患;在自动扶梯运行中,可能发生梯级下陷,驱动链断裂、梯级下滑,扶手带断裂等故障,并对乘客造成伤害。2003 年 9 月 8 日,上海地铁莘庄站北广场自动扶梯突发故障,原本向上运行的扶梯突然失控下滑,数十名乘客摔倒,14 人受伤;2006 年 2 月 5 日,由于设备承包商未及时更新相关参数,导致南京地铁全线售检票系统不能正常工作近 4 h。

4.2.2 人员因素

人员因素是导致城市轨道交通事故的主要原因,一般性事故主要是因乘客未遵守安全乘车规则,而险性事故则多由于工作人员职责疏忽引发的。工作人员业务素质不高、经验欠缺、处置不当、职责疏忽是造成重大事故的主要原因。

1. 拥挤

拥挤是车站安全事故的诱因之一,站台人员过多可能会使乘客跌入轨道;太过拥挤的车站也可能发生踩踏事件。例如:1999 年 5 月在白俄罗斯,也因地铁车站人员过多,混乱而拥挤,导致 54 名乘客被踩死事件。又如 2001 年 12 月 4 日晚,北京地铁 1 号线 1 名乘客在站台上候车,被拥挤人流挤下站台,此时列车驶入站台,导致该名乘客当场死亡。

2. 道床伤亡

长期以来,因人员进入城市轨道交通线路区段,会造成轨道交通列车延误的事件屡次发生。例如 2005 年 6 月,上海地铁在 3 天内发生了 2 起人员跳轨自杀现象。

3. 处理措施不当

工作人员在突发事件时处理措施不当是造成事故发生或事态严重的又一因素,1995 年 10 月 28 日,阿塞拜疆巴库地铁火灾,司机缺乏经验,紧急制动将列车停在了隧道内;2003 年韩国大邱市地铁火灾事故中,地铁司机和行调有关人员对灾难的发生有着不可推卸的责任:在车站已经断电、列车不能行驶的情况下,司机没有采取任何果断措施疏散乘客,却车门紧闭。在火灾发生 5 min 后,调度居然还下达“允许 1080 号车出发”的指令,导致另一辆载客列车驶入烟雾弥漫的站台,至少126人死亡，146人受伤，318人失踪。

4.2.3　环境因素

环境因素对轨道交通安全运营也有一定影响，一些自然灾害的发生不仅会影响列车的正常运行，也会对车站造成影响。主要的自然灾害有雨雪、迷雾、台风、水灾、地震等，其中雨雪、迷雾天气对列车影响较为严重，其他环境因素对轨道交通安全运营的影响如下：

1. 台风

根据国内外城市轨道交通事故的分析表明，台风对沿海城市的轨道交通特别是高架桥部分的破坏程度较高。例如2001年9月纳莉台风使台北地铁站内水流成河。因此，在有可能遭受台风威胁的地区，在工程设计及施工过程中就应加强对台风危害的防范。

2. 水灾

城市轨道交通尤其是地铁工程的车站和隧道大都处于地面标高以下，一方面受到洪涝灾害积水回灌危害，另一方面受到岩土介质中地下水渗透浸泡危害。地下水或地表水进入地铁车站和隧道内，可以使装修材料霉变，电气线路、通讯、信号元件受潮浸水损坏失灵，造成工程事故，并且危及行车安全。地下水积存，使地铁内部潮湿度增加，使进人车站的乘客感觉不舒适。

3. 地震

地下铁道的车站和隧道包围在周围的地理介质中，地震发生时地下构筑物随围岩一起运动，与地面结构不同，围岩介质的嵌固改变了地下构筑物动力特征。一般认为地震对地下结构影响较小。但1995年阪神地震后，人们更加重视地下结构的防震设计。

4.2.4　管理因素

轨道交通从建设到运营期间，都由相应人员进行管理，负责安全，在管理过程中出现的各种失误或不负责任都会成为安全事故发生的隐患。而管理因素与其他安全隐患同时发生，会使得安全生产事故率进一步加大。事实上，每一次事故的发生都是因为在各个环节上都有疏漏，如果说设备及环境因素是很难避免的，那就更应该注重管理，以减小事故发生的可能性，或降低事故的影响程度和危害性。

1. 客运管理

站台上乘客过多产生拥挤现象，若不及时采取措施，管理不当，可能会使乘客跌入轨道区，甚至在列车进站时而造成人身伤亡事故；车站站厅、站台乘客疏散区，疏散通道及相联开发的地下商业等公共场所管理不当，也会使其存在潜在的危险隐患，且会发生连锁事故；车站安检力度不够或管理上不够重视，导致乘客违反城市轨道交通运营安全管理的要求，擅自携带易燃易爆、有毒危险物品乘车，造成各种潜在事故隐患。

2. 设计管理

设计单位在勘测设计线路时设计不当很可能造成安全隐患，如暗河、古河道、地下人防设施、地下不明障碍物、承压水地层、复杂地貌条件等各类不良地质条件都会隐藏着塌方、异常涌水、有害气体堆积等危险。土建时的施工管理不当，同样会造成塌方、涌水等严重安全隐患。正常运营后，也会有许多施工作业，施工人员携带火种、打火机等可引起火灾的物品在车站或进入隧道施工是火灾发生的安全隐患；施工机械振动噪声过大，会妨碍信息的传递，甚至影响信号联络；施工完毕后，特别是进入隧道的施工完毕后，现场处理不清，有工具遗留在施工地点，会对第二天的运营造成严重影响。

4.3 城市轨道交通风险的评估

4.3.1 风险矩阵

风险矩阵是在项目管理过程中识别风险（风险集）重要性的一种结构性方法，并且还是对项目风险（风险集）潜在影响进行评估的一套方法论。这种方法是美国空军电子系统中心（ESC，ElectronicSystems Center）的采办工程小组于1995年4月提出的。自1996年以来，ESC的大量项目都采用风险矩阵方法对项目风险进行评估。为了改进风险矩阵方法的应用，美国的MITRE公司还开发了一套风险矩阵应用软件，软件中增添了新的风险分析功能。新的功能和方法包括自动交叉检查风险矩阵所分析出的风险等级，并能动态测量风险降低的过程。风险矩阵应用软件以Excel5.0为工具，具有跨平台使用的兼容性，可以在Macintosh型计算机上使用，也可以在PC机上使用。

4.3.2 轨道交通风险评估中的风险矩阵

以下列出在进行风险及隐患评估时所使用的风险评估矩阵（包括：危害事件出现的频度，危害严酷等级、频度－后果矩阵及其定性的风险等级），其定义及分类参照GB/T 21562—2008/IEC 62278：2002《轨道交通可靠性、可用性、可维修性和安全性规范及示例》。

(1)危害事件出现的频度。危害事件出现的频度（表4.1）用定性的术语提供轨道交通系统中危害性事件发生概率或频度得典型分类，并对每类进行描述。这些类别及其数值、采用的数值定标应由轨道交通主管部门制定，与所考核的应用相适应。

表 4.1 危害事件出现的频度

分 类	定 义
频繁	频繁地出现，危害将一直存在
经常	发生多次，危害可以预期经常出现
有时	可能发生几次，危害预期有几次出现
很少	在系统生命周期的某个时期可能发生，危害能合理地预期出现
极少	不太可能发生但可能存在，假定危害极少出现
几乎不可能	几乎不可能发生，可假定危害不会发生

(2)后果分析应可用于估计可能的影响。表 4.2 对所有轨道系统描述了典型的危害严酷等级和每个严酷等级危害的后果。所应用的严酷等级数值和每个严酷等级的后果由轨道交通主管部门轨道，应与所考核的应用相适应。

表 4.2 隐患的严重程度

严酷等级	对环境或人的影响	给运行带来的后果
特大	多人死亡，和/或是多方面的严重伤害，和/或对环境的较多损害	
重大	一人死亡，和/或是单个严重伤害，和/或对环境产生明显的损害	主系统失效
次要	较小的损伤和/或对环境的明显影响	严重的系统损害
轻微	可能存在的较小伤害	较小的系统损害

(3)风险评估应结合危害性事件的发生频度及其后果的严重性(用于确定危害性事件产生的风险等级)来进行。“频度一后果”矩阵见表 4.3 所示。

表 4.3 频度一后果矩阵

危害性事件的发生频度	风险等级			
频繁				
经常				
有时				
很少				
极少				
几乎不可能				
	轻微	次要	重大	特大
	危害后果的严酷等级			

(4)定性的风险等级评估表规定了定性的风险等级及应对每一类风险的措施。轨道交通主管部门应负责规定所采用的原理、容许风险等级和可分成不同风险种类的标准,见表 4.4。

表 4.4 定性的风险等级

风险等级	对各风险等级所采取的措施
不容许的	应该消除
不希望的	当风险降低不可行时,应经过轨道交通主管部门或安全规章主管部门同意后方可接受
容许的	经充分控制并经轨道交通主管部门同意后可以接受
可忽略的	有或无轨道交通主管部门同意均可接受

第5章　城市轨道交通事故及其防范控制

5.1　城市轨道交通事故

5.1.1　城市轨道交通事故的危险源

城市轨道交通的安全，客观上是避免事故的发生，而事故的发生是由于危险源的存在，城市轨道交通的危险源来自于下面各种情况，见表5.1。

表　5.1

<table>
<tr><th>危险源</th><th>情　景</th><th>危险源</th><th>情　景</th></tr>
<tr><td rowspan="12">失火</td><td>站台失火</td><td rowspan="7">爆炸</td><td>车站爆炸(包括机房、旅客止步区和附属建筑物)</td></tr>
<tr><td>综合入口失火(出入口)</td><td>车务控制中心爆炸</td></tr>
<tr><td>站厅失火</td><td>车辆段爆炸(含停车场)</td></tr>
<tr><td>车站商店(如有)失火</td><td>列车上爆炸</td></tr>
<tr><td>机房/旅客止步区/辅属建筑物失火</td><td>隧道内爆炸</td></tr>
<tr><td>隧道/轨旁/高架桥/高架范围失火</td><td>高架桥爆炸(露天段)</td></tr>
<tr><td>车务控制中心失火</td><td>主变电站爆炸</td></tr>
<tr><td>车站控制室失火</td><td rowspan="5">水淹(不设防洪门)</td><td>车站水淹(包括机房、旅客止步区和附属建筑物)</td></tr>
<tr><td>车辆段失火(含停车场)</td><td>隧道/隧道口/地面线路水淹</td></tr>
<tr><td>列车失火</td><td>车辆段水淹(含停车场)</td></tr>
<tr><td>站台轨旁失火</td><td>车务控制中心水淹</td></tr>
<tr><td>主变电站失火</td><td>主变电站水淹</td></tr>
<tr><td rowspan="8">有毒物料/气体</td><td>列车上释出有毒/有害物料</td><td rowspan="7">地震/强风</td><td>设计能力能够承受的地震</td></tr>
<tr><td>车站内释出有毒/有害物料</td><td>设计能力不能承受的地震</td></tr>
<tr><td>车辆段内释出有毒/有害物料(含停车场)</td><td>强风与暴雨(有没有任何风监测系统?)</td></tr>
<tr><td>旅客止步区/机房/附属建筑物内释出有毒/有害物料</td><td>强风将异物吹到高架、地面线轨道上，以致侵入动力限界</td></tr>
<tr><td>隧道内释出有毒/有害物料</td><td>异常强风以致列车两旁承受极大的侧向力</td></tr>
<tr><td>排烟/有害气体积聚</td><td>异常强风将接触网、悬挂装置破坏</td></tr>
<tr><td>主变电站释出有毒/有害气体</td><td></td></tr>
<tr><td>车务控制中心释出有毒/有害气体</td><td></td><td></td></tr>
</table>

续上表

危险源	情景
结构倒塌	隧道衬砌倒塌
	高架桥倒塌
	车站结构倒塌
	车站装饰(含广告牌等)倒塌
侵入限界	侵入结构限界/动态限界
	第一期的动态限界与第二期的动态限界不同
意外	触电意外(包括交直流、高低压触电)
	滑倒意外(例如:高架车站选用了不合适的铺地物料)
	高空堕物导致意外
	人力处理时发生意外
	密闭空间内发生意外
	车站太过拥挤导致意外
	维护/疏散期间从高架桥上跌落
	不正常情况或降级操作
	破裂的窗户或车门玻璃
	设备严重受损
	被风挡装置困住
	进行连挂时车速过高
	维护/操作设备时员工发生意外
	乘客行为导致意外
	突出物/锋利边缘/可动部分导致意外
	设备积尘发生意外
外来威胁	相邻公路上的路面车辆构成的威胁(地铁上方/旁边的高速公路)
	高架桥的支柱被路面车辆撞击/高架桥被吊车撞击
	沉降构成的威胁
	山崩构成的威胁
	外来威胁 — 恶意破坏(例如:邻近居民抛下物件、相邻建筑物的棚架倒塌)
	外来物对接触网构成的威胁
	有害外来物进入车站

危险源	情景
外来威胁	「人防」构成的威胁(例如:建造工程/轨道范围的进出控制)
	相邻化工厂发生意外/输油、输气管爆炸
	附近的加油站(如有)发生爆炸
	电磁干扰
	雷击
撞击	列车迎面/尾追撞击
	列车侧面撞击
	列车撞击轨道上的障碍物
	列车撞击车挡(停车位置与车挡距离太近)
	车辆段内路面车辆/行人与轨道车辆撞击
	撞击 — 员工被列车撞倒
	撞击 — 旅客被列车撞倒
脱轨	车站/车辆段内的列车脱轨
	隧道/高架桥范围内的列车脱轨
	转辙器或道岔位置的列车脱轨
运行意外	运行意外 — 掉进列车与站台之间的间隙
	运行意外 — 从列车上跌落轨道
	运行意外 — 在列车内跌倒
	运行意外 — 列车脱钩
	运行意外 — 被屏闭门或车门夹住/撞击
	运行意外 — 被卡在屏闭门与列车之间
	运行意外 — 降级运营期间,屏闭门打开时列车移动
	运行意外 —列车停在超越站台位置
	运行意外 —接触网断裂、跌下并触及屏蔽门
	运行意外 —车辆脱轨,撞向屏蔽门
	运行意外 —车辆运行引起屏蔽门震荡
	运行意外 —屏蔽门不正常打开(设备故障、风压等)

续上表

危险源	情　景	危险源	情　景
非运行意外	非运行意外 — 在自动扶梯/楼梯上跌倒	紧急行动	紧急行动 — 清客
	非运行意外 — 在车站站厅或车辆段范围跌倒		紧急行动 — 车站疏散
	非运行意外 — 在站台跌倒		紧急行动 — 车辆段疏散
	非运行意外 — 从站台跌落轨道		紧急行动 — 车站拥挤
	擅入轨道 — 由站台擅入轨道/由附近地方擅入轨旁范围		紧急行动 — 恐怖破坏
	非运行意外 — 被挤向屏蔽门		紧急行动 — 列车紧急疏散受阻

5.1.2　世界轨道交通事故统计

以下我们将通过世界城市轨道交通事故的产生的统计，分析事故产生的主要原因，并为事故影响因素的分析奠定基础。见表 5.2 到表 5.6。

表 5.2　火灾事故

时　间	地　点	原因及后果
1980 年 4 月	德国汉堡	车箱座位着火，2 辆车被毁，伤 4 人
1980 年 6 月	英国伦敦	烟头引发大火，死亡 1 人
1980—1981 年	美国纽约	共发生 8 次火灾，重伤 50 人，死亡 53 人
1981 年 6 月	俄罗斯莫斯科	电路引起火灾，死亡 7 人
1981 年 9 月	德国波恩	操作失误火灾，无人死亡，但车辆报废
1982 年 3 月	美国纽约	传动装置故障引发火灾，伤 86 人
1982 年 6 月	美国纽约	大火燃烧了 6 小时，4 辆车被毁
1982 年 8 月	英国伦敦	电路短路引起火灾伤 15 人，1 辆车被毁
1983 年 9 月	德国慕尼黑	电路着火，2 辆车被毁，伤 7 人
1984 年 9 月	德国汉堡	列车座位着火，2 辆车被毁，伤 1 人
1984 年 11 月	英国伦敦	车站月台引发大火，车站损失巨大
1985 年 4 月	法国巴黎	垃圾引发大火，伤 6 人
1987 年 6 月	比利时布鲁塞尔	自助餐厅引起火灾
1987 年 11 月	英国伦敦	售票处大火．死亡 31 人
1991 年 4 月	瑞士苏黎士	地铁机车电线短路。重伤 58 人
1995 年 10 月	阿塞拜疆巴库	电动机车电路故障，死 558 人，伤 269 人
2003 年 2 月	韩国大邱地铁	纵火，导致 198 人死亡，147 人受伤
2001 年 9 月	台北	“纳莉”台风导致 18 座车站淹水，使台北地铁陷于瘫痪
2003 年 7 月	上海	在建线路突发渗水险情，隧道部分坍塌，附近的一幢 8 层楼房裙房坍塌，一段长约 30 m 的防汛墙受地面沉降影响，沉陷、开裂

表 5.3 停电事故统计表

时　间	地　点	原因及后果
1996 年 1 月	北京	高压输电线被砸断,造成北京地铁 57 辆地铁突然断电被迫停运. 堵塞长达 146 min
2003 年 7 月	上海	一号线莲花路到莘庄的列车突然停电,被迫停运 62 min
2003 年 8 月	英国伦敦	停电之后,近 2/3 的地铁列车停运,约 25 万人被困在地铁中,许多地铁站暂时关闭

表 5.4 列车出轨、相撞事故

时　间	地　点	原因及后果
1991 年 5 月	日本	列车相撞,造成 42 人死亡、527 人受伤
1991 年 8 月	美国纽约	列车脱轨,造成至少 6 人死亡,100 多人受伤
1999 年 8 月	德国科隆	列车撞击,67 人受伤
2000 年 3 月	日本	列车脱轨,死 3 人,44 人受伤
2000 年 6 月	美国纽约	列车脱轨,89 位乘客受伤
2003 年 1 月	英国伦敦	列车脱轨,32 名乘客受伤
2003 年 10 月	英国伦敦	列车脱轨,7 人受伤
2005 年 4 月	日本	列车脱轨,91 人死亡,456 人受伤

表 5.5 爆炸事故

时　间	地　点	原因及后果
1995 年 7 月	法国巴黎	炸弹爆炸,8 人死亡,117 人受伤
1996 年 6 月	俄罗斯莫斯科	列车行进途中发生爆炸,造成 4 人死亡,7 人受伤
1998 年 1 月	俄罗斯莫斯科	地铁爆炸,造成 3 人受伤
2001 年 8 月	英国伦敦	发生地铁爆炸,造成 6 人受伤
2004 年 2 月	俄罗斯莫斯科	列车发生爆炸,造成至少 30 人丧生,70 人受伤

表 5.6 其他事故

时　间	地　点	原因及后果
1995 年 3 月	日本东京	毒气泄露,导致 5 000 多人受伤
1985 年 9 月	墨西哥	地震(8.1 级),在软弱地基上的地铁结构仅车站侧墙与地表相交处发生结构分离
1995 年 1 月	日本阪神	发生 7.2 级地震. 有 5 个地铁车站和约 3 km 的地铁隧道发生破坏
1999 年 6 月	俄罗斯	圣彼得堡地铁车站 6 人死亡
1999 年 5 月	白俄罗斯	车站人数过多,54 人被踩死

从以上统计数据可以看到，火灾事故是威胁城市轨道交通安全的主要因素。其发生事故量占轨道交通总发事故量的 63%左右。

5.1.3　行车事故的分类(上海)

城市轨道交通系统的事故按照其性质、损失以及对行车造成的影响，分为重大事故、大事故、险性事故和一般事故 4 个类型。

1. 重大事故

1)载客列车发生冲突、脱轨、火灾或爆炸、造成下列后果之一时：

(1)人员死亡 3 人或者死亡、重伤 25 人及其以上者；

(2)双线中断行车 150 min 及其以上者；

(3)根据列车、车辆破损的规定，电动客车中破一辆。

2)列车发生冲突，脱轨、火灾和爆炸，造成下列后果之一时：

(1)人员死亡 3 人或死亡、重伤 5 人及其以上者；

(2)双线行车中断 150 min 及其以上者；根据机车车辆破损规定，电动客车大破一辆或中破二辆；

(3)根据机车、车辆破损规定，内燃机车大破一辆或轨道车报废一辆或车辆报废一辆或车辆大破一辆。

3)调车重大事故

调车作业(包括整备作业)发生冲突或脱轨，造成第二项后果之一时。

4)其他重大事故

由于其他原因造成第二项后果之一时。

2. 大事故

1)载客列车发生冲突；脱轨、火灾或爆炸，造成下列情况之一时：

(1)人员死亡或重伤 2 人及其以上者；

(2)双线中断行车 90 min 及其以上者；

(3)根据机车、车辆破损规定，电动客车小破一辆。

2)其他列车发生冲突、脱轨、火灾或爆炸，造成下列后果之一时：

(1)人员死亡或重伤 2 人及其以上者；

(2)双线中断行车 90 min 及其以上者；

(3)根据机车、车辆破损规定，电动客车中破一辆；

(4)根据机车、车辆破损规定，内燃机车中破一辆或轨道车大破一辆或车辆大破一辆。

3)调车大事故

调车作业(包括整备作业)发生冲突或脱轨，造成第二项后果之一时。

4)其他大事故

由于其他原因造成第二项后果之一时。

3. 险性事故

凡事故性质严重，但未造成损害后果或者损害后果不够认定为大事故的行车事故为行车险性事故：

(1)列车冲突；

(2)列车脱轨；

(3)列车分离；

(4)载客列车错开车门、运行途中打开车门、车未停稳开车门；

(5)载客列车车门夹人动车时；

(6)载客列车夹物动车导致客伤事件和所换城市轨道交通有关设备时；

(7)列车冒进信号；

(8)列车无人驾驶运行；

(9)在运行中，电动客车的悬挂件脱落，造成列车下线或产生其他后果时；

(10)列车及其其他行车设备发生火警影响运营时；

(11)异物侵入车辆限界造成后果时；未经批准，自动切除 ATP 运行时；

(12)未经批准，使用未正式投入使用的设备功能时；

(13)未经批准，人员和列车进入已占用的线路时；

(14)运营期间正线及折返线上挤岔；未准备好进度、或未登记的阵线(含折返线)区段施工。

4. 一般事故

(1)调车冲突，调车脱轨；

(2)调车作业冒进信号；

(3)挤岔；

(4)列车运行中，因车辆部件脱落或其他原因损坏行车设备；

(5)因行车设备故障或其他原因造成单线行车中断 60 min 及其以上时；

(6)行车有关人员因漏乘、漏接、出乘迟延耽误列车运行造成影响的；

(7)错误办理行车凭证发车；

(8)漏发、漏传、错传调度命令；

(9)列车停车超过停车牌位置一节车厢及以上；

(10)未预告司机变更列车运行径路；应停列车在车站通过或因通过列车在车站停车。

5. 行车事故中的名词定义

1)车辆破损范围界定(电动列车以一节车辆为基数)

(1)报废:直接经济损失为现值的90%以上;

(2)大破:直接经济损失为现值的60%以上;

(3)中破:直接经济损失为现值的40%以上;

(4)小破:直接经济损失为现值的10%以上。

2)列车

按规定辆数编组的电动客车的车列,须有规定的列车标志,从车场或始发站至到发线待发起,直至再回到终点站为止,在此运行过程中称列车。

3)列车事故

(1)轨道车单机或挂有平板车进入运营线并编有车次发生事故时;

(2)列车与其他调车作业机车和车辆相互冲撞而发生的事故时;

(3)列车在车场以调车方式进行摘挂和转线而发生事故时。

4)其他列车

包括空驶列车、救援列车、调试列车、轨道车单机或挂有车辆开动的列车。

5)冲突

列车、车辆、轨道车互相间或与设备(如车库、站台、车挡等)以及其他车辆间发生冲撞,造成电动列车、轨道车和其他车辆破损或破坏。

6)脱轨

电动列车、轨道车、平板车的车轮落下钢轨轨面(包括脱轨后自行复轨)。

7)列车分离

包括车钩破损分离和车钩自动分理。(含车钩缓冲装置的破损)。

8)挤岔

列车直向通过道岔时,由于道岔位置不正确,尖轨未能于基本轨密贴,在车轮碾压时,将尖轨与基本轨挤开的过程。

9)列车冒进信号

列车前端任何一部分越过固定信号显示位置即为冒进信号。包括临时变更信号(不论原因)也是列车冒进。

10)双线中断行车

一条线发生某一站或某一区间及以上中断行车的同时,一条线也发生某一家或某一区间及以上中断行车。

11)单线中断行车

上、下行线中任何一条线上有一个车站或区间发生了行车中断。

12)行车中断时间

指由事故发生时间起至调度发出线路开通命令时的时间。

13)应停列车在车站通过

指应停列车未办理有关客运业务而开走，或列车在车站停车但未开关门上下乘客就开走。

5.1.4 城市轨道交通事故处理

1. 行车事故报告程序

行车事故的报告程序直接关系到行车事故发生后的处置，关系到行车事故发生后能否及时、迅速地开拓运营线路恢复正常行车秩序。良好畅通的信息传递能够使事故损失减少到最低最小程度。反之如果由于信息传输程序复杂、混乱，将会引起事故后果与损失扩大，造成不良影响扩大，延误事故的处理。

行车事故的分析、调查、处理是行车事故发生后的重要环节，目的是为了认定事故性质，并且根据事故原因，制定相应的措施，并且举一反三，通过各种方法与手段，减少和杜绝同类和相关事故的再次发生。

1)发生重大事故、大事故时的报告程序

(1)在运营正线上发生时

① 由值乘列车的司机立刻报告行车调度员，如果某些因素的影响不能及时报告最近车站的 行车值班员转报行车调度员；

② 行车调度员应将发生情况立刻报告主任调度员，并且作出是否需要出动救援列车的决定；

③ 主任调度员接受报告后应将情况立刻报告中央调度所主任与总公司值班室；

④ 总公司值班室接报后应立刻通报总经理，主管运营和安全的副总经理、治安处、运管处、公安城市交通分局指挥室及有关单位。

(2)在站场，包括出入场线上发生时

① 由值乘司机立刻报告车辆厂运转值班员；

② 车辆厂运转值班员立即报告车辆厂计划调度科值班调度与安全运行科，如需事故救援时由安全运行科立刻组织事故救援工作的开展；

③ 车辆厂计划调度科值班调度接报后立刻报告车辆部门主要领导，总公司值班室；

④ 总公司值班室立即转呈总公司经理、主管运营与安全的副总经理、质安处、运管处、公安轨道交通分局指挥室及有关单位。

2)发生行车险性事故及一般事故的报告程序

(1)在运营正线上发生时

① 由值乘列车的司机立刻报告行车调度员，如不可能时，则报告最近车站的行车值班员转报行车调度员；

② 行车调度员接报后立即报告主任调度员，并且作出是否需要事故救援的决

定；

③ 调度所主任调度员见报后立即报告调度所主任、总公司值班室；总公司值班室并将情况立即报告质安处、运管处及有关单位。

(2)在站场，包括出入场线上发生时

① 由值乘司机立刻报告车辆厂运转值班员；

② 车辆场运转值班员接报后应立即报告运转部主任、车辆场计划调度科值班调度与安全运行科，如需要事故救援使由安全运行科立即组织事故救援工作的开展；

③ 车辆场计划调度科值班调度要立即通报车辆部门主要领导，并通报总公司值班室；

④ 总公司值班室接报后通报质安处、运管处。

2. 行车事故报告内容

无论行车事故的性质如何，在发生有关行车事故(事件)后其报告内容应包括以下条款：

(1)事故发生的时间，包括月、日、时、分；

(2)事故发生的地点，包括区间、公里、米、站、站场线段等；

(3)列车车次、车号、关系人员职务、姓名；

(4)事故概况及基本原因；

(5)人员伤亡情况以及车辆、线路等城市轨道交通设备损坏情况；

(6)是否需要救援等。

在紧急情况时，特别是在发生重大事故和大事故是，由于现场情况和环境情况很复杂、混乱，事故的当时关系人可能一时难以说清情况，此时可先报告上述部分内容，但必须报请事故发生的会址、事故概况及当时发生了什么、是否需要立即救援帮助的，以利于行车安全管理部门以及有关管理人员和领导决策。

必须进行现场事故抢救和救援时，行车调度员及时通知各相关部门进行。各相关部门一旦行车调度员以及上级有关领导的指示做好救援准备，及时出动展开救援工作。

3. 行车事故的处理

1)行车事故现场处置

在发生行车重大事故与大事故后，在事故报告程序完成后，有关人员要迅速进行事故现场的处置。若事故发生在运行区间，在总公司以及轨道分局和救援人员到达事故现场前，值乘司机负责引导乘客自救、组织疏散、安抚乘客等活动，等待进一步救援；在有关救援人员到达后，应由事故现场的最高行政首长负责制和为或委任有关行车管理专业人员指挥抢救、处理善后工作。

若事故发生在车站时,应由车站站长负责乘客救援、组织乘客离开现场,并保护现场、查找证人、做好记录,等待有关救援人员与相关领导到达进行进一步救援活动,车站站长应在救援专业人员到达后向有关领导报告,并听从到达现场的最高行政领导和最高行政领导委任的救援指挥员的命令。现场勘查有行车管理部门与公安部门按规定进行。

在险性事故和一般事故发生后,值乘司机必须按规定程序要求报告,并且等待行车调度员的进一步命令指示,按要求执行,不得擅自移动列车。如需事故救援时,值乘司机应按照规定请求救援,并在救援人员和设备到现场前负责列车安全、乘客安全等工作。在救援人员到达后自己一下现场指挥人员简单报告情况,并按行车调度员或指定的事故救援指挥人员的命令执行。关于事故现场的勘测工作由行车管理部门按规定进行。

2)事故调查与分析

重大事故和大事故发生后,总公司成立由总经理和主管安全副总经理为组长的事故处理调查小组及各有关部门参加负责调查、处置、协调、善后、分析等各项工作,包括现场摄、录像及绘制现场草图、设备检测、收集物证、询问人证、调查记录现场情况的。

值乘司机和事故有关人员要积极配合,实事求是提供当时情况报告,便于掌握现场真实资料,已评定和分析事故产生的原因及确定事故责任,明确事故责任者和事故关系者,制定防范措施。

险性事故和一般事故发生后,如涉及到两个以上直属单位时,由总公司运管处负责调查,7 日内将事故调查报告交总公司质安处,由质安处提出处理意见,并提出防范措施,对责任单位无异议的险性事故,由险性事故责任单位组织调查分析,明确原因与责任者,提出处理意见,制定防范措施,并向总公司质安处提交《行车事故报告》。对涉及一个单位的一般事故,由责任单位调查分析,找出原因判定责任,作出对责任者的处理,制定措施。与险性事故和一般事故有关的人员必须配合调查分析,如实报告情况,不得隐瞒事实,对推脱责任,拖延调查,隐瞒真相的个人与单位部门,经查实予以从重处理。

对事故涉及城市轨道交通以外单位的调查,由总公司事故调查处理小组与相关单位协调处理,必要时提请司法部门裁决处理,凡行车事故涉及刑事责任的调查,处理有时轨道交通公安分局进行,事故有关单位、个人协助配合调查工作。

5.2　城市轨道交通安全控制

5.2.1　概　述

城市轨道交通运营安全控制工作一般分为二个阶段:运营前期安全控制工作、运营过程中的安全控制工作。由此,运营前期安全控制工作,主要是指在城市轨道交通工程建设完成之后,正式运营之前,运营单位在项目验收、移交过程中必须进行的涉及安全保障问题的工作。这项工作之所以重要,因为如果运营前期的安全控制工作没有做好或者出现疏忽,就容易导致把项目建设期发生的安全隐患带进运营过程,由此,关键在于运营单位必须在接收项目之前,将建设期形成的系统安全隐患消除在正式运营之前。

运营过程中的安全控制工作,是一个长效的安全工作,为了加强城市轨道交通的运营管理,保证城市轨道交通正常、安全运营,维护城市轨道交通运营秩序,保障乘客和城市轨道交通运营者的合法权益,由此,完善的城市轨道交通安全管理体系也是非常必要的,更是城市轨道交通运营安全控制工作的重中之重。

5.2.2　项目设施的检查验收

按照建设部《城市轨道交通运营管理办法》的规定,“安全设施不符合有关国家标准的新建、改建、扩建城市轨道交通工程项目,不得投入运营。”在这个问题上,运营单位有责任、有义务、非常认真的在运营前期工作中,对于设施进行检查和验收,做好记录。

1. 与安全有关的实物标志等的检查验收

与项目安全性有关的实物设施,通常按专业分别设置标志、设定控制参数、安装保护装置。例如建筑物的沉降标及其初始读数、线路开闭信号标志、轨道监控信号标志、道岔开闭连锁标志、供电系统安全运作标志、车站到发信号标志、屏蔽门连锁启闭装置等,都要分专业、分部门进行对口检查验收。要做到逐项检验、逐项验收、逐项记录。第一轮验收后,凡不合格的必须记录在册,监督整改。并在施工单位整改验收合格的基础上再进行第二轮移交验收。第二轮移交验收不合格的项目,再次要求整改并进行第三轮验收,直至完全符合验收标准为止。

2. 项目设备的安全性检查验收

项目从建设转为运行,除了土建工程的设计与施工的产品存在安全性问题外,大量的安全性问题存在于轨道交通系统采用的设备(包括车辆)上。运营单位在接收建设项目时,必须对移交使用的各种设备进行严格的安全性检查(包括设备技术参数的检测与安全性测试、确认)。由于目前轨道交通系统的许多设备是从国外进口的,设备的安装与调试都由供货商负责提供服务。但是,作为使用单位,仍要派遣对口的技术人员配合设备的安装和调试。一方面熟悉掌握设备的性能与操作方法,编制相应的操作规程;另一方面,要了解和掌握设备对系统安全运行的影响程度、控制方法和应急处置措施。

由于进口设备多数仅提供供货国的文字资料,在我国应用还有大量的专业翻译工作。因此,项目设备的移交接收,除了应检查设备的合法供货资料外,还应详细阅读、了解设备的技术资料特别是涉及系统运行安全的技术资料,编制应用于本项目的设备安全运行操作规程和技术手册,为操作人员的培训做好准备。

系统设备的移交接收工作,不仅数量巨大,而且内容繁杂、技术含量很高、系统集约性很强。需要各部门、各专业、各工种在运营企业统一部署和组织的框架内,按照《项目移交验收实施方案》和《业务培训计划》的要求,有组织、有计划地实施。整个移交接收过程都应按规定一一签收,明晰责任界面。

设备运行操作技能的培训应在设备制造商派遣的专业技术人员的指导下有序而严格地进行。要求所有操作人员经过培训后,能够在全面了解设备的技术性能的基础上,正确掌握设备安全运行的应急操作方法。

5.2.3 安全运营的“过程控制”

安全运营的“过程控制”就是围绕城市轨道交通运营生产工作流程的全过程进行全程全方位控制,它包含从运营生产计划和运行图的制定、调度指挥实施、车站客流组织和客运服务、设施设备的保障等多个环节进行全过程控制,通过对各个环节有效的监控和正常运转,来实现城市轨道交通运营的有效运转。以“安全第一、预防为主”为原则,采取积极有效的措施,将事后补救变事前预防,体现和强化安全运营“过程控制”,有利于在第一时间对事故做出反应,并且降低事故人员与经济损失。

1. 强化行车安全控制

城市轨道交通行车安全是运营公司安全生产工作的重点,因此,必须严格执行行车岗位标准化、规范化操作,及时消除行车安全中的各种设备和人为隐患,从而对于行车安全进行有效控制。

为保障城市轨道交通安全运营工作,必须根据轨道交通行车工作的特点和设备设施的技术条件要求,建立以安全管理制度为统领的,包括安全操作规程手册、事故管理规程、应急处理预案等在内的安全规章体系。以制度来规范安全管理的各个环节,以规范化保证安全,确保达到事事有章可循。不折不扣地严格落实安全生产规章制度,这是运营安全的根本保证。运营公司及各分公司应建立和完善保证安全生产的各类规章制度，并确保其有效性、适应性和覆盖性。

建立了全面的安全运营规章后，要通过经常性的规章制度培训和学习，让员工清楚理解各类规章制度；通过经常检查督促，让员工严格执行规章制度；通过经常分析事故苗头、事故隐患，让员工认识到遵章守纪的重要性。为保证安全运营，必须确保行车岗位人员操作的规范化、标准化。

2. 强化设备质量的安全控制

城市轨道交通运营设备、设施质量的好坏，直接关系到地铁运营安全与否。因此，必须采用先进的检测手段、技术和工具，快速检测设备状态，查找故障点，及时发现设备、设施的安全隐患，建立维修管理的信息化系统，不断提高设备的质量。

在城市轨道交通设备、设施维修管理上，要采用维修管理信息化系统，对维修过程中的工时、物料、定额、检修进程等进行全面监控，保证维修计划的落实，全面提升设备、设施维修管理，提高维修水平。

对城市轨道交通设备、设施的维修管理，要采用抓"小事"防微杜渐与集中技术力量攻"大事"的方式，做到精检细修，突出重点。在设备的日常维修保养中，特别抓好车辆、接触网等设备的巡视、检测、紧螺栓、加油、清洁之类等看似简单却容易引发事故的"小事"；克服麻痹思想，以小防大杜绝大故障或事故的发生。同时，集中技术力量攻克重大技术问题，对于运营生产中出现的故障或技术难题，要组织跨专业的技术攻关小组进行攻关，从设备、设施运行质量角度为确保运营安全奠定坚实的基础。

标准与规程是设备管理工作开展的依据。由于城市轨道交通设备种类繁多且在不断发展变化，因此对规程也要不断修改完善，每隔一定时期运营公司应组织力量更新规程的版本，以便适应实际生产需要。同时这些标准和规程还应该作为企业员工技术培训和班组学习的主要内容，以加强员工的标准化意识，规范日常工作行为，提高整体技术水平，确保运营设备的高质量。

3. 完善监控手段，提高应急处置能力

根据国内外地铁运营救援抢险的经验和突发事件的特点，结合国内运营公司的实际情况，完善监控手段，从而提高应急处置能力。

加强信息管理，提高突发信息传递速度。为提高运营公司应对突发事故(件)的处置能力，减少事故(件)发生对运营的影响，应规范信息传递制度，理顺信息传递渠道，发挥快速有效的信息传递系统的作用，提高短信群发系统的稳定性，使各级领导、技术骨干能在第一时间掌握各类运营生产信息。

坚持和完善月度运营例会制度。坚持一月一次的安全运营例会，有利于及时分析安全运营状况和形势、把握安全动态、制定有效应对措施。

进一步加强运营时段现场管理，使之成为确保城市轨道交通运营始终处于可控状态的重要手段;深入运营第一线,抓小防大,提高现场处置能力。

坚持和完善运营交班会议制度。利用运营交接班制度能及时将前一日的运营情况及时进行分析,协调解决运营生产中的每一个实际问题,并能随时掌握运营安全动态,做到运营安全天天受控。

4. 持续开展全方位安全培训和演练,不断提高从业员工的安全素质

制定安全教育制度,明确安全教育内容和要求,通过各种途径和手段加强宣传教育和培训,增强员工安全防范意识,提高安全技能。对新员工落实“三级”安全教育制度,使员工在上岗前在岗位安全知识、技能、等级等方面符合要求。根据安全生产的实际需要,评定运营生产系统中的各个岗位的安全等级,制定各个等级的安全知识和安全技能的要求,对员工进行分层培训、考核,实行安全关键岗位持证上岗。同时结合运营实际和国内外同行业的事故、事件,通过编制《事故案例》等手段教育员工,不断强化员工安全意识。

在完善的事故处置预案的基础上,组织制定运营公司演练计划,定期、不定期地组织进行各层次的、切实有效的各种演练,不断提高各级员工对各种预案操作的熟练程度以及应急应变的能力。

5. 安全检查

安全检查是落实安全工作的重要一环。运营公司可通过反复的查隐患、查整改、查落实,以有效控制人的不安全行为、车辆设备的不安全状态和环境不良因素对安全运营的影响。应坚持日常检查和定期检查相结合,专项检查和综合检查相结合,加大安全检查力度,及时发现各类隐患,并认真抓好整改工作。

5.2.4 安全运营的“事后控制”

1. 继续完善抢险救援中心机制运转,提高应急处置能力

为了能快速、有效处置运营突发事件,运营公司应成立了抢险救援中心,负责城市轨道交通设备、设施的紧急抢修和灾害等抢险救援,实行准军事化管理,全天候待命。抢险救援中心可设立若干个抢险车辆备勤点,抢险车均统一安装GPS卫星定位系统。应不断完善抢险救援中心的运转机制,以期增强应急抢修的反应能力。

2. 建立事故处理的规范程序

针对城市轨道交通发生的事故,必须严格按照“四不放过”的原则,对事故苗头和安全隐患进行分析和处理;坚持从管理上找原因、查漏洞、订措施,通过分析查找原因、整改隐患、完善规章、改进管理,举一反三防止同类事故重复发生。在管理人员中树立“事故发生在基层、事故的根源在管理层”的管理责任意识,切实做到事事有人负责。

3. 安全整改

运营公司应对于日常运营生产中暴露的安全隐患，以开展“设备整治月、设备秋检”活动为抓手，对各类影响安全运营的设备、设施隐患进行疏理，集中力量开展设备、设施专项整治，确保设备、设施运营始终处于良好状态。

4. 完善考核和责任追究制度

坚持以员工手册作为员工考核的依据，对员工在工作中发生的各种问题进行处置。其中，强化月度经济责任制考核制度，月度经济责任考核制度是运营公司确保月度运营生产质量和运营安全的重要手段，由此确保月度运营安全和运营质量，从而保证运营公司年度安全运营指标的实现。

为加强企业运营安全生产管理，有效地防范和减少运营生产事故的发生，根据《中华人民共和国安全生产法》、《城市轨道交通运营管理办法》和有关法律、法规，制定城市轨道交通运营公司领导干部的安全管理和事故责任追究的相应规定，并加以贯彻执行。

城市轨道交通运营公司应以运营主业单位安全责任风险抵押金制度为抓手，坚持领导干部安全责任追究制度，对 15 min 以上晚点无理由追究相关单位和领导责任，以进一步强化安全激励、约束机制。

5.3　城市轨道交通安全防范

5.3.1　概　　述

安全防范是社会公共安全的一部分，安全防范行业是社会公共安全行业的一个分支。就防范手段而言，安全防范包括人力防范、实体(物)防范和技术防范三个范畴。其中人力防范和实体防范是古已有之的传统防范手段，它们是安全防范的基础，随着科学技术的不断进步，这些传统的防范手段也不断融入新科技的内容。技术防范的概念是在近代科学技术(最初是电子报警技术)用于安全防范领域并逐渐形成的一种独立防范手段的过程中所产生的一种新的防范概念。由于现代科学技术的不断发展和普及应用，“技术防范”的概念也越来越普及，越来越为警察执法部门和社会公众所认可和接受，以致成为使用频率很高的一个新词汇，技术防范的内容也随着科学技术的进步而不断更新。在科学技术迅猛发展的当今时代，可以说几乎所有的高新技术都将或迟或早的移植、应用于安全防范工作中。因此，“技术防范”在安全防范技术中的地位和作用将越来越重要，它已经带来了安全防范的一次新的革命。

1. 安全防范的要素

安全防范工作的三个基本防范要素是：探测、延迟和反应。各要素的含义如下：

(1)探测(Detection)：感知显性风险事件的发生并发出警报；

(2)延迟(Delay)：延长和推迟风险事件发生的进程；

(3)反应(Response)：组织力量为制止风险事件的发生所采取的快速行动。

要实现防范的最终目标，都要围绕探测、延迟、反应这 3 个基本防范要素开展工作，采取措施，以预防和阻止危害事件的发生。探测、延迟和反应 3 个基本要素之间是相互联系、缺一不可的关系。一方面，探测要准确无误、延迟时间长短要合适，反应要迅速；另一方面，反应的总时间应小于(至多等于)探测加延迟的总时间。

2. 安全防范方法

1)人力防范

基础的人力防范手段(人防)是利用人们自身的传感器(眼、耳等)进行探测，发现妨害或破坏安全的目标，作出反应；用声音警告、恐吓、设障、武器还击等手段来延迟或阻止危险的发生，在自身力量不足时还要发出求援信号，以期待做出进一步的反应，制止危险的发生或处理已发生的危险。

人力防范是指以人为防范主体的行为，主要包括值班、守卫、巡逻、检查等防范行为。目前城市轨道交通系统中的重要部位，如公司行政办公大楼、列车停车库、各大工作基地、调度所等部位，都派有保安人员 24 小时值守、警卫，夜间还要进行巡逻检查。这些都称之为“人力防范”的形式。但是，人力防范的力量是有限的。一方面，受经济条件和其他各种社会因素的制约，不可能无限制地投入大量人力来进行“人力防范”，而且人力防范有自身的缺陷，难以防范到每个需要防范的部位；另一方面，人力防范往往受到时间、地域和人员素质、精力、经验的局限，难免出现疏漏或失误。譬如人的视觉在夜间无照明条件下会大大降低；人的视野难以看清 100 m 以外的防范现场；人的精力也是有限的，工作时间过长会导致精力难以集中。如果人的安全防范素质不高或责任心不强，都会造成工作的漏洞。

2)实体防范

实体防范(物防)的主要作用在于推迟危险的发生，为“反应”提供足够的时间。现代的实体防范，已不是单纯物质屏障的被动防范，而是越来越多地采用高科技地手段，一方面使实体屏障被破坏地可能性变小，增大延迟时间；另一方面也使实体屏障本身增加探测和反应的功能。

实物防范亦称为“物防”。是一种主要依靠具有防范功能的物件组成安全保护的屏障，用以抵御外来侵害。它也是一种传统的防范措施。近年来，随着安全防护科技的发展，与安全技术防范的结合日益紧密。城市轨道交通系统中的主变电站、停车库、检修库、备品库、危险品库、信号楼、调度中心、财务室、有价证卡存放处、技术档案室等部位的门窗都安装了防盗栅栏；财务室的门都安装了带钢板的防盗门。

这些都是实物防范的形式。实物防范在使用过程中，要经常对实物防范设施进行检查和养护，及时发现破损、松动和缺损等问题并及时修补。杜绝漏洞和死角，不给违法犯罪分子以可乘之机。对于管理人员来说，要加强安全防范的责任心，用制度来确保安全防范工作的落实，自觉、认真地对实物防范设施进行检查和养护，确保重要部位的安全。

3)技术防范

技术防范是指安全技术防范措施。是应用科技手段和设备，对需要进行安全防范的部位和场所进行有效的监视和控制，预防和制止违法犯罪及重大治安事件，维护公共安全。

随着科学技术的发展，犯罪分子往往利用较为先进的犯罪工具或手段来进行各种犯罪活动。其手段更加智能化，作案工具、凶器、作案手段逐步升级，具有更大的隐蔽性。因此，我们要积极应对，将先进的科学技术应用于安全防范领域。例如利用先进的电子技术、传感技术、电视监控技术、计算机技术等，研制、生产各种先进的安全防范设备和系统用于安全防范工作。只有这样，才能更有效地防范和制止各种危害活动，维护城市轨道交通重点单位和重要部位的安全。

技术防范的优势是多方面的。一是应用范围十分广泛。在公共场所、重要部位都可以隐蔽安装设置，可以全天候、全方位地对防范区域进行监控；二是技术防范设施可以及时发现案情、全程记录案情，大大提高破案率；三是安全防范技术系统具有快速反应能力，能够在案发的第一时间发出安全警报，最快启动防范措施和救援行动；四是安全技术防范系统可协助人力防范担任警戒和报警任务，可以节省大量人力和财力，又由于科技设备只要没有故障，其工作效率和工作质量相当可靠，不易发生疏漏和失误；五是有利于预防火灾等突发事件的发生，可以在事故萌芽状态发现并及时报警，将突发性事故的损失降到最低程度。

技术防范手段可以说是人力防范手段和实体防范手段的功能延伸和加强，是对人力防范和实体防范在技术手段上的补充和加强。它要融入人力防范和实体防范之中，使人力防范和实体防范在探测、延迟、反应3个基本要素中间不断地增加高科技含量，不断提高探测能力、延迟能力和反应能力，使防范手段真正起到作用，达到预期的目的。

3. 安全技术防范系统

安全防范技术是用于安全防范的专门技术，在国外，安全防范技术通常分为三类：物理技术防范、电子防范技术、生物统计学、防范技术。这里的物理防范技术主要指实体防范技术，如建筑物和实体屏障以及与其匹配的各种实物设施、设备和产品(如门、窗、柜、锁等)；电子防范技术主要是指应用于安全防范的电子、通信、计算机与信息处理及其相关技术，如：电子报警技术、视频监控技术、出入口控制技术、计算机网络技术以及其相关的各种软件、系统工程等。生物统计学防范技术是法庭科学的物证鉴定技术和安全防范技术中的模式识别相结合的产物，他主要是指利用人体的生物学特征进行安全技术防范的一种特殊技术门类，现在应用较广的有指纹、掌纹、眼纹、声纹等识别控制技术。

技术防范是以安全防范技术为先导，以人力防范为基础，以技术防范和实体防范为手段，所建立的一种具有探测、延迟、反应有序结合的安全防范服务保障体系。他是以预防损失和预防犯罪为目的的一项公安业务和社会公共事业。对于警察执法部门而言，安全技术防范就是利用安全防范技术开展安全防范工作的一项公安业务；而对于社会经济部门来说，安全技术防范就是利用安全防范技术为社会公众提供一种安全服务的产业。既然是一种产业，就要有产品的研制与开发，就要有系统的设计与工程的施工、服务和管理。

安全技术防范系统是安全技术防范产品的组合或集成的自动化检测、监控网络系统。该系统以安全防范为目标，采用具有防入侵、防盗窃、防抢劫、防破坏、防爆炸、防火警的各种功能的专用设备和软件，构成一个或几个具有探测报警、延时反应综合功能的信息技术网络，加上设备系统的监控管理专业人员，组合成为一个具有实时检测、监视防范功能的有机整体。根据使用场所和要求的不同，安全技术防范系统可分为入侵报警系统、电视监控系统、防爆系统、出入口监控系统、监听系统、安全检查系统和防范通讯系统等不同职能的子系统。各个子系统又能够互相配合使用。而入侵报警系统、电视监控系统和出入口控制系统又往往是安全技术防范系统中最基本的组成部分(如图 5.1 所示)。

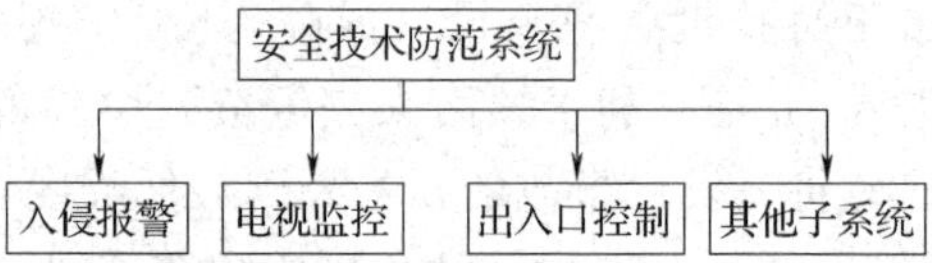

图 5.1　安全技术防范系统组成

1)入侵报警系统

入侵报警系统是将先进的科学技术应用于预防盗窃和非法入侵破坏活动的重要安全防范系统。它可以协助安全防范人员进行防盗、防入侵、防破坏、防火、防爆等警戒工作。在防范区域内利用各种监视设备和报警器可以看到人眼难以看见的警戒点或警戒空间。犯罪分子一旦入侵或发生其他异常情况，报警器即可指示警报发出的部位并发出声、光等信号，及时告知值班人员并立即采取必要的防范措施。

入侵探测器、报警控制器及传输系统就构成了通常所说的“入侵报警系统”。一个完善有效的入侵报警系统，通常是连网型的报警系统。该系统主要由入侵探测器、报警控制器、传输系统和接处警中心组成。建立连网型报警系统，主要是为了提高专业管理能力和接处警效率。通过接处警中心对某个区域实行集中管理，在该网络前端，任一监测点发生警情，都会及时将警情传输到网络终端的接处警中心。

2)电视监控系统

电视监控系统可以及时传送现场活动图象信息。值班人员通过控制中心的监视器，可以直接观察监控现场的情况；还可以通过遥控装置改变摄像角度、方位和镜头的焦距，从而实现对现场大区域的观察和近距离的特写。同时，还可以将有价值的画面或活动场面通过录象设备进行记录取证。在被监视区域内安装一定数量的摄像机，可以将获取的图象信息通过有线或无线传输方式送到监控中心。值班人员可根据不同情况，分别采取不同的安全措施，也可以通过通信网络将图象信息提供给上级机关和保卫部门，以便上级随时掌握监控现场的真实情况。

电视监控系统主要由前端摄像设备，传输系统和终端控制设备三大部分组成，见图5.2所示。

图5.2 电视监控系统的基本组成

前端摄像设备的主要任务是获取监控区域的图象和声音等信息。主要摄像设备是各种摄象机及其配套设备。由于摄象机需要公开或隐蔽在防范区内，除需长时间不间断地工作外，还需要适应环境的变化，如遇到风沙、雨雪、迷雾、高温、低温等恶劣气候条件。因此，必须满足“全天候”、“全天时”的工况要求。所以，前端摄像设备应具备较高的性能和可靠性。

传输系统的主要任务是将前端设备获取的图象信息保真地传送到终端设备，并将控制中心的各种指令传送到前端设备。根据监控系统的传输距离、信息容量和功能要求的不同，分有线传输和无线传输两种方式。目前大多采用有线传输方式。

终端控制设备是电视监控系统的中枢。其主要任务是将前端设备送来的各种信息进行处理和显示，并根据需要向前端设备发出各种指令，由中心控制室进行集中控制。终端设备主要由显示设备、记录设备、控制切换设备和通信设备组成。如监视器、录象机、录音机、视频分配器、时序切换装置、时间信号发生器、多功能控制台以及其他一些配套控制设备等。

现在，上海城市轨道交通车站的站厅、站台都装有电视监控系统，一些重要部位安装有红外防入侵报警系统、电视监控系统。这在一定程度上起到了积极的安全防范作用，但还没有做到系统化、规范化、全覆盖，特别是人流量大而集中的车站监控系统极需完善。

目前发达国家的安全技术防范系统已经比较完善，譬如英国伦敦的城市轨道交通，已经安装了50万套摄像监控设备，可以对城市轨道交通现场进行全天候、全方位、全时段的摄像监控。尽管英国安全机关通过检测发现这样密集的监控系统仍然存在着某些盲区和死角，但对于恐怖分子犯罪活动的监控有效性，还是有了很大程度的提高。我国城市轨道交通的技术防范系统还有待于进一步系统化、规范化和全覆盖，特别是人流集中的车站，监控系统还不完善，一旦发生爆炸、火灾、毒气等事件，将给取证工作带来不利的影响。上海城市轨道交通正在研究制定安全技术地方标准，为上海城市轨道交通安全提供前瞻性的监控网络建设的依据，这对确保城市轨道交通安全、确保人们生命财产安全，都是有力的保证。

5.3.2 城市轨道交通公共场所的安全防范

1. 城市轨道交通公共场所的特点

城市轨道交通公共场所如轨道交通车站出入口、站厅、站台、车厢等，是社会成员可以自由到达、停留或者往来涉足，进行出行选择乘车的场所，只要满足城市轨道交通公共场所的收费条件，都可以到那里活动。

城市轨道交通公共场所的特点，一是人员高度的集散性和异质性。在轨道交通公共场所聚散的人员密集、构成复杂，不分国籍、民族、性别、地域、职业、年龄、经历和人格素质，只要满足乘车条件可以自由出入轨道交通公共场所，彼此之间没有特定关系，缺乏约束力。人群中良莠共存、异俗杂处、彼此陌生，其间难免发生摩擦甚至冲突，酿成治安案件或刑事案件；少数素质低下者单独在城市轨道交通公共场所活动，触景生恶扰乱公共场所秩序；相当部分有犯罪前科劣迹的违法分子更是乘机为非作歹，故安全隐患重重。

二是原始痕迹的易失性。城市轨道交通公共场所在一定的时间内，人员和财物在轨道交通公共场所快速集聚和发散。因人群流动性大，分布面广，且流动速度快，发生治安和刑事案件及安全隐患的初始痕迹和过程痕迹极难保存，具有痕迹的易失性。

2. 城市轨道交通公共场所安全工作地原则

城市轨道交通往往把一个城市的政治、经济、文化、生活等地理区位场所连接起来，密集的轨道路线多穿行于党政机关、金融机构、交通枢纽和居民住宅区等区域。由于客流量大、站点多、线路长，线网覆盖面广，安全防范成本高、难度大。目前，城市轨道交通公共场所的安全工作主要采取聘用保安企业的保安人员来实施。其工作原则如下：

1)依照保安服务合同，严格执行契约职责。

保安工作的目标是保护公共场所自身的安全利益。防盗、防火、防流氓滋事、防人身伤害(简称四防)是其主要的工作内容。保安企业的人力配置、岗位布局、重点目标确定、技防设备安装、意外处置以及提供的服务条件,都是围绕上述“四防”内容来制订措施,以保证提供适应城市轨道交通公共场所特点的保安服务。

2)遵照国家法律、法规,制止违法犯罪和违规违章行为。

国家的法律、法规体现了整个社会和全体公民的根本利益,是社会稳定和社会安全的基本保障。保安企业的保安人员依法执行业务,是保护公共场所安全的根本依据。例如有些公共场所出现色情服务活动,保安人员就应以社会公共利益为重,遵照国家法律、法规立即予以制止并报告公安部门。此外,在保安人员的责权范围上,应严格遵守国家的法律、法规,不准超越职权对犯罪嫌疑人、违规人员进行搜身、罚款,只能依法转送公安部门处理。

3)遵照社会文明要求,积极维护社会公德。

社会文明标准是与社会政治制度和社会经济发展水平相适应的。我国政府提倡的“八荣八耻”、上海市政府提出的“七不”标准,是当前社会公德的实施标准。在城市轨道交通的公共场所中不允许违背社会公德的现象传播蔓延。保安人员在城市轨道交通公共场所执业,不仅要信守合同、遵守法律法规,而且要维护社会公德,发现违背社会公德现象时,应立即予以劝阻,努力净化城市轨道交通公共场所的精神环境。

3. 城市轨道交通公共场所保安日常工作

1)防偷盗

车站是城市轨道交通运营区域的公共场所,是车站客运服务的集散地,历来是违法犯罪分子的行窃场所。由于现金的现代化支付方式尚未普及,一些乘客贪图方便,随身携带巨额现金出行。由于社会时尚的变化,乘客佩带贵重首饰、携带手机出行的人越来越多。在车站,违法犯罪分子采取扒窃、割包、拎包、掉包、套包等各种手段行窃。保安人员就要严密巡查,随时防范。

2)防拥挤

随着城市化进程的快速发展,带动了轨道交通的超常规发展,已经逐步成为市民出行的首选。车厢拥挤情况一般发生在城市轨道交通流量大、流速快或上下班高峰时段,其中上海、北京等城市情况尤为明显。此时,公共场所的通道容易发生堵塞。在拥挤的状况下,不仅容易发生窃贼偷窃旅客、流氓侮辱妇女等不良现象,还可能发生人员跌倒、踩踏甚至伤亡的严重后果。

拥挤现象往往发生在开始售票、检票或车门打开的瞬间,人群争先恐后无序拥挤;另外,也可能发生在流氓滋事、乘客纠纷引起群众围观而发生拥挤;再就是由于种种原因,局部线路故障中断,造成大量乘客滞留车站公共场所,从而发生拥挤混乱现象。

在发生拥挤时，保安人员应及时采取疏导、引流、隔离、有序疏散等多种措施，使人群稳定下来，尽快进入有序管理状态。如果现场拥挤出现恶化趋势，有可能失控，则应及时报告当地公安部门，出动警力维持秩序，弹压肇事人员；同时报告车站运营管理人员；采取必要的运营安全警示措施，防止行车安全事故的发生。

3)防危险品

有些乘客为贪图方便，违法违规随身携带危险品乘坐城市轨道交通车辆出行。有的违法犯罪分子企图在城市轨道交通系统内作案而蓄意携带危险品上车。乘客携带危险品上车，不管是否故意，客观上都严重威胁到城市轨道交通和乘客生命的安全。而城市轨道交通车站就是查堵危险品的重要关卡，在城市轨道交通车站通过工作人员检查，安检仪器扫描及警犬识别等方法防止危险品进入车站。城市轨道交通公共场所查堵的危险品及违禁品常见种类有：

(1)自制土枪、弹药；(2)管制刀具；

(3)雷管、炸药；(4)酒精、油漆等易燃化学品；

(5)成箱的化装品；(6)烟花、爆竹。

上述各种危险品都严禁携带进入城市轨道交通公共场所和车辆，一经发现，应立即清查并带离公共场所，并转交公安部门处理。

5.3.3 建立健全安全防范制度

建立和健全安全防范责任制是保障城市轨道交通安全运营的一项重要措施。也是贯彻“谁主管，谁负责”原则的一种最好的形式。不同的重要部位有不同的安全责任制度。如人员岗位安全责任制、防火防爆安全责任制、安全操作规程、设备维修保养制度、交接班制度、门卫制度、保密制度等。

1. 主要的安全防范制度

(1)门卫制度：包括人员出入制度、会客制度、携带物品出入登记制度等。门卫是重要部位安全防范的重要岗位，是防止违法犯罪分子混入和逃出的重要关卡。必须加强门卫管理制度的建立、健全和落实。

(2)值班巡逻制度：包括领导干部带班制度、请示报告制度、勤务登记制度、交接班制度等。通过值班巡逻能够有效地威慑犯罪，有效地对重要部位进行安全防范。

(3)财物保管制度：即对现金、有价凭证和磁卡、贵重的零部件、设备等的保管制度。包括双人守库制度、定期盘点制度等。因为各类财物历来是犯罪分子侵害的主要目标，必须以制度来严加看管。

(4)保密制度：包括秘密文件保管、收发制度，传阅、借阅制度，泄密追查处理制度，文件资料销毁、处理制度，对涉密人员的审查、教育、管理、使用制度等。一些重要部位存放着有关的档案材料、文件资料技术档案和有关的重要信息资料。这些材料一旦失窃或泄密，会造成不可估量的损失。

(5)重要部位人员的教育培训制度：重要部位人员的素质直接关系到重要部位的安全。因此，要坚持对重要部位人员进行政治、业务、纪律等方面的教育培训，使每个在重要部位工作的人员都能始终保持清醒的政治头脑，熟练地掌控和操纵本岗位的系统和设备，及时发现并排除险情，以保证重要部位的安全。

(6)危险品管理制度：所谓危险品是指具有易燃、易爆、剧毒、腐蚀和放射性等严重危害效果的物品。危险品本身具有特殊的危险性，一旦管理不善，就可能或者引发恶性事故，或是被犯罪分子利用作为犯罪工具，给社会和人民生命财产造成严重危害。所以，要建立严格的管理制度，加强监督检查，保证不被盗不损坏，不被犯罪分子所利用。只有这样，才能避免和减少危害事件的发生，保障经济建设和人民生命财产的安全。

(7)消防管理制度：火灾是最常见的并且危害极其严重的灾害事件。城市轨道交通车站、线路或停车场等人流、设备集中的区段和部位，一旦发生火灾，将造成巨大的破坏和损失。近年来，随着工农业生产的飞速发展和易燃、易爆物品越来越广泛应用于生产建设和人民生活，火灾呈现高发趋势，造成的财产损失和人员伤亡居各类事故之首，给国家和人民带来严重损失。为保卫重要部位的安全和城市轨道交通的正常运行，就要认真贯彻《中华人民共和国消防法》，严格消防管理制度，落实各项消防措施。对易燃、易爆、化学危险品，对重要物资仓库都要列为重要防火部位，落实防火责任人，完善消防设施，加强监督检查，以严防火灾发生。

第 6 章　城市轨道交通安全管理

6.1 概　　述

6.1.1 总述

城市轨道交通安全运营工作是城市轨道交通运营公司各项管理工作的重中之重,运营服务作为地铁最大的服务载体,任何故障都可能引发媒体和民众的高度关注,所以运营公司应该始终坚持以安全运营为中心,狠抓运营质量,以形成较为完善的安全控制体系和安全管理网络。

城市轨道交通安全运营管理体系可依据《国家安全生产法》、《城市轨道交通运营管理办法》等法律、法规要求和各运营公司的实际状况制订。推进安全运营工作和抓好现代化的安全生产是抓好运营安全工作的支撑。在总结现有安全运营管理经验的基础上,通过抓好"预先控制、过程控制、事后控制"的管理过程更好的建立"横向到边,纵向到底"的全员、全方位、全过程的安全管理体系,形成有效的"控、治、救"的安全管理机制,制定相应的"轨道交通安全管理体系",以期提高城市轨道运营公司安全运营管理的可控度,使安全运营步入持续健康发展的良性轨道。

由此,最终达到所有运营管理岗位各司其职、各负其责、有章可循、有据可查,促进公司的安全生产工作向标准化、规范化、系统化、制度化的方向迈进。

6.1.2 城市轨道交通安全管理系统的运行机理

在轨道交通安全系统应用方面,要澄清这样的错误认识:运营管理系统是一个大系统,安全管理系统是生产系统的子系统。实际上,安全管理系统的概念是为解决运营管理系统的安全问题而构造的,其内涵是针对运营管理系统本身安全而言,并不是从运营管理系统的一个子系统,而是改造运营管理系统的安全系统,使之具有处理本系统一切安全问题的功能。因此,安全系统是由与生产安全问题有关的相互联系、相互作用、相互制约的若干因素结合成的具有特定功能的有机整体。

安全管理系统的中心任务即对运营管理系统的安全状况进行管理和控制。从控制论的角度看,安全管理是一个多回路的反馈控制系统。在这个系统中,事故是被控制的对象，系统控制的目的是减少或消灭事故的发生及其影响，提高生产系统的安全度。

就安全管理系统的运行来说，在获得系统内外安全信息基础上，确定安全管理的目标并将目标按管理的层次进行分解，根据目标制定安全管理的总体计划和分层实施计划，通过安全执行机构予以执行落实，系统内的监察部门及时将有关安全信息进行反馈，经过安全状态分析、评价，找出系统隐患，及时进行整改，通过这样不断循环以实现安全管理系统对生产系统的安全控制。

从图 6.1 中可看出，安全管理系统对生产系统进行控制的功能通过两条途径来实现：一条为微观控制反馈回路，由“安全状态检测”、“安全状态调查分析”、“隐

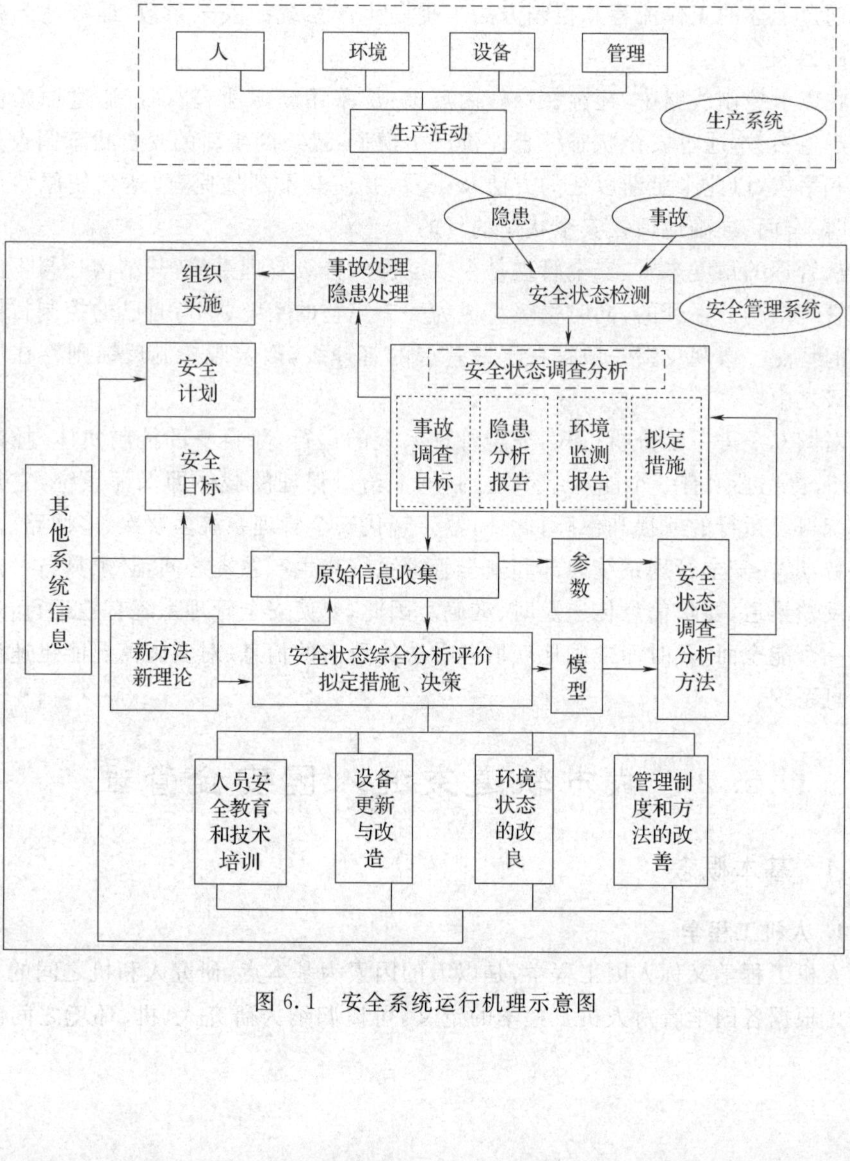

图 6.1　安全系统运行机理示意图

患处理”、“组织实施”等组成，通过“安全状态检测”、“安全状态调查分析”，充分地反映出当时生产系统的安全状态，通过对“隐患处理”、“执行”，随时控制人、设备、环境和管理四个影响生产系统安全状态的主要因素；另一条是宏观控制反馈回路，由“安全状态检测”、“安全状态调查分析”、“原始信息收集”、“安全状态综合分析、评价”、“人员的安全教育和技术培训”、“设备的更新改造”、“环境状态的改良”、“安全计划”、“管理方法和制度的完善”等组成，通过对大量的事故和隐患等不安全状态信息的收集、综合分析来预测、评价整个生产系统的安全状态，提出对“人员的安全教育和技术培训”、“设备的更新改造”、“环境状态的改良”、“管理方法和制度的完善”等要求，及时调整安全计划并组织实施。

通过上述的工作流程和控制方法来提高生产系统的安全系数，最终达到减少事故的目的。

在以上控制线路中，还存在一个内反馈：即采用新方法、新理论通过原始信息收集产生参数，通过安全状态综合评价产生模型，最终产生新的安全状态调查分析方法和手段，以此来更新以往的方法及手段，并使其不断地完善，达到使原始信息更及时、全面、准确地反馈安全状态的目的。

从管理的角度来看，安全管理是个多层次的分级管理系统，其结构是与生产系统的管理结构分不开的，同时每级又成为一个完整的系统，都有自己的控制目标和自己的特点。微观反馈一般存在于最基层的管理级，而宏观控制反馈则存在于各管理级之中。

对图 6.1 进一步分析得知：安全管理系统的运行，除自身的控制实体（控制系统）外，首先必须有一个能从组织上、制度上给以保证的载体即保证系统，它是整个系统得以运行的前提和保障；此外，鉴于现代安全管理系统多层次、多回路、多环节的特征，在安全管理系统内部和安全管理系统与生产系统之间，必须具备一定的信息反馈渠道，要求信息传递及时、准确。因此，要使安全管理系统有效运行，还必须有一个能全面、及时而准确地获取各种决策所需的信息、对实施情况能迅速反馈的信息系统。

6.2 城市轨道交通人因安全管理

6.2.1 基本概念

1. 人机工程学

人机工程学又称人因工程学，是以人的因素为基本点，研究人和机之间的相互关系。根据各国学者对人机工程学的定义，可以归纳为研究人、机、环境之间的关系，并通过设计以实现人、机、环境之间的最佳匹配，使人能在不同的条件下高效、安全、健康和舒适的工作和生活的一门学科。

2. 安全人因工程学

安全工程学从安全目标出发、运用人机工程学的基本理论、观点和方法，对安全事故、设备、环境进行分析以及以及对人的心理和行为进行分析和研究，研究解决生产人机系统中的安全问题，从人机关系中找到预防事故的方法。

3. 人机系统

人机系统是指"人"与他所对应的"物"共处于同一时间和空间时所构成的系统。系统中人的因素，包括人的心理和生理机能。系统中的"机"一般泛指作业中的客体。

4. 人为失误

人为失误的定义为：人的行为结果偏离了规定的目标，或超出了可接受的界限，并产生了不良的后果。

直接导致事故的人失误称为不安全行为。人为失误与人的不安全行为即相互区别又相互联系。它们的主要区别在于：

(1)人为失误不一定导致事故的发生，人的不安全行为才是导致事故的直接原因；

(2)人为失误往往是无意识的，而不安全行为则一般是有意识的；

(3)人为失误可以是不同工作岗位上的人员，而不安全行为的主体是事故现场的人员；

(4)不安全行为是直接导致事故的人为失误，是人为失误的特例。

6.2.2 防止人失误

1. 概述

人失误的表现形式是多种多样的，产生的原因也是非常的复杂，因此防止人失误也是非常的困难的。从安全的角度考虑，可以根据不同的情况采取不同的措施，防止、减缓人失误或降低人失误的损害程度。防止人失误的措施可以从人的因素、设备、环境和管理四个方面进行。

在城市轨道交通系统中，防止人失误的措施有冗余系统、提示与报警、安全教育培训等，而安全教育与培训是防止工作人员人为失误和不安全行为的重要途径。首先，通过安全教育培训，能够提高工作人员预防事故的责任心和自觉性。其次，通过安全教育培训，提高了工作人员的安全操作水平，掌握了安全技能，保护了自身及其他人员的安全。

2. 安全教育与培训的意义

企业职工培训是企业劳动管理的重要组成部分。安全教育、培训是企业职工管理中的一项重要内容。安全教育是预防事故的主要途径之一，它在各种预防措施中占有极为重要的地位。安全教育之所以非常重要，首先，在于它能提高企业领导和广大职工搞好安全生产的责任感和自觉性；其次，安全技术知识的普及和提高，能使广大干部、职工掌握安全生产的客观规律，提高安全水平，掌握检测技术和控制技术的科学知识，学会消除工伤和预防职业病的技术本领，搞好安全生产，保障自身的安全和健康，提高劳动生产率以及创造更好的劳动条件。

工业发达国家把对职工的安全教育培训看作是“安全的保证”，认为“在一切隐患中，无知是最大的隐患”。因此，他们的职工都要求具有较高的文化科学知识水平和安全技术水平，并实行着相应的强制培训制度。我国对职工的安全教育一直很重视，建国以来先后制定了一系列相应的法律、法规。

所谓安全教育，实际上包括安全教育和安全培训的两大部分。安全教育的内容可概括为安全法规教育、安全知识教育与安全技能教育。安全法制教育特别是劳动卫生法规教育是安全教育的一项重要内容。应使职工对包括安全法规在内的国家的各种法律、法令、条例和规程等有所了解和掌握，以树立法制观念，增强安全生产的责任感，正确处理安全与生产的辩证统一关系，这对安全生产是一个重要保证安全技术知识教育，包括一般生产技术知识、一般安全技术知识和检测控制技术知识以及专业安全生产技术知识。安全技术知识是生产技术知识的组成部分，是人类在生产斗争中通过惨痛教训积累。安全技术识寓于生产技术知识之中，对职工进行教育时，必须把两者结合起来。

安全培训虽然也包含有关教育的内容，但其内容相对于安全教育要具体得多，范围要小得多，主要是一种技能的培训。安全培训的主要目的是使人掌握在某种特定的作业或环境下正确并安全地完成其应完成的任务，故也有人称在生产领域的安全培训为安全生产教育。安全生产教育主要是指企业为提高职工安全技术水平和防范事故能力而进行的教育培训工作，也是企业安全管理的主要内容。他与消除事故隐患、创造良好的劳动条件相辅相成，二者缺一不可。

开展安全教育，是企业发展经济的需要，是适应企业人员结构变化的需要，是发展、弘扬企业安全文化的需要，是安全生产向广度和深度发展的需要，也是搞好安全管理的基础性工作，掌握各种安全知识，避免职业危害的主要途径。

6.2.3　城市轨道交通从业人员的安全教育与培训

1. 概述

现代城市轨道交通系统是一个庞大的系统工程。包括土建工程、轨道结构、运行车辆、运行控制、通信信号等各个分系统，在当代电子工业、电气技术、控制技术、材料工业不断更新的形势下，融入了大量的高新技术产品。在大幅度提高系统运营效率的同时，系统本身也带来了种种安全问题。所谓"系统本身的安全问题"，无非就是设备的安全问题和人员操作的安全问题。而设备安全问题的关键还是在于人：在于人对设备的了解、人对设备的操作和对设备安全性的控制。从这个意义上讲，对从业人员的安全教育和培训，是做好城市轨道交通安全工作的根本性措施，也是运营前期必须做好的安全性工作。

2. 从业人员的心理要素与城市轨道交通的安全

1)感觉和知觉与城市轨道交通安全

感觉是人通过感觉器官对客观事物个别属性的直接反映。知觉是客观事物的各种表面现象和诸多属性通过人的各种器官在大脑中的综合反映。知觉不仅依赖显示的感觉，而且也依赖于以往感觉经验的积累。感觉和知觉二者密不可分，通常将这两种心理现象称之为感知或感知觉。

在城市轨道交通系统中，有些事故时由于人的感知觉发生错误(如误认信号、误听或误解命令等)而造成、引起错觉的原因很复杂，既有心理因素，也有生理心理因素和生理因素。

2)记忆和思维与城市轨道交通安全

记忆是人脑对所经历过的人和事的识记、保持和重现。思维是大脑在感知和记忆基础上，对客观信息进行分析、综合、判断和推理的心理过程。如在运输工作中，运输指挥人员忘记将计划变更内容及时准确地通知作业人员，或因情况变化，不能立即分析判断，采取对策，就会因贻误时机而直接危机整个轨道交通系统的安全。

记忆和思维是城市轨道交通行业工作人员重要的心理要素，没有较好的记忆能力，就不能很好地按规章办事，执行计划。没有较强的思维能力就难以对非正常情况下的各种作业进行妥善处理。

3)注意与城市轨道交通安全

注意是一种心理活动状态，按其作用或功能分为三种情况：一是注意集中，即把心理活动重点指向特定对象，对其他无关的心理活动进行抑制，不因无关刺激源的干扰而分散精力；二是注意分配，即在同时进行两种及其以上活动时，把注意有目的地指向不同对象；三是注意转移，即根据活动需要，主动有序地把注意从一个转移到另一个对象上。

注意是保证轨道交通安全的基本心理条件。任何一项工作都是由多个作业环节组成的,如果作业人员的注意不集中,或过分集中而不能及时转移,或注意分配不当等,都有可能导致建设、运营过程中的事故发生。

4)气质和性格与城市轨道交通安全

气质系指人的心理过程在强度、速度、灵活性和稳定性等方面的心理动力特征;性格是人对周围人和事的稳定态度和行为方式的心理特征。二者相互渗透、相互影响。

从事城市轨道交通运营人员的性格和气质对城市轨道交通安全也直接相关。良好的气质和性格是作业人员实现自控的心理保证、而气质较差、性格有缺陷的职工,因客观存在的心理障碍而导致自控能力较差的问题,应通过各种安全管理手段促使矛盾向着有利于安全的方面转化。

5)能力与城市轨道交通安全

能力是完成某种活动所必需的并直接影响活动效率的身心发展基本品质,是个性心理重要特征之一。能力可分为一般能力和特殊能力,观察力、记忆力、思维力和想象力等属于一般能力范畴,为人们认识客观事物,掌握科学文化知识提供了智力保证。例如在列车技术作业过程中,车辆厂检修人员通过锤敲耳听就能探测出车辆部件或零件的故障或隐患所在,这就是一种特殊能力。

行车值班员能力强弱直接关系到城市轨道交通运行安全,如细心观察、牢靠记忆、沉着应变、敏捷思维、准确判断及清楚表达等能力是广大职工安全高效的完成日常运营生产任务的重要保证。

6)需要和动机与城市轨道交通安全

需要是人为了生存发展而产生的生理需求和对社会的需求在大脑中的反映;动机是人由于某种需要或愿望而引起的一种心理活动,是激励人们以行为达到目的的内因和动力。按照心理学揭示的一般规律,需要产生动机,动机支配行为。

人对安全的需要时马斯洛"需要层次理论"的重要组成部分。来自安全需要的安全动机有两方面的含义:一方面是保护自身不受伤害的动机;另一方面是保护他人、财产和设备等不被伤害和损坏的动机。

人的安全行为是在一定条件下,受安全动机指使的主观努力地结果,所以城市轨道交通安全心理保障所要研究解决的核心问题,就是如何强化人的安全意识和动机,助长遵章守纪、按标准化作业的安全行为,最大限度地减少消极心态对安全生产的不良影响。

3. 运营单位管理人员的安全教育与培训

管理人员虽然不会因工作的失误而直接导致安全事故，但是如果对安全事故的防范疏忽大意，事故发生时又没有及时处置，防止危害后果的扩大，往往会在事故面前，惊慌失措、无所适从，造成危害扩大乃至失控。我们不能以管理人员不会因失误而导致安全事故为理由放松日常管理和监管力度，导致个人责任感的缺失，甚至对关系群众生命安全这样的重大问题麻木不仁。如果不是抱着对运营安全高度负责的政治责任感和企业使命感，得过且过，谁又能知道暗藏的“定时炸弹”。何况无论是管理规范还是工作制度，对城市轨道交通系统的不同岗位和不同层面的安全生产管理都有明确的规定。

城市轨道交通企业的社会效益与运营过程中的运营安全管理水平密不可分。目前城市轨道交通企业中，有相当大的部分是由于运营安全管理不善或缺乏安全监督而导致运营突发事故频频发生，严重地影响了城市轨道交通的正常、有序。而城市轨道交通的安全管理水平又取决于安全管理人员的水平，在一定程度上可以说，一个管理者的素质高低就决定了一个企业的成效。虽然近年来运营安全管理人员的专业水平和专业技能都有了整体上的提高，但仍然存在着一些较为突出的问题。因此，运营管理人员的安全教育与培训要着重以下几方面：

1)熟悉并监督自己管辖范围内各工作岗位的安全职责

管理人员的工作岗位，不管高低，都有自己的工作管辖范围。每个管理人员必须熟悉自己管辖的工作范围内，各个岗位的安全职责，随时督促检查各个工作岗位的人员在安全方面有无违规或疏漏，并做好安全检查的记录。并对职工进行经常性的安全思想、安全法制和组织纪律性的教育，增强员工遵章守纪的意识，确保安全生产。

2)熟悉并检查自己工作范围内的安全设施

管理人员必须具有相应的从事特种作业的、有效的特种作业人员的操作证，同时到相关单位生产安保科备案，接受日常的安全检查。管理人员要熟悉自己管理工作范围内的安全设施(报警、灭火、逃生、防汛、防爆、防护监视、紧急疏散照明、救援等器材和设备等)是否完好，随时督促有关责任人及时做好安全设施的维护保养工作，确保安全设施齐全、完好。

3)组织安全事故的处置、抢险、救援的演练

管理人员要在自己管辖的部门或下属单位制订好安全工作计划(包括抢险救援实施办法)，在做好日常安全工作的基础上，各单位应根据季节特点、生产特点、危害因素分布特征进行不同类型的针对性教育，如安全比武、应急预案的演练、事故案例教育等，有计划、有步骤地组织事故处置、抢险救援等紧急措施的演练。一方面，可以通过演练来检验各单位的事故应急预案是否切实可行；另一方面，又能

使自己管辖的部门或下属单位，增强事故防范意识和处置能力。真正做到一旦有事，招之即来、来之能战、战之能胜。只有常备不懈，才能百战不殆。

4. 专业技术人员的安全教育与培训

专业技术人员是在各个专业技术岗位从事系统技术操作和管理的人员。他们是设备的直接操作者、系统的直接运作者、系统和设备安全运行的直接管理者。国家和地方的轨道交通运营管理法规明确规定，运营单位的轨道交通车辆驾驶员、行车调度员、电力调度员、环控调度员、行车值班员等必须经考核合格后，持证上岗。他们的安全意识和技术素质直接关系到系统的安全运行。因而对系统运行的安全负有直接的责任。这是他们的职业定位所决定的。这部分人员在安全教育与培训中，要着重以下几方面：

1)充分认识系统内部的互动性

专业技术人员必须清醒地认识到，自己所从事的工作是一个由轨道、通信信号、电力供应、运行调控、车辆运作、站务、全线调度控制等一系列子系统构成的、庞大的具有互动功能的工程系统。各个子系统之间、子系统与系统之间有着相互连锁、互相制约、互为启闭的互动关系。这是当代城市轨道交通系统工程的一个重要特点。它有许多优越性，但也带来了一系列麻烦。一个误操作就可能引发一次故障或者取消一次操作甚至会引发一起事故。这除了要在设备或系统操控指令加设安全控制措施以外，更重要的是操作的技术人员在工作时，要始终具有强烈的安全意识，确保自己的工作符合操作规范的要求、没有安全问题。

2)充分认识系统指令的严肃性

城市轨道交通的系统指令是系统安全运行的基本保证。正确执行指令是每个操作人员确保安全操作的最基本条件。执行指令的一个微小的差错就可能引发一次事故。

2001年6月26日23:42，城市轨道交通某线当日正常运营结束。总调下达当晚施工检修作业调度命令，并由车场运转值班员转抄且复诵转抄调度命令的内容后，在按规定传达至某局轨道车司机时，漏写一个字，致使施工车辆误入车站，但未影响正常运营。

2002年11月3日18:28，城市轨道交通某线某站x1岔区跳红光带。某次载客列车凭引导信号到达此站上行站台。行调通知抢修，并令车站值班员手摇1＃、3＃道岔接发列车。此工作按规范规定由该站值班站长和扳道员实施。由于值班站长听错命令，误摇5＃道岔，致使某次载客列车凭手信号启动列车后，压过5＃道岔造成反位挤岔；同时，司机听到异样响声后，在调度指挥调整行车方案时，又违反行车规定擅自倒车，造成5＃道岔再次挤岔。为此，造成某区间上行最大晚点121 min，下行98 min，清客3次，退票1 284张；更换尖轨2根、方杆3根。

上述两起事故的直接原因，都是执行调度指令有差错而引起的。从中可见系统指令的严肃性，专业人员的技术培训要充分认识指令的严肃性、强制性和唯一性。

3)充分认识严格按操作规范、规程作业的重要性

严格按操作规范、规程作业是每个操作人员的天职，也是确保系统安全运行的必要条件。任何疏忽大意和随意行事意识都可能酿成事故。

2001 年 5 月 4 日 21:53，某城市轨道交通线路某次列车准点进某站清客，21:56折返至上行线 5＃道岔外方。该站行车值班员操纵 5＃/7＃道岔定位后，未及时开放信号。而列车司机在未确认信号是否开放的情况下，启动列车。当列车进入上行站台途中，行车值班员又将 5＃/7＃道岔操纵至反位，造成该列车前 5 节车厢进入正线，第六节车厢第三、四轴进入渡线，导致第六节车厢掉道。影响当日线路正常运营 66 min、次日 41 min；造成列车第六节车厢车门损坏，修复费用 3.9 万元。

这起事故的主要原因，一是司机未按规定确认 DZ 信号是否开放而臆测信号已开放，结果冒进信号发生事故；其二，车站行车值班员在列车到达上行线 5＃道岔外方折返点1 min47 s后，开放信号，在列车动车后又违规操纵道岔至反位，导致列车掉道。这两个原因都是违反操作规程而造成事故的。

4)培养专业技术人员岗位安全的责任意识

在城市轨道交通系统中，每一个专业技术岗位都担负着系统正常运行的工作，同时也承担着系统运行的安全责任。在我们国家，如果城市轨道交通发生意外酿成大的事故，不管其原因是不可抗拒的自然因素，还是管理缺位的人为责任，轨道交通运营管理部门就与这次“三鹿奶粉”事件的相关部门一样难脱干系。当前，一些城市轨道交通的专业技术人员在岗位上轨道交通的安全责任在认识上还有偏差，一是认为城市轨道交通处意外的概率是很小的，很安全的，目前的先进的信号系统、监督系统都可以保证安全。二是认为自己的工作性质与运营安全事故没有因果关系，对自己应承担的责任估计不足。这种认识上的偏差往往导致工作上的推诿、抱怨、拖延与执行不力。因此，运营单位在培训专业技术人员操作技能的同时，一定要使他们树立起岗位安全的责任意识。他们不仅要对设备和系统的正常运转负责，更要对设备和系统的安全运行负责。我们必须把个人责任意识融入到日常工作中，做到“职权清晰、责权明确”，而不是想方设法搪塞与回避自己的责任，除了要对价值不菲的设备负责，更要对成千上万乘客的生命财产负责。

6.3 城市轨道交通法律法规和标准

6.3.1 我国城市轨道交通法规的现状

相对于我国城市轨道交通突飞猛进的发展，城市轨道交通的规范管理和法制建设，就明显滞后。尽管城市轨道交通是我国的“新生事物”，管理立法涉及管理体制的调整、管理机构的设置、管理经验的积累以及法规内容的梳理等诸多因素，需要一定的时间。但这个过程实在拖得太长。目前，还没有系统的、有针对性的法律法规来规范城市轨道交通的安全责任，依据的技术标准体系尚未健全，效用有限。如一个新型的城市轨道交通系统第一次投入商业运营，在我国并没有建立有效的安全评估和准入机制，几乎是没有任何强制性安全检验或安全审批就可以投入使用，涉及安全的产品在城市轨道交通系统中使用，也没有规定的认证制度约束。有的城市轨道交通管理法规出台要落后运营 10 多年，有的甚至到 30 多年后，才出台较为完整的管理法规。

6.3.2 我国部分城市轨道交通的法规

我国香港于 2000 年 3 月制定《地下铁路条例》，经过 2 年多时间的修订、增删，新版《地下铁路条例》在 2002 年 7 月 1 日完成；上海制定的《上海市轨道交通管理条例》于 2002 年 7 月 1 日起施行；大连制定的《大连市城市轨道交通管理办法》，自 2002 年 11 月 25 日起施行；《长春市轻轨交通管理办法》于 2003 年 10 月 21 日起施行；《北京市城市轨道交通安全运营管理办法》自 2004 年 6 月 1 日起施行；重庆颁布了《重庆市城市轨道交通管理办法》，自 2004 年 11 月 1 日起正式施行；《深圳市地铁运营管理暂行办法》自 2004 年 12 月 28 日起施行；《南京市轨道交通管理办法》，自 2005 年 3 月 1 日起施行；《天津市轨道交通管理规定》已于 2006 年 6 月 1 日起施行；广州 1999 年颁布《广州市地下铁道管理条例》和《广州地铁安全管理守则》，《广州市轨道交通管理条例》正在制定中；《武汉轨道交通管理条例》也即将出台。我国城市相继制定的这些有关轨道交通运营管理方面的法规，为保证城市轨道交通运营安全起到了积极的作用，促进了我国城市轨道交通的快速发展。

2005 年 6 月 28 日，我国建设部发布了《城市轨道交通运营管理办法》，为全国各地城市轨道交通建立和完善轨道交通安全管理体系，提供了法规性依据。加之各地对城市轨道交通运营管理所相继建立的地方性法规，这就为建立和完善城市轨道交通安全管理体系奠定了基础。城市轨道交通法规的一个重要的突破，就是明确规定依法承担运营安全责任的主体是城市轨道交通运营单位。建设部颁布的

《城市轨道交通运营管理办法》中强调城市轨道交通运营单位应当依法承担城市轨道交通运营安全责任，设置安全生产管理机构，配备专职安全生产管理人员，保证安全生产条件所必需的资金投入。这就为城市轨道交通运营单位强化安全管理的具体做法指明了方向。

以下以上海城市轨道交通具体法规的制定为例。

《上海市轨道交通管理条例》（以下简称《条例》）在上海市第十一届人民代表大会常务委员会第三十九次会议于2002年5月21日通过，并自2002年7月1日起施行。为使《条例》得到更好的贯彻实施，上海市城市交通管理局相应制定了一系列配套的规范性文件，对《条例》的有关内容进行细化。

1. 对乘客守则的制定

《轨道交通乘客守则》与《条例》同时于2002年7月1日起施行，目的是规范乘客进站、候车、乘车、携带物品等的行为。

2. 对运营服务标志的规定

《上海市轨道交通运营服务标志设置规定》是规范运营服务标志、定位标志和其他服务标志，以方便市民出行。该规定于2002年8月15日起施行。

3. 对车站商业网点管理的规定

《上海市轨道交通车站商业网点管理规定》是规范车站商业网点设置，以保障乘客乘车便捷、安全。该规定于2002年8月15日起施行。

4. 对安全保护区管理的规定

《上海市轨道交通安全保护区暂行管理规定》是为加强城市轨道交通安全保护区的管理，保障城市轨道交通的运营安全，于2002年9月1日起施行。

5. 对车站服务设施设置的规定

《上海市轨道交通车站服务设施设置规定》是规范新建和改建轨道交通车站服务设施的建设，规定城市轨道交通线路运营单位负责运营线路车站服务设施的管理和维护，并应定期检查、及时维修，以确保城市轨道交通车站服务设施处于良好状态。该规定于2002年12月25日起施行。

6. 对车站、车辆广告管理的规定

《上海市轨道交通车站、车辆广告管理规定》明确了车站、车辆广告应当遵循规范、整齐、文明、安全的原则，规范了城市轨道交通项目建设单位或线路运营单位应负责管辖范围内城市轨道交通车站、车辆广告的设置及日常管理。该规定于2003年2月10日起施行。

7. 对运营服务的规范

《上海市轨道交通运营服务规范》用于规范上海市轨道交通运营服务行为，为乘客提供安全、正点、便捷、文明的运营服务。该规范自2004年1月1日起施行。

8. 对运营安全管理的规定

《上海市轨道交通运营安全管理规定》主要从管理上对运营安全进行规范，目的是为了加强上海市城市轨道交通运营安全管理，防止和减少运营安全事故，确保运营安全。该规定于2005年10月24日颁布，并自2005年12月1日起施行。

9. 对运营安全技术的规范

为加强上海市城市轨道交通安全运营的技术管理和监督，保证运营的安全，维护社会的公共利益，制定了《城市轨道交通安全运营技术规范》。该规范主要从技术上对安全运营进行规范，自2006年1月1日起施行。

上海市城市轨道交通的一系列规范性文件的编制与执行切实加强了城市轨道交通行业的管理，对加强城市轨道交通的运营安全，提高城市轨道交通运营的服务质量，塑造城市轨道交通良好的社会窗口形象，起到了十分重要的作用，真正使城市轨道交通的行业管理做到有法可依。

6.3.3　城市轨道交通安全方面的标准

我国由于城市轨道交通建设起步较晚，没有独立的系统的安全标准。目前，国内轨道交通技术安全方面的标准分散在各个轨道交通技术标准中，如《地铁设计规范》(GB 50157—2003)、《城市轨道交通工程项目建设标准》和《地下铁道工程施工及验收规范》(GB 50299—1999)等，而《地铁运营安全评价》(GB/T 50438—2007)，则是专门针对轨道交通运营安全的。此外，城市轨道交通的相关安全标准借鉴了国外的标准，如《轨道交通 可靠性、可用性、可维修性和安全性规范及示例》(GB/T 21562—2008)是以欧洲标准《铁路应用——可靠性、可用性、维修性和安全性技术要求和说明》(EN 50126)为框架，并等同于国际标准《轨道交通 可靠性、可用性、可维修性和安全性(RAMS)规范及示例》(IEC 62278—2002(英文版))。

目前，我国城市轨道交通标准还需进一步完善，如机电设备正向智能化、复杂化发展，而各条线路上机电设备的制式不统一、不兼容则给以后的运营带来了很多安全隐患，这就要求我国相关部门在以后制定安全标准中必须更全面、统一，并在制定过程中深入研究。

6.3.4　确保城市轨道交通安全运营的具体措施

运营单位应当按照国家和本市有关城市轨道交通设施、设备的安全标准和技术规范定期对供电系统、通信系统、信号系统、通风系统、给排水系统、防灾监控系统、环境与设备监控系统等安全保障系统进行检测、维修、更新和改造，以保证良好的运行状态。

运营单位应加强对运营设施设备的安全检查，发现隐患及时予以消除；对一时难以消除的运营安全隐患，应当采取控制和安全防范措施，并制定专项整改方案，做到责任、时限和措施落实。

城市轨道交通项目建设单位应当按照消防管理、事故救援的有关规定，在城市轨道交通设施内设置消防、防汛、防护、报警、救援等器材和设备。城市轨道交通线路运营单位应当对上述器材和设备进行经常性的维护，并定期检测，保证其正常完好。发生火险、水灾或其他突然性事故时，城市轨道交通线路运营单位的工作人员应当立即报警，并采取灭火、排水、排险以及其他应急救援措施。防灾设计应贯彻国家“以预防为主，防消结合”的工作方针。地铁工程应建立良好的灾害预测、预报、评估及预警系统，定期对投入运营的工程进行诊断和抗灾可靠性评定，建立智能型修复系统。必须经常结合国内外地铁灾害进行案例分析，建立仿真模型和智能仿真，开发数字减灾防灾综合信息系统。

运营单位负责轨道设施的管理和维护。运营单位应当对运营设施维修和检测分离制度，按照技术规范和标准，制定土建工程、车辆和运营设施的维护、维修计划，定期对运营设施进行维护、检查，及时维修更新，确保其处于安全状态。检查、维护记录应当保存至土建工程、车辆和运营设施的使用期限到期。

运营单位的防灾设计所采用的各种防灾措施，应确保运营期间的安全，一旦发生火灾或其他事故，应尽早发现，迅速扑灭或排除，使灾害事故造成的人员伤亡和经济损失减少到最低限度。地下铁道防灾设计能力，宜按同一时间内发生一次火灾或其他灾害考虑。地下铁道建筑结构的防灾设计，必须采取安全可靠的防灾措施，并应设有完整可靠的消防和事故防排烟系统，还应设置先进可靠的火灾报警系统、防灾设备的监控及防灾通信系统。

运营单位应当对城市轨道交通关键部位和关键设备进行长期监测，评估运行对土建工程的影响，定期进行城市轨道交通运营安全性评价。

运营单位应当在轨道线路、隧道及车站站台、站厅、疏散通道、出入口、通风亭、列车车厢内及其他运营场所的醒目位置设置保障城市轨道交通安全运营的各类发光导向、疏散、提示、警告、限制、禁止等安全标志；定期对各类安全标志进行检查和维修，保证其完好。

城市轨道交通车站站台、站厅、疏散通道内禁止设置商业摊点。城市轨道交通车站及车站出入口应当保持畅通，禁止一切影响通行和救援疏散的行为。

禁止乘客携带易燃、易爆、有毒和放射性、腐蚀性的危险品乘车城市轨道交通运营单位可以对乘客携带的物品进行安全检查，对携带危害公共安全的危险品的乘客，应当责令出站；拒不出站的，移送公安部门依法处理。

城市轨道交通运营单位应当采取多种形式向乘客宣传安全乘运的知识和要求。完善地铁运营服务信息手册的制作，内容包括城市轨道交通应急措施、安全知识等便民内容，且确保乘客在各个车站能够随时随地索取阅读便民手册、查询信息，可在车站服务中心旁设置书报架供乘客自行索取，保证服务中心内便民手册要有一定的备量。

6.4 城市轨道交通消防安全管理

6.4.1 消防基础知识

隐患险于明火，防范胜于救灾，责任重于泰山。自觉承担起地铁防火工作需要我们每个人更多的学习和掌握消防知识，遵守各项防火制度，积极参与校园消防工作，使我形成“人人关心消防、处处注意防火”的群防群治的局面，从根本上减少或避免地铁火灾事故的发生。

1. 燃烧基本理论

1)燃烧的定义

燃烧，俗称着火，系指可燃物与氧化剂作用发生的放热反应，通常伴有火焰、发光和(或)发烟的现象。

燃烧具有三个特征，即化学反应、放热和发光。

2)燃烧的条件

燃烧的必要条件——物质燃烧过程的发生和发展，必须具备以下 3 个必要条件，即：可燃物、氧化剂和温度(引火源)。只有这 3 个条件同时具备，才可能发生燃烧现象，无论缺少哪一个条件，燃烧都不能发生。但是，并不是上述 3 个条件同时存在，就一定会发生燃烧现象，还必须这 3 个因素相互作用才能发生燃烧。

(1)可燃物：凡是能与空气中的氧或其他氧化剂起燃烧化学反应的物质称为可燃物。可燃物按其物理状态分为气体可燃物、液体可燃物和固体可燃物 3 种类别。可燃烧物质大多是含碳和氢的化合物，某些金属如镁、铝、钙等在某些条件下也可以燃烧，还有许多物质如肼臭氧等在高温下可以通过自己的分解而放出光和热。

(2)氧化剂：帮助和支持可燃物燃烧的物质，即能与可燃物发生氧化反应的物质称为氧化剂。燃烧过程中的氧化剂主要是空气中游离的氧，另外如氟、氯等也可以作为燃烧反应的氧化剂。

(3)温度(引火源)：是指供给可燃物与氧或助燃剂发生燃烧反应的能量来源。常见的是热能，其他还有化学能、电能、机械能等转变的热能。

(4)链式反应：有焰燃烧都存在链式反应。当某种可燃物受热，它不仅会汽化，而且该可燃物的分子会发生热烈解作用从而产生自由基。自由基是一种高度活泼的化学形态，能与其他的自由基和分子反应，而使燃烧持续进行下去，这就是燃烧的链式反应。

燃烧的充分条件——(1)一定的可燃物浓度；(2)一定的氧气含量；(3)一定的点火能量；(4)未受抑制的链式反应。例如：汽油的最小点火能量为0.2 mJ，乙醚为0.19 mJ，甲醇为0.215 mJ。对于无焰燃烧，前3个条件同时存在，相互作用，燃烧即会发生。而对于有焰燃烧，除以上3个条件，燃烧过程中存在未受抑制的游离基(自由基)，形成链式反应，使燃烧能够持续下去，亦是燃烧的充分条件之一。

3)燃烧的类型

燃烧按其形成的条件和瞬间发生的特点一般分为闪燃、着火、自燃和爆炸四种类型。

闪燃是物质遇火能产生一闪即灭的燃烧现象。

着火是可燃物质在空气中与火源接触，达到某一温度时，开始产生有火焰的燃烧，并在火源移去后仍能继续燃烧的现象。

自燃是可燃物质在没有外部火花、火焰等火源的作用下，因受热或自身发热积热不散引起的燃烧。

爆炸是由于物质急剧氧化或分解反应产生温度、压力增加或两者同时增加的现象。爆炸可分为：物理爆炸、化学爆炸和核爆炸。

物理爆炸是由于液体变成蒸气或者气体迅速膨胀，压力急速增加，并大大超过容器的极限压力而发生的爆炸。如蒸气锅炉；液化气钢瓶等的爆炸。

化学爆炸是因物质本身起化学反应，产生大量气体和高温而发生的爆炸。如炸药的爆炸，可燃气体、液体蒸气和粉尘与空气混合物的爆炸等。化学爆炸是消防工作中防止爆炸的重点。

热传播除了火焰直接接触外，通常是以热传导、热辐射和热对流三种方式向外传播的。

2. 火灾

1)火灾的定义

火灾系指在时间或空间上失去控制的燃烧所造成的灾害。火灾大多数是一种社会现象，发生火灾的主要原因可归纳三个方面。一是人为的不安全行为(含放火)；二是物质的不安全状态；三是工艺技术的缺陷。而人的不安全行为是最主要的因素。

2)火灾的分类

火灾依据物质燃烧特性，可划分为A、B、C、D、E五类。

A类火灾:指固体物质火灾。这种物质往往具有有机物质性质,一般在燃烧时产生灼热的余烬。如木材、煤、棉、毛、麻、纸张等火灾。

B类火灾:指液体火灾和可熔化的固体物质火灾。如汽油、煤油、柴油、原油,甲醇、乙醇、沥青、石蜡等火灾。

C类火灾:指气体火灾。如煤气、天然气、甲烷、乙烷、丙烷、氢气等火灾。

D类火灾:指金属火灾。如钾、钠、镁、铝镁合金等火灾。

E类火灾:指带电物体和精密仪器等物质的火灾。

3)火灾的级别

按照国家《火灾统计管理规定》,火灾可划分为特大火灾、重大火灾、一般火灾。

特大火灾:具有下列情形之一的,为特大火灾,死亡10人以上(含本数,下同);重伤20人以上;死亡、重伤20人以上;受灾50户以上;直接财产损失100万元以上。

重大火灾:具有下列情形之一的,为重大火灾:死亡3人以上(含本数,下同):重伤10人以上:死亡、重伤10人以上;受灾30户以上:直接财产损失30万元以上。

一般火灾:不具有前列两项情形的火灾为一般火灾。

3. 灭火器

1)灭火器的种类

灭火器的种类很多,按其移动方式可分为:手提式和推车式;按驱动灭火剂的动力来源可分为:储气瓶式、储压式、化学反应式:按所充装的灭火剂则又可分为:泡沫、干粉、卤代烷、二氧化碳、酸碱、清水等。

2)灭火器使用方法

(1)二氧化碳灭火器的使用方法

灭火时只要将灭火器提到或扛到火场,在距燃烧物5 m左右,放下灭火器拔出保险销,一手握住喇叭筒根部的手柄,另一只手紧握启闭阀的压把。对没有喷射软管的二氧化碳灭火器,应把喇叭筒往上板70°~90°。使用时,不能直接用手抓住喇叭筒外壁或金属连线管,防止手被冻伤。灭火时,当可燃液体呈流淌状燃烧时,使用者将二氧化碳灭火剂的喷流由近而远向火焰喷射。如果可燃液体在容器内燃烧时,使用者应将喇叭筒提起。从容器的一侧上部向燃烧的容器中喷射。但不能将二氧化碳射流直接冲击可燃液面,以防止将可燃液体冲出容器而扩大火势,造成灭火困难。

使用二氧化碳灭火器时,在室外使用时,应选择在上风方向喷射。在室内窄小空间使用时,灭火后操作者应迅速离开,以防窒息。

(2)手提式1211灭火器的使用方法

使用时，应手提灭火器的提把或肩扛灭火器带到火场。在距燃烧处 5 m 左右，放下灭火器，先拔出保险销，一手握住开启把，另一手握在喷射软管前端的喷嘴处。如灭火器无喷射软管，可一手握住开启压把，另一手扶住灭火器底部的底圈部分。先将喷嘴对准燃烧处，用力握紧开启压把，使灭火器喷射。当被扑救可燃烧液体呈现流淌状燃烧时，使用者应对准火焰根部由近而远并左右扫射，向前快速推进，直至火焰全部扑灭。如果可燃液体在容器中燃烧，应对准火焰左右晃动扫射，当火焰被赶出容器时，喷射流跟着火焰扫射，直至把火焰全部扑灭。但应注意不能将喷射流直接喷射在燃烧液面上，防止灭火剂的冲力将可燃液体冲出容器而扩大火势，造成灭火困难。如果扑救可燃性固体物质的初起火灾时，则将喷流对准烬烧昂猛烈处喷时，坐火焰机扑灭，及时采取措施，不让其复燃。

1211 灭火器使用时不能颠倒，也不能横卧，否则灭火剂不会喷出。另外在室外使用时，应选择在上风方向喷射：在窄小的室内灭火时，灭火后操作者应迅速撤离，因 1211 灭火剂也有一定的毒性，以防对人体的伤害。

(3)推车式 1211 灭火器的使用方法

灭火时一般由二个人操作，先将灭火器推或拉到火场，在距燃烧处 10 m 左右停下，一人快速放开喷射软管，紧握喷枪，对准燃烧处：另一个则快速打开灭火器阀门。灭火方法与手提式 1211 灭火器相同。

(4)手提式干粉灭火器的使用方法

灭火时，可手提或肩扛灭火器快速奔赴火场，在距燃烧处 5 m 左右，放下灭火器。如在室外，应选择站在上风方向喷射。

使用的干粉灭火器若是储气瓶式，操作者应一手紧握喷枪、另一手提起储气瓶上的开启提环。如果储气瓶的开启是手轮式的，则向逆时针方向旋开，并旋到最高位置，随即提起灭火器。当干粉喷山后，迅速对准火焰的根部扫射灭火。使用的于粉灭火器若是储压式，操作者应先将开启把上的保险销拔下，然后握住喷射软管前端喷嘴部，另一只手将开启压把压下，打开灭火器进行灭火。灭火器在使用时，一手应始终压下压把，不能放开，否则会中断喷射。

干粉灭火器扑救可燃、易燃液体火灾时，应对准火焰根部扫射，如果被扑救的液体火灾呈流淌燃烧时，应对准火焰根部由近而远，并左右扫射，直至把火焰全部扑灭。如果可燃液体在容器内燃烧，使用者应对准火焰根部左右晃动扫射，使喷射出的干粉流覆盖整个容器开口表面；当火焰被赶出容器时，使用者仍应继续喷射，直至将火焰全部扑灭。在扑救容器内可燃液体火灾时，应注意不能将喷嘴直接对准液面喷射，防止喷流的冲击力使可燃液体溅出而扩大火势，造成灭火困难。如果当可燃液体在金属容器中燃烧时间过长，容器的壁温已高于扑救可燃液体的自燃点，此时极易造成灭火后再复燃的现象，若与泡沫类灭火器联用，则灭火效果更佳。

使用磷酸铵盐干粉灭火器扑救固体可燃物火灾时，应对准燃烧最猛烈处喷射，并上下、左右扫射。如条件许可，使用者可提着灭火器沿着燃烧物的四周边走边喷，使干粉灭火剂均匀地喷在燃烧物的表面，直至将火焰全部扑灭。

(5)推车式干粉灭火器的使用方法

推车式干粉灭火器的使用方法与手提式干粉灭火器的使用方法相同。

初起火灾范围小、火势弱，是用灭火器灭火的最佳时机。因此，正确合理地配置灭火器显得非常重要。

3)灭火器的适用范围

扑救A类火灾可选择水型灭火器、泡沫灭火器、磷酸铵盐干粉灭火器，卤代烷灭火器。

扑救B类火灾可选择泡沫灭火器(化学泡沫灭火器只限于扑灭非极性溶剂)、干粉灭火器、卤代烷灭火器、二氧化碳灭火器。

扑救C类火灾可选择干粉灭火器、卤代烷灭火器、二氧化碳灭火器等。

扑救D类火灾可选择粉状石墨灭火器、专用干粉灭火器，也可用干砂或铸铁屑末代替。

扑救带电火灾可选择干粉灭火器、卤代烷灭火器、二氧化碳灭火器等。带电火灾包括家用电器、电子元件、电气设备(计算机、复印机、打印机、传真机、发电机、电动机、变压器等)以及电线电缆等燃烧时仍带电的火灾，而顶挂、壁挂的日常照明灯具及起火后可自行切断电源的设备所发生的火灾则不应列入带电火灾范围。

4)灭火器灭火的有效程度

相对于扑灭同一火灾而言，不同灭火器的灭火有效程度有很大差异；二氧化碳和泡沫灭火剂用量较大，灭火时间较长；干粉灭火剂用量较少，灭火时间很短；卤代烷灭火剂用量适中，时间稍长于干粉。配置时可根据场所的重要性，对灭火速度要求的高低等方面综合考虑。

5)灭火器设置场所的环境温度

灭火器设置场所的环境温度对于灭火器的喷射性能和安全性能有明显影。向。若环境温度过低则灭火器的喷射性能显著降低，影响灭火效能；若环境温度过高则灭火器内压增加，灭火器有爆炸伤人的危险。因此灭火器设置点的环境温度应在灭火器的使用温度范围内。

6)灭火器对保护物品的污损程度

水、泡沫、干粉灭火器喷射后有可能产生不同程度的水渍、泡沫污染和粉尘污染等，对于贵重设备、精密仪器、珍贵文物、高档电气设备等，应选用二氧化碳和卤代烷等高效洁净的灭火器，不得配置低效且有明显污损作用的灭火器。对于价值较低的物品，则无须过多考虑灭火剂污染的影响。

7)使用灭火器人员的身体素质

灭火器的重量不等，小的只有0.5 kg，大的可达几十公斤，配置灭火器时应考虑其使用人员的年龄、性别、体力等。使用人员以青壮年为主的场所可配置较大级别的灭火器，有助于迅速灭火。而在服装厂（以女工为主）、医院、小学及养老院、福利工厂（工人存在生理缺陷）等场所应配置较小级别的灭火器，以便于开展灭火工作。

8)灭火器设置场所的火灾危险等级

火灾危险等级越高，则单位剂量灭火器的保护面积越小，为了方便有效地扑救初起火灾，应选用较大灭火级别的灭火器，如堆场、汽车库可选用大型推车式灭火器。对于火灾危险等级较低的场所，如办公楼、教学楼等，可选用较小灭火级别的灭火器，以避免不必要的浪费。

9)同一场所灭火器的配置

各种灭火器的操作方法不尽相同，为了方便用同一操作方法使用多具灭火器顺利灭火，同一场所最好采用同一类型的灭火器，或选用同一操作方法的灭火器。

10)不同类型灭火器之间的相容性

不相容的灭火器；

干粉与干粉：磷酸铵盐、碳酸氢钠、碳酸氢钾；

干粉与泡沫：碳酸氢钾、碳酸氢钠、蛋白泡沫、碳酸氢钾、碳酸氢钠、化学泡沫。

不同类型灭火器所充装的灭火剂不同，在灭火时，不同的灭火剂可能会发生反应，导致不利于灭火的反作用。因此选用两种或两种以上类型的灭火器时，应采用灭火剂相容的灭火器。

11)灭火器的维护

一是灭火器应放置在通风、干燥取用方便的地方，环境温度在−5 ℃～45 ℃为好。

二是灭火器应避免高温、潮湿和有腐蚀严重的场合，可防止干粉灭火剂结块、分解。

三是检查干粉是否结块，储气瓶内二氧化碳气体是否泄漏。检查二氧化碳储气瓶，应将储气瓶拆下称重，称出的重量与储气瓶上钢印所标的数值是否相同。如小于所标值7克以上时，应送维修部门修理。如果有压力表则查其指针是否指在绿色区域。如指针已在红色区域，则说明内部压力已泄漏无法使用，应赶快送维修部门检修。

12)应考虑的问题

几种灭火器相比较,卤代烷1211灭火器价格最高,磷酸铵盐干粉次之,其余的相对较便宜;二氧化碳灭火器单位灭火级别的体积最大。为保护大气臭氧层,在非必要场所不得配置卤代烷灭火器,对于有防震动要求的计算机主机房等场所,不得选用推车式灭火器。

4. 火灾预防

1)常用电器火灾预防

(1)白炽灯引起火灾原因及防火安全措施

① 白炽灯引起火灾原因

第一,白炽灯泡表面温度很高,能烤燃与其接触或邻近的可燃物。在一般散热条件下,白炽灯泡的表面温度随着其功率增大而增大。例如功率分别为40 W、100 W、200 W的白炽灯,其灯泡表面温度可分别达到50～60 ℃、170～200 ℃、160～300 ℃。如木材、纸张、棉布、柴草等,燃点都很低,若与正在通电使用的灯泡靠近,就很容易将其烤着起火。经测试表明,200 W的白炽灯紧贴木箱,不到1 h就能将木箱烤着;如紧贴棉衣,只要5 min就能起火燃烧。灯泡的功率越大,开灯时间越长,灯泡表面温度越高,可燃物燃点越低,二者的距离越近,越容易引起燃烧。

第二,因供电电压过高,灯泡功率过大,导线负载能力小,绝缘老化,致使导线过热,短路起火。

第三,因供电电压过高,灯丝发热量过大,引起灯泡内部惰性气体剧烈膨胀或功率大、表面温度高的灯泡受到骤冷骤热、水溅、震荡等,致使灯泡爆炸,高温玻璃片、高温灯丝溅落到可燃物上,引起火灾。

第四,因灯头接触部分接触不良,引起发热、打火;在灯头的玻璃壳连接松动时拧动灯头,发生短路,引起火灾。

② 白炽灯防火安全措施

第一,灯泡应设置在安全、妥善的地点,与可燃物之间应保持一定的防火间距。在可能遇到碰撞的地点,灯泡应有金属保护网或玻璃外罩。

第二,严禁用纸、布或其他可燃物遮挡灯具,不准用灯泡在被窝里取暖和烘烤衣物。

第三,不得将灯泡挂靠在木质家具、门、框或硬纸板上,也不得将灯泡嵌在天花板或顶棚里。移动台灯时灯泡要与窗帘布、蚊账等可燃物品保持一定距离。

第四,白炽灯的供电电压不能超过其额定电压。不得用湿手或湿布摸擦正在工作灯泡,以防灯泡爆炸。如果灯头与玻璃壳连接松动,不得强行拧动灯泡。如果使用150 W以上的灯泡,不得使用胶木灯口,以免发热起火。

第五,白炽灯所用导线应当具有优良的绝缘性能。导线不得靠近灯泡,以防因长时烘烤使导线绝缘层老化、熔化、燃烧。在线路上要安装保险装置,保护线路。开关不得安在地线上。

第六,使用白炽灯特别是大功率白炽灯,连续通电的时间不宜过长,不得点“长明灯”。人员外出、上课要牢记关灯。

(2)日光灯引起火灾原因及防火安全措施

① 日光灯镇流器引起火灾原因

第一,镇流器质量差。有些镇流器在出厂时没有经过严格检验或自己绕制镇流器,由于粗制滥造,质量较差,如:线圈匝数不足、绝缘能力不够、线径过小、铁芯面积过小、空间间隙太大、硅钢片插得不紧等等。这些都容易使镇流器发热,产生高温,以致损坏绝缘、沥青融化并从盒内溢出等,形成短路,引起火灾。

第二,镇流器选择安装不当。如:选用镇流器与日光灯管功率不匹配、各接点接触不牢、镇流器紧贴天花板等可燃材料安装,并且安装部位通风散热条件很差。这样,一方面镇流器容易发热,另一方面热量不易散发,从而大量骤热,形成高温,烤燃可燃物质,引起火灾。

第三,使用不当。日光灯的供电电压过高,超负载等会使镇流器产生高温,日光灯连续使用时间过长或开、关日光灯过于频繁等,也会使镇流器产生高温,甚至酿成火灾。

第四,维护保养不良。日光灯镇流器上积落大量可燃粉尘、木屑等,如果镇流器产生高温会被烤焦起火;镇流器受潮或者进水等,会使线圈绝缘能力下降,甚至短路起火。这些都是平时维护保养不善所致。

② 日光灯镇流器防火安全措施

第一,要选用优质合格产品。日光灯与镇流器的功率要相互匹配,不能使用无合格证的镇流器,也不能自己绕制镇流器。镇流器通电后有嗡嗡的响声,则质量差,容易发热:通电半小时后,用手摸镇流器如烫手,则说明镇流器质量不好。

第二,安装日光灯时,镇流器不能直接安装在可燃材料上,要注意通风、防雨、防尘。镇流器底部应朝上,不能朝下,更不能竖装,以防其中的沥青受热融化外溢。

第三,使用中要加强检查和维护,防止供电电压过高或过载。日光灯不能频繁开关,也不能长时间连续使用过久,以防镇流器过热。检查中如发现接触点接触松动,镇流器发出响声,手摸时烫手或闻到焦味,都要采取措施处理。人离开时应随手切断电源。

(3)烟头引起火灾原因及注意事项

① 烟头引起火灾原因

烟头虽是个不大的火源，但它能引起许多物质着火。烟头表面温度为200 ℃～300 ℃，中心温度为700 ℃～800 ℃，一般可燃物的燃点大多低于烟头表面温度，如纸张为130 ℃，布匹为200 ℃，松木为250 ℃。一支香烟延烧时间为4～15 min。在这段时间内能将一般可燃物点燃，经过一段时间阴燃后，便着火燃烧。据在自然通风条件下试验，将烟头扔进深5 cm的锯末中，经过75～90 min阴燃，便开始出现火焰：将烟头扔进5～10 cm的刨花中，有75%的机会，经过60～100 min即开始燃烧。而对化学危险物品来说，香烟明火会立即引起它们发生燃烧爆炸。

② 吸烟时应注意的防火事项

第一，吸烟时，如临时有其他事情外出，应将烟头熄灭后人再离开。

第二，划过的火柴梗，吸剩的烟头，一定要熄灭。未熄灭的火柴梗、烟头要放进烟灰缸或痰盂内：不能用火柴盒、烟盒当烟灰缸，不能把烟头、火柴梗扔在废纸篓里，更不能随处乱扔。

第三，禁止在维修汽车和用油品等清洗机器零件时吸烟。如需吸烟，应远离油盆(桶)；如果手上沾有油品，应清洗后再吸烟。吸烟完毕，应将烟头熄灭再进行作业。

(4)燃放烟花爆竹应注意的防火事项

燃放烟花爆竹是一件喜庆事情，但是，非常容易造成火灾事故。因此，燃放烟花爆竹应注意以下事项：

① 禁止燃放拉炮、钻天猴、地老鼠及其他容易引起火灾的烟花爆竹。购买烟花爆竹时，要到指定商店购买印有生产厂名、商标、。燃放说明的品种。不要购买私人销售的劣质品种。

② 不要在窗台、阳台、走廊、室内燃放烟花爆竹。燃放前必须仔细阅读烟花爆竹上的燃放说明，按说明方法燃放。燃放高升(双向爆竹)要直立地面，点燃后人即避开。

③ 燃放升高的烟花爆竹要注意防止落在可燃物上，仍有余火时，应立即采取措施，将余火扑灭或将残片移走。

④ 不要携带烟花爆竹乘坐公共汽车、火车、船舶和飞机。

⑤ 买回的烟花爆竹要放在安全地点，不要靠近火源、热源、电源，并要防止鼠咬，以防自行燃烧爆炸。

⑥ 燃放烟花爆竹要讲文明，不要对着行人、对着别人家的窗户、阳台燃放。

⑦ 燃放烟花爆竹时，要侧身去点燃，不要直接对着面部；不要一手捏着炮(单

响），一手去点燃，一定要放到地面上去点燃；点燃后如果遇到哑炮，不要急着去拿，等一会，当确认不能再响时，用脚踢到安全地方；千万不要拾起来用双手去剥皮，以防爆炸伤人。

6.4.2　城市轨道交通消防研究

1. 概述

地下空间的开发与利用，已经成为现代化城市改善环境、完善功能的重要手段，地铁以其便捷、准点、舒适的特点成为了国际大城市最受欢迎的交通工具。作为现代化城市最大的城市客运交通基础设施之一，其建设造价高昂、环境因素复杂、事故风险大，在地铁的运营中，最引起人们关注的当属安全问题。由于地铁处在地下空间内，封闭、复杂、高压电网密布、人员和设备高度密集，一旦发生灾害，疏散救援十分困难。从世界地铁 100 多年事故教训来看，地铁灾害中发生频率最高和造成危害损失最大的是火灾。研究表明，地铁火灾中的伤亡比率和财产损失都是地面火灾中的数倍或数十倍，因此地铁消防安全是否到位至关重要。

地铁防灾重点是预防火灾，在进行地铁消防设计时，可借鉴国内外地铁工程成功经验，运用最新防火控火灭火技术和消防科研成果，贯彻“预防为主，防消结合”消防工作方针，正确理解和严格执行消防法规，调整思维方式和工作策略，提出合理的消防对策。要因地制宜做好地铁消防安全工作，采取安全可靠和有效实用的消防安全综合措施与对策，加强消防安全管理与消防法制观念，最大限度地降低地铁火灾风险与减少火灾危害，为地铁提供安全、可靠、完善、适用的安全保障，以保证地铁工程建设和运营安全。

2. 城市轨道交通消防的研究

1）火灾探测报警领域的研究

火灾探测报警能实现火灾的早期探测，是防止火灾蔓延和发展的有利手段。但由于地铁工程条件复杂、环境恶劣、工作环境和施工环境与地上工程有很大的区别，因此传统的感烟火灾探测器和感温火灾探测器使用的实际效果达不到工程的要求，另外在车厢内如何科学地应用火灾探测报警，实现火灾的早期探测，也是当前该领域亟待解决的问题。

2）人员诱导及疏散领域的研究

由于地铁是一个人员密集的场所，一旦发生火灾，很容易发生恐慌和骚乱。没有一个科学的诱导和疏散设施方案，很容易造成人员的盲目逃生和相互践踏，造成人员不必要的伤亡。通过该领域的研究，将有助于疏散和指示标志科学合理的设置，有助于人员诱导和疏散应急方案的制定，保证在有限的疏散通道上提高疏散效率，使人员在最短时间内沿着最合理的疏散途径逃生。

3)消防联动控制领域的研究

火灾发生后,如何科学的联动地铁工程中的风机、水泵、风阀、警报、疏散广播、防火卷帘等联动控制设备,尽早消除或减少火灾危害,增加人员有效逃生时间,减少人民生命与财产损失的关键步骤。另外如何科学合理地增加联动控制设备的冗余性,保证联动控制设备的可靠性,特别是保证中心控制设备的可靠性,也是在火灾发生初期灭火与抢险救援的重要保证。

3. 城市轨道交通常用设备图例

见图 6.2 至图 6.22。

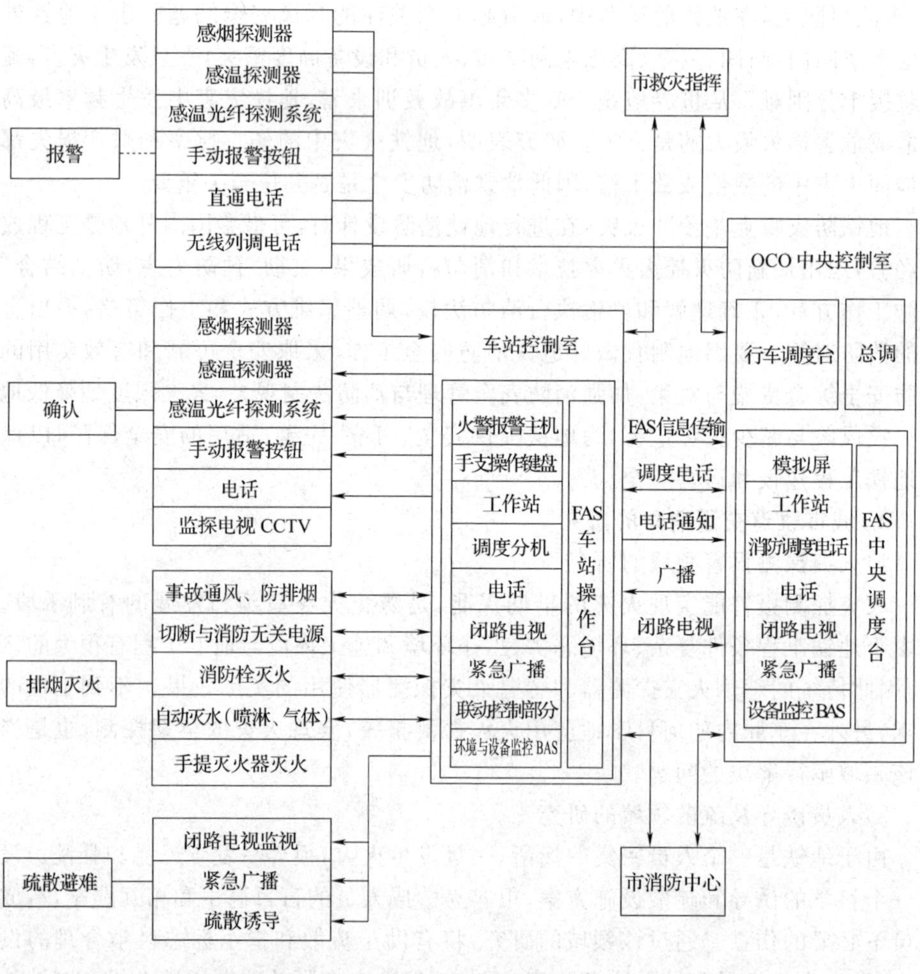

图 6.2 FAS系统

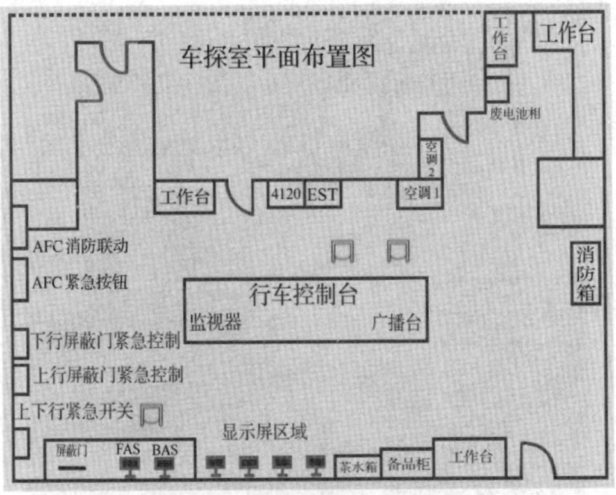

图 6.3　车控室结构

图 6.4　顶棚上的喷淋喷头

图 6.5　带有蜂鸣器的导向

图 6.6　导向标志

图 6.7　自救盘内部

图 6.8　二氧化碳灭火器

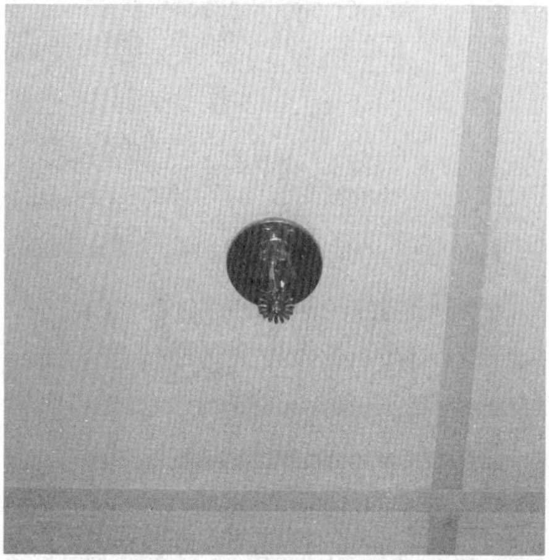

图 6.9 顶棚上的喷淋喷头

图 6.10 干粉灭火器

图 6.11 火警启动开关

图 6.12 禁止危险品标志

图 6.13 消防泵与喷淋泵

图 6.14 气体灭火钢瓶

图 6.15　气体灭火总开关

图 6.16　消火栓内部

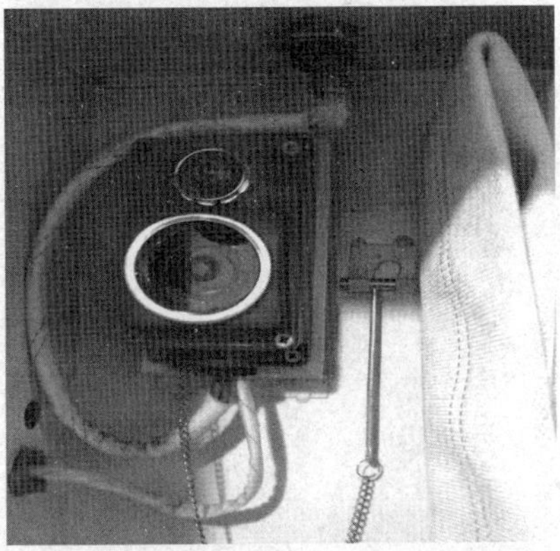

图 6.17　消火栓箱内的消防栓启动开关

图 6.18　双向导向标志

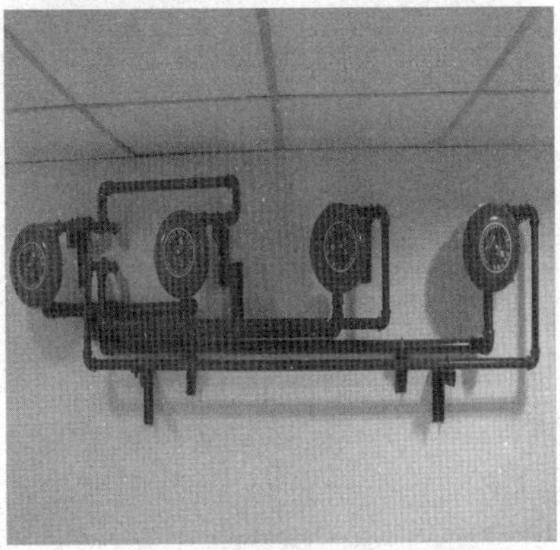

图 6.19　火警启动开关

图 6.20　天花板上的烟雾探测器

图 6.21 喷淋泵

图 6.22 线路消防栓的总阀门

第7章　城市轨道交通安全事故案例分析

2003年2月18日上午，由于一名中年男子纵火，造成韩国大邱市地铁一号线的中央路车站两列满载乘客的地铁列车被烧毁。根据韩国官方提供的数字，共造成198人死亡，146人受伤，289人失踪。

7.1　韩国大邱地铁基本情况

7.1.1　运营情况

大邱地铁公司运营的1号线全长28.3 km，1997年投入运行，每天运送乘客14万多人次，是大邱市唯一的地铁线路，目前地铁2号线正在建设之中。

大邱市地铁公司1995年11月20日开始建造，1997年11月26日1号线部分通车(总长10.3 km、14站)，1998年5月2日完全通车(总长24.9 km，29站)，2002年5月10日增设2号线(总长25.9 km，30站)。目前营运时间自上午5时20分至夜间24时，计18个小时40分钟。每日运载量有14.5万人，事故发生后仅剩14%。每一天员工有1297人(工作人员362名，司机171名，检修人员203名，办公人员561名)，其运行控制中心只掌握列车行车动态，与其他部门分开作业。

图7.1　现场抢救伤员

大邱市政府并无灾害紧急应变组织，消防运作是由大邱市消防局本部接获通知再出动，各机关平时并无联系。由于大邱地铁公司为国家控股民营，消防局每年参与地铁演习一次，对于有重大活动，才动员多一些人力协助，每个车站每天约有7名左右人员(如站务、售票、维修、通讯检测等)，并无地铁警察编制，最近因地铁灾害及美伊战事才派有警察人站巡逻。地铁平时也没有消防防护计划及防火管理人。如图7.1所示。

大邱市消防力量分成7个消防署、6个救助队、45个派出所、47个救急队，共有消防员 1 250 名，担负着灭火、救助、救急、各种灾难时的现场指挥等各种任务。

7.1.2 设施情况

大邱市地铁 1 号线内车厢或车站均无供站务人员或民众使用的防烟(毒)面罩。每一节车厢两侧座椅旁各有一具 10 型灭火器及一处紧急通话开关(须有成人的高度才可操作)。列车外部中间处有一个门开启开关，车厢内有一处可全开开关及每一个门口处有一个单门开开启开关，但都须人蹲下横在门口用手打开，再扳动开关，其标示高度约与人眼睛同高。

地铁避难逃生设计为，每座月台有两个出口(宽度 1.6 m～2.4 m)，大厅层有 4 个出口(宽度 1.6 m 以上)，一楼地面层为避难安全区。地铁的消防安全设备见表 7.1。

表 7.1 消防安全设备表

位置	项目	运行系统配置
控制中心	配置系统	1. 区分为五个单独部门：运转控制，电力控制，信号控制，通信控制，设备控制(水环、消防) 2. 上述五部门各有一间房间，虽临近，但未在同一室内
车　　厢	底板材质	易燃且会产生有毒气体之 PVC 塑料
	座椅材质	绒布、内铺易生黑烟之泡棉
	车厢内墙材质	光面、极薄之 FRP(约 2 mm)
	车厢内消防配置	灭火器 4.5 kg×2 置于每节车厢头尾
		CCTV：无
		火灾探测器：无
		各门下方皆设置紧急开门装置，每车厢共八个；每车厢另设一个可同时释放单侧四门气压的操作装置
		每节车厢一个紧急通话器，设于车厢端墙，高度约在行李架上方一些，操作不易；若按下紧急通话器于 30 s 内司机未回应，则自动转接控制中心
		备用电源采电池组；设计容量可供车内 lh2 照明灯加上紧急广播操作共 2 h
	车厢外开门装置	每节车厢每侧一个，经操作后可供同时开启该侧之四个门。车厢门在主电源丧失之紧急情况下可以由电瓶持续供电控制车门开启
	紧急逃生门	采取侧门逃生，驾驶室内无坡道式头尾逃生门
站内月台层及大厅层	消防设置	烟感火灾探测器装置、紧急广播扬声器、消防栓、灭火器皆有设置
	排烟设备	空调回风口兼用排烟，排烟量有疑义可能无法有效排烟。月台曾无防烟分区、大厅层采用当烟垂壁每 500 m² 设置放烟分区
	紧急照明设备	均有设置，采平均照度法设计

续上表

位置	项目	运行系统配置
站内月台层及大厅层	紧急供电系统	未设置紧急发电机。列车有蓄电池组及紧急备载电源，月台层及大厅层采用 22.8 kV 电源互相转供方式提供紧急电源，另亦有电池组紧急照明等使用
	防火分区	公共区与店铺连接处未设防火分区(其余区域未提供相关信息)
	自动喷水灭火系统	公共区于大厅层有设置，但月台层则未设韩国地铁大厅层设商业区，店铺布置较为复杂混乱
	疏散指示标志	皆设置，但大都为悬吊式，且采用欧美标准，平时不亮灯，仅当电力中断后才点亮
	CCTV 及紧急通话	CCTV 已设，但未设月台通往控制中心的旅客紧急通报电话
	逃生路线及容量	大邱地铁公司未说明，初步判断有部分区域未达双向逃生之要求
	装修材料	瓷砖、珐琅扳、金属扣板都有使用
隧　道	隧道通风排烟	据大邱消防队表示，系采用推拉式手动排烟
	避难逃生	采单孔双向设计，约 300～400 m 有横通道
	消防设备	紧急照明设备及月台进口处有火灾探测器及进气与排烟设备

7.2　事故经过和调查分析

7.2.1　事故经过

据目击者称，2 月 18 日上午 9:55，当 1079 号地铁列车即将驶入中央路站时，身着蓝色运动服的金大汉突然从随身携带的黑色提包内取出一个塑料瓶，并用打火机点燃。虽然周围乘客全力阻止，但车厢还是在停靠站台之际被金大汉点燃。火势迅速蔓延开来。如图 7.2 所示。

7.2　地铁口冒出的浓烟

大火最初开始于一辆停在站台的 6 车厢列车，大火首先烧着了座椅，接着火势蔓延到另一辆停在该站台的列车上。车内起火后，车站的电力系统立刻自动断电，站内一片漆黑，列车门因断电无法打开。车内没有自动灭火装置。大火燃起的几秒后，浓烟不仅从地铁出口向地面上街道扩散，而且顺着通风管道蔓延至地下商场。200 多家商店纷纷关门。

1. 1079 号列车司机

一发生火灾立即打开一处门取出灭火器灭火，无效后取月台消防栓，此时火势已大，自己也受重伤。

2. 1080 号列车司机

当车站已起火 1.5 min 时，该车距进站仍有 4 min 的路程，还可及时反应，但行控中心通知起火为小火，仍在处理中，于是进站停住，此时开门就会有烟进入，随即又关门。与行控中心联系了 3 次，均被通知等一下可发车，因此广播要求车内民众等候。后因火势已烧进第 4、5 节车厢，广播通知大家逃生，自己拔下控制钥匙逃出现场，但已有 79 位民众死伤。在已找出 133 具尸体中，1080 号列车占最多，其中 4、5 节占 50 位。

3. 车内民众

以手机向家人或消防队求救，随即失去通讯能力，因火灾当时乘客大都为妇女及小孩，故会在避难逃生第一时间先向最亲近的人通报，但浓烟太大太快来不及逃生。

4. 行控中心

仅出现地铁中央路站电力故障讯号。

5. 电源断电

1079 车厢动力全部切断，蓄电池组有供电，但一下子又不见了。车站有紧急照明，但烟很大看不清楚。排烟仍有动作且最小。其他站供电不久也断电(车站没有单独发电机)。

6. 无线电通讯

10:03 分行控中心要求司机疏散群众，10:17 最后一次通话，之后无法再联络(可能供消防抢救联络用通信电缆已烧断)，消防队进入也无法使用。

7. 消防抢救

消防本部于 9:55 接获报案，一共接获 159 个报警电话，出动 900 人投入抢救，据大邱东部消防署行政担当朴先生表示，当消防人员抵达现场时，中央站各出入口已冒出大量浓烟，消防人员背负空气瓶进入抢救，进入时在楼梯间遇到逃生及已经昏倒的旅客，由于浓烟、高热及楼梯的原因，消防人员搬运旅客相当困难。后来在灾后 4 h，待火势及浓烟扑灭消散之后，消防人员才得以进入搜救及搬运尸体。

7.2.2 事故调查分析

此次被烧毁的列车是 1997 年生产的，列车所用的各种材料一经燃烧就会散发出有毒气体。尤其是车厢内部的地板、顶棚和座椅，基本都是用阻燃塑料制成的，在高温下会社放出大量有毒气体。而毒烟是造成大量乘客迅速死亡的主要原因。

有毒气体还造成大批救援人员无法及时进入现场。其次,地铁站内设备不完备,灭火装置不够,其通风设备被证明在火灾中毫无作用,大量的烟雾和有毒气体无法排放,使得千余名救援人员到达现场后束手无策。地铁内还缺少必要的夜间照明装置,乘客逃离时将会更加有序,得以逃生的人数将会更多。另外,工作人员过于疏忽大意、掉以轻心也是导致伤亡惨重的一个原因。大邱地铁总控制室在9:55就接到了警报,但当时的值班员认为,这只是一起轻微事故,并指令另一列地铁列车开往中央站,从而使伤亡人数增加了近一倍。

韩国专家们认为,此次灾难之所以造成如此严重的伤亡,有多种原因:一是地铁和车厢内虽有一些灭火装置,但难以应付如此严重的火情;二是地铁站内的通风设备只能保障平时的空气流通,而一旦发生严重火灾就变得无能为力;三是当时车上大部分是老人和孩子,在处理紧急情况方面显得力不从心;四是车厢内的座椅、地板和墙壁虽然都是耐燃材料,但经受不住过于猛烈的火焰,而这些材料一旦燃烧起来,大多会释放出有毒成分,导致现场人员窒息和救援人员难以迅速接近现场;五是当时车站的控制室没有及时阻止另一辆列车进入车站,造成伤亡人员增加。

7.3　事故抢救和处置经过

火灾发生后,消防队立即进行了救援,赶到事故现场接受调度的消防人员906人(详情见表6),负责伤员转运的紧急救助人员140人,现场动员的消防人力总计1 046人,在现场一共投入了158辆车,其中灭火58辆、救援车45辆、救护车55辆。主要是大邱市区消防中队的消防车,还有临近市区的消防车协助。如表7.2所示。

表7.2　消防力量投入状况

<table>
<tr><th>项目
来源</th><th>消　防　署</th><th>车　　辆</th><th>消防人员</th></tr>
<tr><td>大邱消防本部</td><td>6个</td><td>119台</td><td>764名</td></tr>
<tr><td rowspan="2">应援出动</td><td>14个</td><td>39台</td><td>142名</td></tr>
<tr><td colspan="3">中央119救助队,庆北本部,庆南本部</td></tr>
</table>

韩国大邱的消防本部距离发生火灾的中央路地铁站大约是2 km的距离。当发生火灾时,总指挥正好在办公室里,隔着窗户看到地铁站方向浓烟滚滚,总指挥意识到情况不妙,直接跑步于10:08分到达事故现场。

总指挥在第一时间到达现场,就发现了20具尸体,当时场面惨不忍睹。地铁是上午9时54分发生火灾的,消防部门接到报警后,在9时58分已经赶到现场,一些消防队员进入地铁站开始救火。当时，地铁站里面有许多人跑了出来，他们大都捂着脸，另有一些伤者大喊救命。

于是，总指挥紧急调度了大邱市内的 6 个消防队来救急。中央路地铁站共有 6 个消防队来救急。中央路地铁共有 6 个出口，其中 4 个出口的烟雾很多，有 2 个出口的防火措施很到位，情况不是很危急。火势主要集中在 4 个出口，分别由到达西、新川等 4 个消防队的中队长来领导救火。因为事件太突然了，只能由中队长根据各个出入口的实际情况，协调灭火指挥。

现场的情况非常残酷，已经乱作一团了，消防队员带着氧气瓶和其他消防装备进入现场，里面有很多浓烟，实际上想进去已经非常困难了。总指挥接到下属消防队员的报告，他们刚进去的时候，周围到处都是惨叫的声音，人们在此刻感到十分无能为力。

7.4 经验教训总结

1. 消防力量不足，人员赶赴现场不够迅速，消防队的编队不适合在长期灾难时进行有效的轮值作业。

在整个地铁火灾救援中需要的人力是 804 人，实际上可以动员到达现场的只有 439 人，还需要 365 人。实际上可以投入使用的这 400 多名消防人员也不是一下子到位的。第一时间内，到达现场的人数其实只有 96 人，还有一些人，比如值班人员或行政要员，他们紧急集合，赶赴现场需要更多的时间。还有一些郊区的消防队距离市区比较远，赶到现场需要 30 min 的时间，所有这些因素，影响了在第一救援时间进行救援工作。

图 7.3　消防人员在抢救伤员

针对这种情况，改善对策分长期性对策和短期性对策。长期性改善对策是改变消防公务员的人员配备标准，增加消防署的消防人力，由原来每个消防署实行的 11 人至 13 人组成的两班交接运作体制，改为实行增加到由 22 人组成的三班交接体制。短期性对策就是实施由警察协助的消防车救援避让训练，加快消防队到现场的速度，与此同时，还指定行政要员为现场的固定联络要员，并指定专门的人员和车辆负责装备和运输工作。

2. 消防车辆和装备不足，且不适应现场救援的需要。

在大邱地铁或在事故救援过程中，缺乏足够的特殊车辆，以及消防队员的个人装备和装备输送车辆不足。没有大功率的吸入式排烟车,在一定程度制约了现场人员的救援工作,而且,现场可运用的运送抢救人员的车辆不足,造成了很大的抢救困难。消防队员在进行火灾扑救时的救助装备和个人装备也很不足,只有预备容器 270 套、担架 46 副、制氧机。22 台、灯光线 570 m 长,远远不能满足现场救援工作的需要。消防队员的空气呼吸器和烟雾透视器,在地下长时间进行的扑救活动受到限制。一些灯光线和夜光线是可燃的,也不能在高热的空间使用。

对于消防车辆和装备,改善对策是,确保各区域消防署用于人员输送所需要的车辆,增加一些可载乘 25 人的巴士以供现场调配使用,并增加针对地下火灾等特殊灾害事故的吸入式排烟车的投入。增加了预备容器、担架、制氧机等装备,并进一步改善了消防队员的空气呼吸器和烟雾透视器、灯光线等装备的性能。需要一段时间、补助一定的经费,解决人力和设备的不足。

3. 灭火过程中通信十分困难,不能及时得到有效信息。

事故发生在地下负三层,放灾人员和急救人员配备的无线通信设备不足,在进行地下活动时都普遍感到十分不便,无法得到足够有用的信息。其次,消防队员在佩戴空气呼吸器的状况下,无法使用无线电设备进行通信。另外,因为此次大邱地铁火灾的救助,出动了多数的消防队到现场进行救助,这么多的消防队同时使用无线通信,当天位于中部和北部灭火抢救区域的消防队利用大德山中继所的单一频道进行无线通信,这样就导致了现场消防指挥控制混乱。所有这些原因,令现场总指挥在指挥现场进行扑灭指挥的时候,感到十分困难。

4. 由于不能确定报警移动电话的准确位置,延迟了调动消防力量的时间。

发生事故的当天,报警人通过手机报警,因接警系统不能像追踪固定电话一样能立即根据电话号码显示报警人的确切位置,通信方面的 GPS 系统失灵了。消防部门为了能够得到报警人的确切位置,而延长了与报警人的通话时间,进而延迟了消防出动的指令时间。

消防中队因为没有得到报警人的具体位置情报,所以不能够按照预定的方案自动编队,而导致了消防中队出动指令的延迟。

另外,由于市民不熟悉 119 的报案方法,119 控制中心接受市民报警时,没有得到市民提供的火灾现场的情报信息,这也是造成延迟消防出动指令的重要原因之一。

图 7.4 身着防护设备的消防人员

5. 疲劳过度、装备不良是造成了消防队员不断有人受伤的重要原因。

在持续长达一天的救援活动后，消防队员的体力到达了极限，有23名消防队员因连续作战而导致疲劳过度。消防队员所用的空气呼吸器，最多只能维持20 min，但在实际情况下，消防队员下到地下一次，所需要的时间远远不止20 min。由于现场线路复杂，现场情报又不足，在这种复杂情况下，消防队员有12个人在救援活动中受伤，其中2人重伤，10人轻伤。

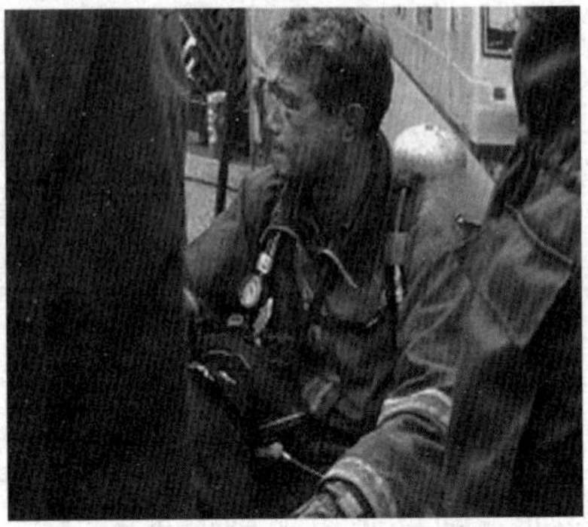

图7.5　疲惫的消防人员

应该更好的改善一下消防队员的个人装备，改善消防公务员的教育训练体系，强化消防公务员的体力鉴定标准，进一步增强消防公务员的体力。

6. 由于现场状况复杂，消防队员难以适应，加大消防演习的力度是必要的。

导入以消防本部为单位实施的对应大型火灾的图上演习，对阶梯、通道、连接输送管道等地点的消防设施进行重点地训练。建立业主与对应的消防部门(消防署)之间的情报交流体系，提高业主的消防安全意识。

7. 由于宣传教育不到位，一般市民的安全意识淡薄。

目前还没有专门的市民安全教育场馆，市民对事故的警惕心有所松懈。

7.5　政府部门的反应

韩国目前有4个城市有地铁，地铁线路共12条，全长411.5 km。现在还有5个城市正在兴建地铁。专家认为，世界各国现在的地铁设备基本与韩国相同。因此，如何应对突发性的地铁大灾难，是各国面临的严重课题。

韩国政府鉴于在纵火事件中存在的种种问题，凸显了有关避难措施与防灾装备的监督管理不善，因而计划将对全国地铁和隧道展开全面安全检查。

韩国当局于2月21日召开中央政府特别对策会议，决定于3月开始，对汉城、釜山、大邱、仁川等四大城市地铁，以及分布于全韩各地的主要隧道，同时进行安全检查。由建设交通部、地铁厅、地下铁公社及车辆制造厂等共同参与的此次安全检查，将以前述四大城市中运行的地铁中运行的地铁车辆车厢内部、地铁隧道及地铁车站内，所有的防灾设施进行检查。

在此次安全检查中，将会全面检查消火、警报、避难设施、紧急电话、补充电源、疏散安全信道等各种防灾措施，是否正确安装并可以正常运作。尤其是，将检阅在紧急情况下，设施管理员是否能够熟练地掌握并利用上述设施进行妥善应对的要领。

同时，建设交通部决定从27日开始，以1个月的时间，会同铁道厅、韩国道路公社等单位，检查铁道及公路的隧道安全状况。

大邱市的行政自治部就消防部门的消防装备的管理提出了改正建议。政府为消防部门的防灾、急救人员每人补充配备了一个无线通信设备，并确立了指定大型灾难时消防现场指挥的专用通信频道，消防系统的无线通信频道在实际中得到了灵活使用。

韩国消防部门改进了119接警系统，建立了移动电话位置情报系统。它能够根据报警人员使用的移动电话，迅速确定报警人所在位置。消防部门还向市民宣传了119的报警方法，并要求119控制中心接警人员，在接受市民报警时，除了通过与报警人通话了解现场位置外，还要进一步尽可能详细地提供相应的现场状况说明。

第8章　城市轨道交通防(反)恐怖事件

自从美国“9.11”恐怖袭击事件发生以来，恐怖袭击活动在世界各地频频发生。近年来，恐怖分子又把袭击目标转向到城市轨道交通。众所周知，恐怖主义集团、组织和恐怖分子的恐怖袭击，不论使用什么手段，其目标大都是伤害无辜人群。他们袭击的对象，往往是人群密集的市场、剧院、办公楼、公共汽车站等公共场所。由于城市轨道交通作为公共交通的重要工具，乘客日流量达数十万甚至上百万人次，如此高度密集的人群，自然成了恐怖分子袭击的目标。西班牙马德里、俄罗斯、莫斯科、英国伦敦等城市的城市轨道交通系统相继遭到恐怖袭击，人员伤亡和经济损失严重。相对于自然灾害和安全生产事故等传统的公共安全问题，恐怖袭击造成的公共安全问题日益凸现。城市轨道交通的防范恐怖袭击，已引起轨道交通运营单位、政府公安监管部门的高度重视。

8.1　恐怖活动综述

8.1.1　恐怖的概念

《现代汉语词典》对“恐怖”一词的解释是：“由于生命受到威胁而引起的恐惧。”显然是指一种心理状态。

1. 恐怖活动的定义

根据我国的有关司法解释，恐怖活动一般是指采取暴力(如爆炸、暗杀、绑架人质、劫机)或恫吓等手段，旨在威胁政府、社会，危害社会公共安全(即不特定多数人的生命、健康和公私财产安全)的行为。很显然，恐怖活动是个人或集团，为实现某种目的或改变某些政治进程的结局而运用暴力或威胁手段，蓄意制造恐慌气氛的行动。

2. 恐怖主义的定义

恐怖主义(Terrorism)是一个外来词。我国的《辞海》对“恐怖主义”的界定为：主要通过对无辜平民采取暴力手段以达到一定的政治和宗教目的的犯罪行为的总称；较多采用制造爆炸事件、劫机、扣押或屠杀人质等方式造成社会恐慌，打击有关政府和组织，以满足其某些要求或扩大其影响。

各国政府和法律对恐怖主义定义的分歧仍很大，至今难以提供一个能被各国都认可的概念。但从众多国家的法律意义上的恐怖主义定义来看，具有以下共同要素:①有组织地实施暴力或以暴力进行威胁;②制造恐怖;③具有一定的政治或宗教目的;④具有违法性。

3. 国际恐怖主义的定义

一般而言,国际恐怖主义即指国外恐怖主义。由于全球经济一体化的加剧,恐怖主义越来越显现出国际化的特点。如今,很难说某一个恐怖组织是一个单纯的国内恐怖组织。只要一国的恐怖组织与境外组织和集团有关联,接受其资金或其他形式的资助,一般也将其视为国际恐怖主义。

8.1.2　恐怖活动的形式与特点及其对社会的危害

恐怖主义作为一项犯罪行为,其影响力已波及到全世界。一系列的组织,他们或是带有政治色彩,或是带有激进的道德色彩,或是带有宗教色彩,都在利用恐怖主义传播信息和影响政治对话。在过去的 20 年,尤其在过去的 5 年内,恐怖组织更加地疯狂,所带来的死伤更多,并且已将趋势蔓延到了交通系统。

1. 恐怖活动的形式

目前,从全球恐怖活动的表现形式来看可以分为:爆炸、暴力袭击、暗杀、劫持交通工具、投毒、绑架、撞击建筑物等。

2. 国际恐怖活动的主要特点

恐怖主义是当代世界国家、民族、阶级、宗教等各种尖锐复杂矛盾的反映,有着深刻复杂的社会和政治原因。它是一国范围的经济、政治、文化等矛盾不断积累和世界范围政治、经济发展不平衡这两者交互作用而生成的。国际恐怖主义的形成与发展,常常与宗教、民族纷争、领土争端等有着千丝万缕的联系。

根据恐怖主义组织性质的不同可分为:极左翼恐怖组织,如日本的“赤军”,意大利的“红色族”,德国的“红军派”等;极右翼恐怖组织,如德国新纳粹及组织“光头党”等;民族分裂恐怖组织,如斯里兰卡的“泰米尔猛虎组织”、西班牙的“埃塔”和俄罗斯车臣的分裂主义势力;种族主义恐怖组织,如美国的“三 K 党”、英国的“民族陈线”等;宗教极端主义恐怖组织,如伊斯兰的原教旨主义;邪教恐怖组织,如日本的“奥姆真理教”等。

当今世界,随着民族分裂主义、原教旨主义的泛起,民族、宗教恐怖组织制造的恐怖活动逐步占据主导地位。带有明显宗教狂热色彩的恐怖活动已成为当代世界危害最为严重的恐怖主义;而某些老牌的极左翼恐怖组织在当地政府打击下正逐渐瓦解或放弃恐怖斗争。随着世界经济、技术的迅猛发展及国际关系的剧烈变动,国际恐怖主义组织的形态、犯罪手段、社会危害等也在不断发展。当前的国际恐怖活动主要呈现以下特点:

1)支持背景发生变化

由于联合国有关决议，对资助恐怖主义的国家进行制裁，由国家、政府支持的恐怖组织逐渐减少。但民间组织、私人资助的恐怖组织增多了。例如，当今以美国利益为打击对象的恐怖组织中，许多都接受过基地组织头目本·拉丹的资助。我国的"东突伊斯兰运动"组织也曾受到基地组织的资助。

2)组织结构发生变化

以前垂直式的领导模式逐渐被分权式、网络状组织体系取代，恐怖主义组织成员的自主性明显提高。中东地区的一些非法武装没有统一的指挥机构，由一些松散联系的半独立小组组成，小组接受一定的战略指导，但享有战术上的独立。本·拉丹建立了"世界伊斯兰反对犹太人及十字军圣战阵线"，但他并不直接指挥和控制所有恐怖组织，只是资助各国伊斯兰激进组织、进行培训并协调各组织行动。分散世界各地的恐怖组织运用最先进的网络、通讯技术保持联系，相互协调行动。这种组织结构即使在其中部分组织受到打击削弱后，其他组织仍能正常运作，具有破坏性。

3)策略发生变化

(1)由注重直接打击政治目标转而越来越重视通过打击经济目标、其他平民目标而间接打击和削弱对手。20世纪六七十年代，攻击官方目标(包括军事目标、政府目标和外交目标)和非官方目标(包括商业目标和平民目标)的恐怖活动之比为47.9∶52.1。20世纪80年代以来，各国大力加强对外交、政府、军事等官方目标的安全保护，恐怖分子转而求其次，频频袭击包括商业、旅游、娱乐设施在内的各类"软目标"，以期达到严重削弱有关国家经济实力，增强社会公众恐惧感的目的。至20世纪90年代，攻击官方目标和非官方目标之比为17∶83，攻击商业目标的恐怖活动已上升到第一位(占总数的58%)。

(2)不再声称对恐怖事件负责。过去，恐怖主义者在暴力事件发生后，往往公开声称自己对此事负责，希望引起社会公众关注。但今天的恐怖主义完全不同，他们在造成人员伤亡和财产损失后，却往往保持沉默。印尼巴里岛爆炸事件、肯尼亚爆炸事件等许多大型恐怖暴力活动至今都无组织声称对此负责。恐怖分子的这种保护策略，更能引起人们的恐惧，因为遭受恐怖袭击后不知恐怖分子来自何方。

(3)在战略上恐怖组织逐渐将零星的袭击变成一种"战争"，即"非对称战争"。过去，无论是极左还是极右型恐怖组织，他们的活动大多带有意识形态倾向。恐怖活动只是他们为了成就事业的一种手段，只要能引起世人的关注，他们往往并不追求伤亡的数量，有时甚至避免伤亡，以免给自己的事业抹黑。当今的恐怖组织，其战略思想开始发生转变，恐怖活动不再单单是一种手段，而是一种直接的结果。恐怖分子比以往更加疯狂，他们只要造成最大限度的破坏，毫不顾虑能否保存自己。

4)伤亡人数不断上升

据统计，20世纪90年代国际恐怖活动造成年均人员伤亡数(2,303人)比20

世纪70、80年代年均人员伤亡数(1 119人)增长了106%;90年代每起恐怖活动平均伤亡数(6.4人)是70、80年代每起恐怖活动平均伤亡数(2人)的3倍。另据不完全统计,2002年世界各地已发生较大规模恐怖事件161起,造成3 300余人死伤。随着世界各国经济与技术不断发展及恐怖分子攻击方式和破坏手段的更新,恐怖活动的危害将越来越严重。

5)国际化网络逐渐形成

恐怖主义的泛滥,打破了一切地域的界限,各国恐怖组织的跨国合作日益紧密。无论在人员来往、活动资金与武器获取,还是恐怖主义活动的策划实施,都表现出国际化的特点。如伊斯兰原教旨主义恐怖组织利用宗教教义扩大影响,招募各国信仰者加入其组织,不断扩大组织规模,形成分工协作、各司其职的庞大组织体系。此外,信息技术的发展,为国际恐怖主义的跨国沟通、管理提供了便利,促进了恐怖组织的国际化。像基地组织那样涉及亚洲、欧洲、美洲、非洲等全球范围的庞大的国际网络,是前所未有的。

3. 国际恐怖活动对社会的危害

1)造成巨大的物质财产损毁和人员伤亡

2001年9月11日恐怖分子劫持的民航飞机撞向美国纽约的世界贸易中心和华盛顿的五角大楼,二座直冲云霄的世界贸易中心的摩天大楼轰然倒塌,化为一片废墟,五角大楼也损坏了一个角。这就是恐怖分子制造的“9.11”事件,地处纽约曼哈顿岛的世界贸易中心是20世纪70年代初建设的摩天大楼,造价高达11亿美元,是世界商贸力量汇聚之地,有来自世界各国的企业共1 200家之多,平时有5万人上班。“9.11”恐怖事件造成3 000多人丧生,使美国经济一度处于瘫痪状态。据国际货币基金组织估计,“9.11”事件使美国直接经济损失达255亿美元,考虑间接损失则“9.11事件给美国造成765亿美元的损失,占当年美国国内生产总值的0.75%。美国”9.11”事件后,仅保险公司为恐怖袭击造成的生命和财产损失支付的保险金总额就高达400亿美元。

2)影响了国际社会秩序和经济秩序

恐怖活动往往酿成严重的地区动乱或武装冲突,不但严重危害本国安全与社会秩序,而且也会影响地区安全和国际安全,甚至会对地域政治和世界政治格局带来影响。恐怖活动破坏了经济发展所必需的稳定的社会环境,严重影响了各国的旅游、商贸、交通运输和金融证券等行业的正常经营,给全球的经济发展带来了阴影。”9.11”事件不仅局限于物质财产的大量损毁和人员的大量伤亡,更重要的是影响了人们的投资和消费的信心。“9.11”事件使美元贬值,股市大跌,石油等战略物资价格上涨,并导致美国和其他国家的经济增长减慢。“9.11”事件后,美国2001年9月份工业产值下降了1%,商品零售额下降了60亿美元(下降2.1%),

耐用品新订单减少了116亿美元(减少6.8%);证券交易9月17日恢复时,标准普尔500指数下跌7%,纳斯达克指数下跌9.9%,直到9月21日达到谷底;各大航空公司虽然将定期航班减少了30%,但仍然不能满员飞行。

2005年7月7日英国伦敦地铁连环爆炸案发生后,英镑兑美元跌至19个月来新低,兑欧元跌至1个月来最低点。伦敦地铁连环爆炸案的发生,使许多国家感到恐慌,被迫纷纷采取措施,加强安全防范工作。

3)对社会稳定和民众心理产生严重的负面影响

尽管恐怖活动造成的死伤人数与某些局部冲突、战争或灾荒相比,绝对数字不一定大,但却给国际经济和社会发展增加许多不确定性,给社会公众带来严重的不安全感。恐怖活动会对一定范围内的社会稳定和民众心理产生严重的负面影响。国外城市轨道交通发生恐怖事件后的调查显示,一部份人不愿意乘坐城市轨道交通,此外一些城市轨道交通工作人员也因工作中存在太大的危险性而辞职。

4)损害政府形象

损害政府形象是恐怖分子的主要政治目的。恐怖活动基本上都是反政府的,其制造恐怖事件的目的就是引起社会恐慌,显示政府无能,使民众对现任政府失去信心。

8.1.3 国际恐怖活动趋势

恐怖分子通常是无道德、无感情、狂热的,不珍惜生命,具有高适应能力,并高度专注于欺骗及不合常理的行动。他们不会仔细分析袭击的成功率与代价的关系,因而经常在一段长时间内导致毫无意义的人员伤亡和破坏。

文化背景不同的恐怖分子会有不同的袭击方法。恐怖分子通常不会以自己的死亡来作为袭击方式,但有些恐怖分子会使用“自杀”作为武器,对意图的目标进行袭击。如果只是为了在经济上造成破坏,而不是以伤害或杀害人为目的,恐怖分子袭击目标可能就是基础设施,如大厦、公共事业、轨道交通等。

国际恐怖活动现呈现以下趋势:

1. 袭击公共交通系统的恐怖事件数量在增加

公共交通运输系统,很少有如机场所执行的安全检查措施,因此很容易成为恐怖分子袭击的对象。现在恐怖分子对公共交通工具的袭击有增加的趋势,特别是发生在公共汽车、火车、城市轨道交通和主要公路上。桥梁和隧道是公共交通系统的重要部份,因此可能成为恐怖分子发动有效或猛烈袭击的重要目标。

2. 恐怖活动已指向信息技术

目前与电子计算机有关的恐怖活动亦有上升的趋势。因为世界的城市和社会越来越依赖于电子计算机控制系统,与计算机有关的恐怖活动可以用来扰乱交通、运输、城市供气和供电等系统。

3. 恐怖袭击的目标在扩大

从恐怖分子攻击美国的事件向外推断,恐怖袭击的目标正在扩大。未来的袭击目标可能包括:城市的大型、高密度商业大厦;重要的城市基础设施(例如供水及电力系统),和主要工业设施(例如炼油厂);交通要道及运输网络(阿尔及利亚极端分子曾在法国将其定为目标);重大公众聚集场所。

4. 恐怖活动的组织化与网络化进一步加强

恐怖活动趋势的一个根本变化是出现严密的全球性的组织。譬如"基地组织"是以与跨国公司相似的手法来经营。他们的财政运作极为复杂,经费是从不同方式的合法的商业运作中获得。这些恐怖分子的组织相当严密,这是一个有组织的犯罪团体。恐怖活动的组织化和网络化正在进一步加强。

8.2 城市轨道交通中的恐怖事件

8.2.1 国外城市轨道交通中发生的恐怖事件

从恐怖活动的表现形式来看,在城市轨道交通系统中恐怖事件的类型主要有3种:①纵火;②爆炸;③毒气。自20世纪60年代以来,世界各地的城市轨道交通发生了多起恐怖事件,造成了极大的损失,详见表8.1所示。

表8.1 世界城市轨道交通发生的恐怖事件

恐怖事件名称	时　间	人员伤亡及直接损失	备　注
莫斯科鲍曼地铁爆炸	1977-11-06	6人死亡	恐怖袭击
日本"沙林"毒气事件	1995-03-20	12人死亡,约5 500人中毒	恐怖袭击
法国巴黎地铁爆炸	1995-07-25	4人死亡,62人受伤	恐怖爆炸
加拿大蒙特利尔地铁毒气事件	2001-09-02	40多名乘客受伤	恐怖袭击
韩国大邱地铁火灾	2003-02-18	伤亡340人,损失47亿韩元	纵火
莫斯科地铁爆炸	2004-02-06	死亡40余人,伤100多人	爆炸并引起火灾
莫斯科地铁爆炸	2004-08-31	8人死亡,10人受伤	恐怖爆炸
英国伦敦地铁连环爆炸	2005-07-07	56人死亡,700多人受伤	连续恐怖爆炸

恐怖活动造成的几例典型的城市轨道交通恐怖事件如下:

1. 日本"沙林"毒气事件

1995年3月20日上午7:50,东京地铁内发生了一起震惊全世界的投毒事件。在早上交通高峰时段5名日本奥姆真理教信徒登上地铁,把有报纸包裹的装有"沙林"混合液的尼龙聚乙烯袋子扔到车厢地板上,并将尼龙袋捅破后,随即离开列车。使"沙林"在车厢和车站内散发,破坏受害者的神经系统。东京地铁沙林事件造成 12 人死亡,约 5 500 人中毒,1 036 人住院治疗,许多人至今依然留有受到毒气袭击的后遗症,包括脑损伤、呼吸困难和情绪沮丧。事件发生的当天,日本政府所在地及国会周围的几条地铁主干线被迫关闭,26 个地铁站受影响,东京交通陷入一片混乱。

2. 巴黎地铁爆炸

1995 年 7 月 25 日下午 5:30 左右,正值交通高峰时间。位于巴黎市中心巴黎圣母院附近的圣米歇尔地铁站上熙熙攘攘,一辆满载旅客的列车驶进站台,就在乘客上下车之际,第六节车厢突然爆炸起火,当场造成 4 人死亡,62 人受伤,其中 14 人伤势严重。十几分钟后,300 多名警察和救护人员陆续赶到,就地展开急救和调查,在站台上和车站附近的咖啡馆里,设置了急救站。巴黎圣母院前的广场成了停机坪,两架直升机交替起降,运送重伤员。圣米歇尔附近的医院全体动员,一些已下班回家的医护人员,闻讯后马上赶回医院参加救护。铁路等有关部门联合设立了紧急联络中心和专线电话,接待受害者的家人,提供交通信息。警方调查后确认:这是一起有计划有目的的恐怖爆炸事件,凶手将一枚大约装有 3 千克炸药的定时炸弹安放在座椅下,并在作案后迅速离开现场,估计是在前一站下的车。司法部、警察局和反恐怖机构联合召开了紧急会议,制定治安措施,防备新的恐怖事件发生。从当晚开始,警方在全国各边界、海关、机场和交通要道加强了控制,检查过往旅客的行李和身份证。本次事件的 4 名遇难者仍难以验证身份,有关凶手及其企图的情况,法国警方也未获得任何线索。但这里的权威人士大多认为是境外恐怖分子所为,人们将该事件与法国近来在恢复核试验和波黑等问题上采取的强硬立场联系在一起,同时也联想到了法国与阿尔及利亚紧张的外交关系。1986 年前后,巴黎曾是国际恐怖主义者注意的目标。

3. 韩国大邱地铁火灾

大邱地铁火灾发生在 2003 年 2 月 18 日上午 9 时 54 分至下午 1 时 38 分,前后历时 3 小时 26 分。火灾事故发生在大邱市中区地铁 1 号线的中央路车站,起火原因为纵火。在大邱地铁火灾中,造成了严重的人员伤亡 ,死亡 192 人,受伤 148 人 ,总计伤亡 340 人 。这次地铁火灾事故造成财产损失 47 亿韩元,地铁的恢复建设费达到了 516 亿韩元。

4. 莫斯科地铁爆炸

2004 年 2 月 6 日,俄罗斯首都莫斯科市中心地铁列车发生爆炸,造成 40 人死亡,130 余人受伤。据俄罗斯媒体报道,当天早晨 8 时 30 分左右,正是上班高峰时间,一列地铁列车行驶到距离汽车厂站大约 300 m 的地方,列车第二节车厢突然发生爆炸,随即引起大火,地铁隧道里浓烟滚滚。地铁运行指挥部接到列车司机报警后不久,便与列车失去联系。该条地铁线被迫停止运营。报道称:爆炸发生前几分钟,曾有一名穿黑色皮大衣 30 多岁的男子对距离事发现场最近的地铁站值班人员说:“你们要过节了”。与这名男子同行的还有两名穿黑衣服的 20 多岁的女子。3 个人的长相均明显带有高加索人的特征。恐怖分子在这起事件中使用的炸药药量相当于 5 kgTNT。

5. 英国伦敦地铁连环爆炸

2005 年 7 月 7 日早上 8:59,伦敦市中心发生连续爆炸事件。有 56 人死亡,700 多人受伤;多辆公交车被炸毁,所有地铁全部停驶,200 多人被困在地铁站内,交通全面瘫痪。当地时间 7 月 21 日中午 13:20 左右,伦敦又发生 4 次爆炸,其中三起发生在地铁,一起发生在公共汽车上。据警方称有一人受伤,三条地铁线路被临时关闭。此次爆炸距上次伦敦爆炸仅仅 14 天,两次爆炸事件共涉及 6 个地铁车站。

8.2.2 国外城市轨道交通恐怖事件的特点

城市轨道交通作为城市公共交通系统的一员,有其自身的特点,一旦发生恐怖事件其造成的负面影响也更为严重。充分认识城市轨道交通中恐怖事件的特点,有利于对症下药,做好防(反)恐工作。城市轨道交通中发生的恐怖事件其发生率低,但造成的后果极为严重。它主要有以下特点。

1. 火灾危害大

城市轨道交通地下线路火灾既具有地下建筑火灾的共性,又具有隧道火灾的特性。火灾造成气体流动规律发生变化,烟气流沿水平方向扩散迅速,以水平蔓延为主。1987 年伦敦皇十字地铁车站火灾,火焰沿自动楼梯直往上窜并沿售票厅迅速水平蔓延,凶猛的火舌席卷售票厅。城市轨道交通火灾同时具有交通火灾的特性,烟气流扩散速度快,高速带动的气流使热烟气的流向错综复杂,危害性增大。1987 年伦敦地铁火灾中,高速行驶的列车带动的气流加剧了火势的蔓延,迫使地铁部门立即下令各线路列车不准停靠该站。

2. 火灾时烟雾量大,难以扩散,升温迅速

火灾时发烟量主要与可燃物的物理、化学特性,燃烧状态和供气程度有关。城市轨道交通地下线路由于内部空间较小,基本处于密闭状态。火灾发生时,隧道中空气不足,多产生不完全燃烧,发烟量一般较大;而且产生的热烟难以扩散,导致火灾初期升温迅速,并产生较强的热冲击。德国研究机构在模拟小汽车引发的可燃液体火灾得到的 RABT 曲线中,温度在 5 min 内快速升高到 1 200 ℃,并在 1 200 ℃处持续 90 min。

城市轨道交通地下线路发生火灾后,烟雾大、能见度差、疏散距离相对比较远、疏散和灭火时间长。2001 年瑞士圣哥达隧道内发生爆炸并引起大火，由于火势猛烈，加之隧道内一辆运载轮胎的卡车起火燃烧，产生大量有毒的黑烟，使消防人员无法进入隧道灭火，加上天黑，致使救援工作难以展开。此次大火估计被浓烟熏死的被困者有数十人。

3. 灾害的危害性大，极易造成连锁反应

当今轨道交通恐怖事件炸药的当量已有所提高，其杀伤力和危害性也更大。城市轨道交通火灾的危害性及破坏性比地下建筑火灾、交通火灾更大。许多城市轨道交通的地下隧道与大楼地下设施及地下街合为一体，稍有不慎，极易造成连锁反应，会给城市带来极大的危险。

4. 恐怖手段不断翻新

现在，各个恐怖组织将自杀性人体炸弹或自杀性汽车炸弹作为制造恐怖事件的首要武器，有很多恐怖案例都属于连环袭击，令人防不胜防。除了“沙林”毒气之外，恐怖的生化袭击形式也越来越多样化，破坏力也越来越强，如使用 VX 神经毒气、芥子毒气等化学制剂和炭疽病菌、天花病毒等生物战剂。

5. 救援工作难度很大

城市轨道交通的地下线路由于空间相对封闭，发生火灾后温度迅速升高(有时可达 1 000 ℃以上)，短时间内隧道基础设施会受到巨大损坏，隧道拱顶随时有烧塌崩落的危险。同时，在浓烟、有毒气体和狭窄通道的阻碍下，大型消防设备及灭火人员难以接近火源，加之隧道内通讯设备的干扰较大，使扑救人员与地面指挥通讯联系不便，这些都给灭火救援增添了巨大难度。

6. 恐怖袭击往往发生在城市繁忙时段

“9.11”事件以后，恐怖分子将袭击目标从空中转入地面，专门挑选大城市的公共交通尤其是城市轨道交通下手，而且将时间选在最为繁忙的时段。马德里和伦敦的爆炸都是这个特点。在伦敦地铁爆炸中，三节地铁车厢在早上 8 点 50 分同时被炸；9 点 47 分，另一双层公共汽车也被炸毁。基于这一事实，恐怖活动袭击后造成的人员伤亡、经济损失及民众恐慌度以及对社会稳定的影响都比以往更大。

7. 以制造恐慌为目的

城市轨道交通恐怖事件主要采用爆炸或纵火的方式，在客流集中的地方对乘客进行伤害性行为而制造恐慌。

恐怖行为的主要目的是引起社会恐慌。伦敦发生的地铁恐怖事件均含有地铁换乘站(第一次爆炸有国王十字地铁站和金融城，第二次爆炸有 Oval 地铁站，两次事件主要选择在环线地铁线上；时间均选择在客流高峰期，第一次是上班高峰，第二次是中午。地铁恐怖事件的目的是能更多地造成恐慌和交通拥堵。

上述特点是业已表现出来的恐怖行为特点。事实上，恐怖分子采用的方式也将更为多样化,恐怖行为新的特点将不断呈现。随着恐怖分子采用的炸药当量的提高,今后在防(反)恐方面还应加强对结构的保护。此外,防爆、防烟、疏散和紧急救援措施,也是当前防(反)恐所亟需解决的关键问题。

8.2.3　城市轨道交通恐怖事件的危害性

针对城市轨道交通的恐怖事件类型主要有:纵火、爆炸和毒气等三种。不同的恐怖事件类型其产生的危害也是不同的。

1. 纵火事件产生的危害

地铁车站建筑由乘客使用空间、运营管理用房、技术设备用房、辅助用房等组成。恐怖分子在车站实施纵火,会对乘客、设备及地铁结构均产生不同程度的影响,同时火灾产生的大量烟雾会蔓延到站厅层以及地表,严重妨碍人员的逃生。典型的例子是韩国大邱地铁火灾案件。2003 年 2 月 18 日犯罪分子在大邱市中区地铁 1 号线的中央路车站的列车上放火,造成死亡 192 人,受伤 148 人。列车在火灾后报废(见图 8.1)。这次地铁火灾事故造成财产损失 47 亿韩元,地铁的恢复建设费 516 亿韩元。

(a)燃烧后的列车　　(b)韩国大邱地铁火灾事件

图 8.1　韩国大邱地铁火灾

火灾对人群的危害主要在于次生灾害作用。由于地铁内空间有限,火灾产生的大量烟雾不能够及时疏散出去,因而会遮挡人员逃生的视线,且烟雾中的有害气体使人产生窒息甚至死亡。经统计,地铁火灾中大多数人员伤亡均由烟雾的次生灾害引起。经对 1995 年 10 月 28 日发生在阿塞拜疆巴库地铁火灾事故的调查发现,死亡的 558 名乘客中大多数不是由于大火的直接作用,而是死于烟气造成的窒息或中毒。

随着材料技术的发展,从列车到地铁内的设备、结构材料,均采用阻燃材料,可以完全不用那些易燃和着火后会散发出大量烟雾的材料。这样地铁内发生火灾时造成的固定资产损失要小得多,但人员伤亡仍然是一个棘手的问题,尤其对于深埋的地下车站，人员逃生所需的时间较多，面临的危害更大。

火灾发生在区间隧道时，其造成的危害要比在车站更大。具体的灾害可分两种情况来分析：一种是列车可以继续运行，另一种是列车无法继续运行。当列车可以继续运行时，最有效的方法是将列车开到最近的车站，在车站进行人员疏散，站台的空间比较大，因而人员疏散比较容易。当列车无法继续运行时，只能打开车门，在隧道内疏散乘客，但是由于隧道内空间狭小且照明不足(严重时接近一片黑暗)，因而在疏散乘客时很容易造成混乱，出现人挤人甚至踏伤人的状况。隧道内设备或列车起火后，隧道内的电源可能会因烧损而被自动切断，隧道风机系统失效，失去通风排烟作用。大量有毒烟雾和黑暗给疏散及救援工作造成困难。此外，列车在隧道内发生火灾时，乘客在隧道中的逃生方向和烟气的扩散方向均由下往上，隧道口即是乘客的逃生出入口，可能也是喷烟口，含有大量有毒物质的浓烟会令人窒息死亡。

2. 爆炸事件产生的危害

爆炸是恐怖分子较多采取的手段。从近几年的地铁爆炸事件来看，许多恐怖袭击都以自杀性人体炸弹或自杀性汽车炸弹为主要手段，而且是针对同一目标进行大规模的连环爆炸，以制造大规模的恐慌效应。地铁中发生爆炸的危害主要体现在以下几个方面：

(1)人员的直接伤亡

由于爆炸瞬间产生的冲击波很大，人员来不及逃避而造成伤亡。

(2)爆炸后引发火灾，造成次生灾害

2004 年 2 月 6 日莫斯科某地铁线上一节车厢发生自杀性恐怖爆炸，爆炸后在隧道内引发了大火，火灾的次生灾害对人产生了危害。该恐怖事件造成 40 余人死亡，100 多人受伤。

(3)对结构的毁伤效应

北京的地铁结构设计考虑防空要求，结构设计抗力较高，能抵抗恐怖爆炸产生的爆炸力；而上海、广州、南京等城市地铁结构设计没有考虑防空要求，结构设计抗力较低。尤其是上海地铁结构采用盾构法施工，由许多混凝土管片组成，管片通过螺栓连接，地铁结构设计时仅考虑抵抗水土压力。若在地铁内发生恐怖爆炸，则在爆炸荷载作用下，结构极容易发生开裂或毁坏，并导致地下水大量涌入地铁。如果恐怖爆炸发生在黄浦江下面的地铁区段，不仅爆炸本身会造成人员和财产的惨重损失，甚至会使黄浦江的水大量涌进地铁，其造成的危害将比爆炸直接造成的严重得多。

3. 毒气事件产生的危害

毒气事件与其他事件相比较有其特殊性，更具复杂性、灾害范围扩大性、伤亡严重性等特性。毒气一般不会对无生命的地铁结构、设备等产生破坏。恐怖分子释放毒气的目的是为了造成人员伤亡,且利用一些专业人员制造的军事用毒气,因为这类毒气造成的后果比较严重。一些毒气对人所产生的危害不仅仅局限在当前,其所产生的长期危害是巨大的,可能会影响到若干代。

有些毒气密度比空气小,泄漏出来易飘浮扩散。这些气体不管以什么方式扩散出来,都会迅速弥漫整个事件空间,在通风良好的情况下更具有强烈的散播作用。有些毒气,不但剧毒,而且本身易燃易爆,若与空气混合达到爆炸浓度极限值,遇火源就会发生爆炸或燃烧,使毒气事件转化成为火灾爆炸事件,其后果更为严重,并大大增加处置难度。

8.2.4 城市轨道交通恐怖袭击方式

城市轨道交通可能遭受到的恐怖袭击方式包括:自杀式袭击;连环的、同时的袭击;爆炸性袭击,包括炸弹及投射装置;纵火性袭击;动能性袭击,例如车辆故意撞击,船只或飞机冲击,生化袭击等。

对城市轨道交通进行袭击的装置可以安置在:隧道中的车辆(包括在服务隧道中的车辆);在高架线路上的车辆;在高架及隧道出入口的车辆。袭击装置也可由人工携带至桥面、高架支撑结构、隧道主要结构点或服务隧道内、及过江隧道附近的水面。

1. 爆炸性袭击

恐怖分子通常会用化肥等原材料制作他们自己的爆炸材料。这些家庭式制造的爆炸品装置，通常会加入少量军事或工业用火药作为加速爆炸的材料。特别在需要使用大量炸药炸毁坚固结构物时作为起爆的高爆炸性材料。可以破坏城市轨道交通系统的恐怖式爆破装置有:人工携带装置,车载装置,遥控装置以及投射装置等。

1)人工携带装置

有证据显示人工携带装置可以传送到城市轨道交通系统关键的地方。通常人工携带炸弹装置有以下一些特点:袭击是致命性的;能对装置所安放的地点产生严重的破坏;恐怖分子必须潜入建筑物内藏匿炸装置,他们亦要能够逃离建筑物;自杀式恐怖分子只须要潜入建筑物内隐藏爆炸装置及在被阻止前引爆装置;有经验的恐怖分子会懂得将爆炸装置设计成定向爆炸,这样可增加细长结构所受到的伤损。

2)车载装置

汽车炸弹代表着恐怖袭击的一种极端方式,能产生最大的经济影响。由于汽车可装载大量的爆炸品,因而会造成大范围的破坏和大量人员的伤亡。

3)投射装置

恐怖分子可以使用多种不同类型的投射装置。包括自制的迫击炮至军用的火箭榴弹炮。上述武器的共同特征是有流动性,并可以从远距离发射至目标。此类袭击有以下一些特点:恐怖分子不必为了发动袭击而冲击任何地点或区域封锁线;迫击炮爆炸时会产生大量的高速碎片,造成严重的局部破坏和人员伤亡,重型的金属碎片虽不能穿透混凝土结构,但如果击中桥梁的关键位置,亦能造成坍塌毁坏;火箭榴弹炮能穿透 300 mm 厚的混凝土或金属块,但所破坏的孔直径不大。

2. 纵火性袭击

纵火性袭击一般来说是使用手提式装置,以破坏商场、公共楼宇及特定的工业设施如药品研究中心等。这是一种传统袭击方式。它也可以用于对城市轨道交通各系统的袭击。使用这种袭击方式的主要目的是要造成经济损失及引起公众注意,而不是引起伤亡。通常纵火性装置只会起火,不会发生爆炸。由于破坏是有针对性的,对恐怖分子来说多处起火对他们更为有利。

3. 生化袭击

生化袭击可以用多种伪装形式出现,包括由人在底层发放,外部抽风系统吸入,也可由汽车发放,或采用投射形式。生化袭击可通过人与人之间透过受感染者自杀式地传送。日本的沙林毒气袭击证明:即使使用粗劣的生化物与简单的袭击方式亦可导致可观的人员伤亡。可以通过地铁系统中隧道、运行的列车以及通风井等将生化投放物扩散到许多车站、隧道区间,并通过通风井和出入口进入城市中。

通常恐怖分子用生化武器袭击城市轨道交通采用三种方式:在车站中投放;在列车车厢中投放;从地面通风井直接将生化物投放到区间隧道中。

由于一般桥梁没有封闭的通风系统,并且不容易聚集大量目标人物,因此不会成为生化袭击的目标;而隧道是封闭式结构物且其通风系统有利于生化物的释放,故较易受生化袭击而造成大面积生化物感染。隧道中的换气率直接影响生化物在隧道内的扩散率。

目前我国的恐怖活动主要包括恐怖爆炸和恐怖纵火,生化武器不容易得到。恐怖纵火和爆炸最容易实施,而且防范困难。

8.2.5 未来我国城市轨道交通恐怖事件发生的原因

我国目前尚无城市轨道交通的恐怖事件发生,但是根据对国际恐怖事件的分析与研究,结合中国的实际情况,我国城市轨道交通未来恐怖事件发生的原因可能有以下几个。

1. 国内民族矛盾

在我国,“东突信息中心”长期利用各种媒体特别是互联网,进行恐怖主义、极端主义、分裂主义的宣传和煽动,教唆以暴力恐怖手段进行“圣战”,公开号召中国境内穆斯林要通过爆炸、投毒等手段,针对汉族幼儿园、学校、政府等目标制造恐怖事件。因此,民族分裂组织有可能对我国重要城市的轨道交通进行恐怖袭击。

2. 社会矛盾

随着我国经济的发展,社会各个阶层由于既得利益的分配不均或其他因素,难免会存在一些内部矛盾。弱势阶层为了表示反抗、报复或对政府的不满,就有可能在城市轨道交通内实施恐怖活动。

3. 自杀性事件

自杀性事件在我国发生比较多,现在越来越多的人已经将自杀地点选在城市轨道交通车站。北京城市轨道交通及上海城市轨道交通都有类似的事件发生,值得引起重视,要警惕自杀者的恐怖之举。

4. 精神病患者的意外举动

某些神经不正常的人会带汽油等危险物在城市轨道交通内"玩",并进行一些对城市轨道交通安全会造成极大隐患的举动,如果不能及时发现,后果严重。上海城市轨道交通已有类似事件发生。

5. 落魄阶层

某些为生活所迫,或对社会失望,失恋等人群也有可能在城市轨道交通车站内进行自杀或恐怖之举。

8.3 城市轨道交通的防(反)恐怖事件措施

恐怖分子袭击公共交通系统将给普通大众造成巨大的心理影响,使所有搭乘公共交通的居民都会觉得自己可能成为恐怖袭击的对象。这也是恐怖分子把公共交通工具当作袭击目标的原因所在。就维护公共交通安全而言,世界各国目前花钱最多的是在航空体系上,其实有更多的人是依赖于地面交通工具。城市轨道交通系统一般处于城市的市中心地带,客流大且比较集中,是恐怖分子的主要袭击目标。其地下车站和区间隧道,因缺乏自然通风加上场地狭小,一旦发生恐怖袭击更容易引起恐慌;再加上它是封闭空间,不仅炸弹的碎片,连爆炸产生的冲击波也会造成伤亡。这是城市轨道交通成为恐怖活动袭击目标的主要原因。所以对城市轨道交通地下部分,更应注意采取防(反)恐措施。

应对城市轨道交通安全问题的战略思维和策略,应当是多元化的、灵活而富有弹性的,同时必须保持高度清晰的头脑,正确判断公共安全形势的变化及趋势,及时反思、调整应急预案。我国城市城市轨道交通大多制定了《地铁爆炸应急预案》、《地铁发现疫情的应急预案》、《地铁内发生火灾的处理预案》、《列车在区间火灾的救援方案》等预案,并采取了相应的防(反)恐措施。国外各大城市的轨道交通系统中也针对各自的特点采取了不同的防(反)恐措施。

8.3.1 中国上海地铁

上海地铁考虑到地铁反恐的特别要求，建立了各种应急预案，主要针对爆炸、投毒、火灾等突发事件。其中，特别配备了防爆桶、防爆毯，一旦发现可疑物将随时启用；此外，增加监控点，将监控范围覆盖至所有站台、站厅和通道，并具有录像和保存功能。同时，每天增加对车站内垃圾桶和流动厕所的清理频率，根据需要采取措施，其中包括适当改变垃圾收集方式、必要时还将关闭流动厕所等。上海地铁还专门配备了充足的安保人员（协警），在车站和站厅加强巡视，对乘客携带的物品进行安全检查，必要时还将出动警犬加强安全巡逻，对犯罪分子起到震慑作用。

上海地铁有两套自动防火设施：一是两级自动监控系统，一级设在车站，一级设在中央控制室；二是自动灭火喷淋系统，有水喷和气体喷两种，可以针对不同的火灾原因进行调控。地铁隧道里还设有专门的排烟装置，一旦发生火灾，隧道内的事故风机系统就会启动，在最短时间内排出有毒烟雾，以防止人员窒息。另外，倘若列车车厢内发生意外，在车门不能开启的情况下，车头前面特设的“逃生门”可以通过人工开启，疏散客流。上海地铁运营公司形成了一套完善的安全检查网，地铁安保大队的队员和站务员都是这个网络链上的重要力量，他们有权对可疑物品要求开箱、开袋、开瓶或开罐检查，对确实携带危险物品者可以罚款，情节严重的还可以进行治安处理。

8.3.2 中国北京地铁

北京地铁对通风亭、出入口进行整治；安装火灾报警气体自动消防系统和地铁排烟系统；购置消防灭火抢险救援装备，每列地铁列车司机配备两套便携式呼吸器，各地下车站增配两套便携式呼吸器，所有地下车站配齐防爆桶（见图 8.2）。这些专门措施和专门设备都为保证北京地铁安全服务。地铁部门和公安部门都针对地铁运营的特殊特点，制定出了各种特殊情况下的预案，建立了处置地铁爆炸、处置地铁火灾、处置地铁化学恐怖袭击等预案，并采取了相应的措施。北京地铁各分公司均有抢险救援机构和预案，每季度进行模拟演练，以提高应变能力。

图 8.2 北京地铁站防爆桶

在安全方面，北京地铁除了地铁警方24 h不间断地巡逻之外，一旦在地铁内发现不明包裹或其他物品，就会启动应急预案，由包括警察在内的专业人士来进行排爆探测等工作。

8.3.3 中国南京地铁

南京地铁制定了多项应急安全预案，涵盖了恐怖袭击、站台火灾、车辆事故、大客流爆满等多种情况，涉及公安、消防、地面公交等多部门联动配合。南京地铁在建设过程中充分吸取了国外地铁火灾的教训，采取一系列措施保证地铁消防安全。首先在地铁车辆和站厅的结构材料上基本实现了不燃化，并安装有自动灭火设施；第二，地铁和站厅上安装有报警系统，可在第一时间反映地铁发生事故的情况；第三，相关设施可保证乘客在 6 min 内疏散完毕；第四，通风设备良好，可保证在各种情况下向乘客供应新鲜空气；第五，地铁建设采用双隧道设计，可有效避免类似韩国大邱地铁火灾发生后，起火车辆火势蔓延殃及邻近车辆的情况发生。

南京地铁的自动控制系统、火灾报警系统均采用了目前世界上最先进的设备。紧急情况发生时报警系统可在几秒内可靠、准确、迅速报警。

南京地铁车站设有防火、防烟分区系统，在车站天花板上部安装若干个存烟区，在每个存烟区都安装排烟风道。毒气事件发生后，排烟风道可迅速将烟雾、有毒气体抽入并排出，阻止火势的蔓延。空气呼吸器、防毒面具、防爆毯、液氮罐在每个地铁车站警务室里都能看到。为防止地铁发生突发性事故，地铁警方还配备了搜爆犬，以后还将陆续配备排爆、搜毒等犬种。南京地铁警方已举行数次综合实战演练，以加强各类突发性事件的处置能力。

南京地铁车辆在防(反)恐上最大的优势是增设了逃生系统。列车设计中吸取了 2003 年韩国大邱地铁火灾的教训，在前后驾驶室增设了逃生门。发生安全事故时，车门打不开，列车司机可将逃生门开启，同时伸出落地滑梯，供乘客逃生。

8.3.4 中国广州地铁

广州地铁从各方面着手，做好防(反)恐工作。自行研发、设计并施工的地铁疏散平台已试验安装成功，一旦出现意外，乘客可踏上此平台逃生。广州地铁是国内首家在地铁隧道内安装疏散平台的地铁。该疏散平台的安装成功标志着广州地铁率先在国内地铁同行业中进入防恐设计和建设。广州地铁所有运营的车辆已于 2006 年年底安装无线摄像头，每节车厢分别安置 4～6 个，可从各个角度对车厢里的所有动作进行全面监控。摄像头拍摄的录像在输送到地铁总控制中心的同时，还能输送到列车驾驶舱里，以便司机随时进行紧急预案处理。

8.3.5 中国天津地铁

天津地铁 1 号线是按照国际一流标准设计的，设计充分考虑了地铁的安全运行。地铁 1 号线和人接触的地方用的都是防火材料。像车站、地下区间、控制中心大楼、车辆段及停车场、重要材料库等重要用房都是按火灾报警一级保护对象设计的。

如果车站内发生火情，为了控制火情和浓烟，地铁 1 号线采用了防火门、防火窗和隔烟垂壁等分隔物划分出防火分区，将人和火情隔离开，同时乘客可通过防火分区间的通道和防火门到达安全区域。地铁运行区间和车站内都安装有许多烟感和温感探头，当探测到温度异常升高，或有浓烟时，中央控制室将启动自动灭火喷淋系统。一般地区采用水喷，而遇到有电力设施的地方则采用气体喷。

8.3.6 中国香港地铁

香港地铁每月坚持进行 2～3 次事故应急处理模拟演练，且长抓不懈，以提高全员的应变能力和综合救援能力。2004 年 12 月 2 日，香港警方、消防及地铁部门在将军澳地铁站进行演习，模拟受到生化恐怖袭击，以测试各部门的应变能力。

8.3.7 英国地铁

英国政府拨款 1 600 万英镑，专门用于在重要的火车站和地铁站点安装闭路电视监视器。伦敦市政府也进一步增加了地铁警力配备。警方在伦敦设立一个 24 h 值班的快速反应队伍，专门处理炸弹警报。英国为消防部门筹集了 5 400 万英镑，用来配备应急车辆、大规模及便携式消毒除疫装置；卫生署还拨款 9 600 万英镑，用以储备应急药品和研究生化袭击的应对办法。

8.3.8 美国地铁

“9・11”恐怖袭击事件后，纽约地铁原则上全部配备警察，在主要车站，每天都利用警犬进行巡逻。美国能源部与有关实验室合作，共同研究用于地铁、车站等公共场所的监测系统。该系统将监测有毒气体的化学传感器和网络技术融为一体，安装在车站的传感器一旦检测到某种有害物质，就会自动通过网络向管理中心通报，进行广播，引导旅客疏散并封锁入口。

美国在“9・11”事件之后，大幅增加了反恐资金，其中用于防备生化袭击的资金更呈现惊人的增长，2003 年的预算中有 59 亿美元用来防御生物恐怖，比 2002 年增加了 45 亿美元，增幅达 319%。

8.3.9　新加坡地铁

新加坡地铁配备专门的武装警察部队,专职保卫地铁和车站安全,防范恐怖袭击。新加坡 MRT 城市轨道交通系统使用了美国国家防火计划准则(NFPA),以提高地铁系统的防火安全性。NFPA 准则考虑了紧急出口(距离小于 600 m)、逃生时间(不超过 6 min)、自动扶梯,以及其他的一些设计特征。NFPA 准则需要地铁车站建筑敞开,这也是地铁防恐的要求。

8.3.10　法国地铁

当巴黎地区的地铁或轻轨列车遭到袭击后,警方将遵循"谨慎原则"疏散所有乘客。如果爆炸发生在地铁内,所有地铁列车都将在到达下一站后停驶,所有乘客也将疏散到地面;如果爆炸发生在郊区轻轨列车内,则所有列车都将立刻停车并疏散乘客。在伤员救助方面,一旦恐怖袭击发生,救护部门将启动"白色方案",就地处理重伤员,同时将轻伤员送往远郊医院,以免造成现场附近医院人满为患。有关部门同时将设立一个公众咨询热线,尽快向公众提供受伤或死亡人员的详细名单。此前,巴黎警方曾制定了应付巴黎遭受生化武器袭击的方案。

8.3.11　日本地铁

东京地铁主要加强工作人员的自我防范。日本在警察厅和防卫厅设立专门的人员负责处理生化袭击。日本内阁 2001 年确立了《处理生物化学恐怖政府基本方针》,相关职能部门据此制定了各自的防生化袭击对策、措施。同时,日本政府还修改和重新解释了相关法律。比如《消防法》就规定了消防队员参与处理生化危机的义务与责任;《传染病法》则将炭疽菌等易传染病毒列入管辖范围。日本厚生劳动省 2002 年预算中用于防生化医疗器材方面的资金达 99.89 亿日元,2003 年增加为 105.76 亿日元,其他省厅也相应追加了应对生化恐怖的预算。

日本国土交通省等有关部门于 2007 年 10 月 18 日宣布,为提高日本交通系统的反恐能力,政府在地铁车站安装能够识破罪犯伪装的识别系统,这个识别系统是日本有关方面在伦敦连环爆炸恐怖袭击事件后研制的。该系统能在瞬间对监控摄像机拍下的乘客脸部图像进行解析,并与数据库中存有的人物照片进行对照加以识别。有关部门初步决定将监控摄像机装置在检票口等处,并在车站办公室等设立监控点。

8.4 城市轨道交通防(反)恐能力评估

8.4.1 城市轨道交通防(反)恐能力评估对象

城市轨道交通的防(反)恐能力评估主要包括建筑布局及结构强度、地铁设备和运营管理三大部分。

1. 地铁建筑布局及结构强度

(1)出入口通道是恐怖事件发生后逃生的出口，因此其设置的合理性对于逃生救援至关重要。城市轨道交通需要从防(反)恐角度考虑出入口通道的数量和布设位置是否合理,出入口通道的长度、宽度以及高度是否符合逃生要求,出入口通道的埋设是否符合逃生要求,以及出入口的布设方式是否正确等。

(2)车站通风道及风亭在恐怖事件发生后需进行通风并疏散烟雾及毒气等,评估时需要考虑通风亭的布局方式、通风亭与出入口通道的关系等。

(3)评估城市轨道交通防(反)恐能力时需考虑换乘通道是否与地铁内防排烟系统相适应。

(4) 评估城市轨道交通防(反)恐能力时需考虑设备用房区与公共区的分隔布置方式。

(5) 评估城市轨道交通防(反)恐能力时需考虑车站结构的抗爆能力,对车站、隧道和桥梁等的结构强度进行分析。

2. 地铁设备

(1)城市轨道交通中的安全监控设备是预防恐怖事件发生的重要设备。主要评估对象是监视设备和感烟设备。监视设备需要摄像头的布置数量、位置以及是否有盲区。根据地铁区间隧道的布置特点,应有针对性地布置探测装置,控制非工作人员的进入,以提防恐怖分子破坏钢轨和其他行车设备,防止在钢轨上布置炸弹、障碍物等。

(2)警报系统是及时发现恐怖活动的设备,包括火灾报警系统、武器探测装置、侵入探测装置等。评估时需要考虑不同的车站规模是否按其重要性配置了相应的警报系统。

(3)控制系统是列车安全运营的保障,评估时需要考虑列车运营过程中的控制系统是否顺畅、稳定。同时考虑控制中心不同层次之间信息的转换及针对突发事件的控制中心的备份问题。

(4)通信系统是恐怖事件发生时进行救援的技术保障,为此需要在评估时考虑是否按照车站的重要性及级别配备了相应的设备。同时考虑在恐怖事件发生后通信系统是否可以不被破坏以及通信系统是否有相应的备份等。

(5)评估城市轨道交通车站是否配备消防灭火设备、逃生辅助器材,是否有防爆桶、防毒面具等设备。

(6)评估城市轨道交通车站是否有醒目、完善的安全疏散设备。

(7)评估城市轨道交通车站的供电、照明和通风设施布置的合理性。

3. 运营管理

(1)建立以安全生产责任制为核心的安全管理规章制度以及安全体系是安全生产管理的依据和前提,安全生产责任系统的建立体现了全面安全管理的思想。

(2)是否有完整的突发事件应急预案及救援措施是恐怖事件事发后将灾害降低到最低的有力保障,因此评估时要考虑安全管理中紧急预案的有无及预案的可行性,预案是否需要进行科学优化等问题。

(3)安全贯穿于轨道交通运营的全过程,既需要通过对企业的各层次部门进行横向管理来实现决策方案的落实,更需要通过对纵向上的管理以最终达到安全生产的目的。因此,评估时需要考虑运营公司是否有关于轨道交通事故突发事件的健全的组织保障。

(4)安全教育是使职工适应工作环境的重要手段,如果不经过培训和教育,不熟练掌握生产环境中有关作业的条件和知识,就难免产生人为的不安全行为。因此,安全教育和培训是城市轨道交通防(反)恐能力评估中应特别重视的问题。

(5)需要考察运营部门是否建立应急预案数据库、安全文件和事故案例数据库,为应急管理提供信息,增加预测、预防能力。

(6)防(反)恐的演习可以为轨道交通突发事件的疏散与救援提供经验,积累宝贵数据,促使防(反)恐能力不断提高,这也是评估运营管理的一项重要指标。

为研究城市轨道交通中可能存在的风险以采取相应的预防措施,需要对城市轨道交通的现状及规划、所处的环境、地铁建筑及设备系统进行弱点评估以及危险程度评估,以采取相应的技术措施。以下阐述皆以上海城市轨道交通为例。

8.4.2　既有城市轨道交通线重点评估对象的确定

至 2007 年 11 月上海市既有的城市轨道交通线共有 5 条,95 座车站,合计营业里程达 145 km,其中担任主角的是 1、2、3 号线;到 2007 年年底,上海轨道交通 4 号线、6 号线、8 号线(一期)和 9 号线(一期)投入试运营,使上海城市轨道交通线路总长达 230 km,车站数增至 161 座。故把上海轨道交通 1、2、3 号线作为重点评估对象。

上海轨道交通 1 号线大部分为地下线路,1 号线 28 个车站中有 15 个是地下站,9 个是高架站,4 个是地面站;2 号线全为地下线;3 号线为高架线(除石龙路站和上海南站站为地面站)。其中1、2号线为防范的重点,其原因主要有:①地下建筑一旦遭受恐怖活动袭击,人员的疏散和救援难度大,造成的后果较严重;②这两条线的客运量大,1号线列车单节核定人员310人,而在最高峰期时客流量超过定员60%;③线路途经大型的人员集散中心、商务中心、交通枢纽站(如上海火车站站、人民广场站、徐家汇站、中山公园站、陆家嘴站等)。全部竣工后的1号线将联系宝山新城、共和新路沿线大量居住区、铁路上海站、人民广场、徐家汇城市副中心、铁路上海南站、莘庄等重要区域。2号线全部竣工后将联系虹桥国际机场、虹桥开发区、中央商务区(浦东、浦西)、花木城市副中心、张江高科技园区、川沙中心镇、浦东国际机场等区域。因此,1、2号线在城市轨道交通线网中的地位是十分重要的,也因而成为防恐的重点。在既有的上海轨道交通上海火车站站、人民广场站、徐家汇站、陆家嘴站,因其自身的特殊性成为防范恐怖活动的重中之重。其主要原因有:①车站的客流量大;②为岛式站台,发生事故时灾害的影响范围大;③人民广场站所处的位置为市中心地段,且为换乘站,人口密度大,发生恐怖事件时人员疏散困难;④徐家汇站的部分出入口与商场合建,且规划中的徐家汇站为一大型换乘枢纽站,1号线、9号线及11号线在此换乘;⑤陆家嘴站的出入口处有上海市的标志性建筑物一东方明珠、金茂大厦,此外该站要解决金茂大厦及附近区域大量工作人员的上下班交通问题;⑥中山公园站设有折返设备,又是2号线与3号线的换乘站。

8.4.3 城市轨道交通建筑评估

城市轨道交通建筑主要由三大部分组成:车站、区间及车辆段.城市轨道交通车站是系统中重要的组成部分,是大量人员的集散地,同时还集中了城市轨道交通运营中很大一部分技术设备和运营管理系统,因而一直是城市轨道交通中恐怖活动实施的主要场所。区间是连接相邻两个车站的行车通道,当区间隧道发生火灾或者爆炸时,目前最有效的方法是将列车拖到最近的站台再进行疏散救援工作。广州地铁已在区间隧道中安装了疏散平台和逃生通道。车辆段是列车停放和进行日常检修、维修的场所,由各种生产、生活、辅助建筑及各专业的设备和设施组成,其中大量的车辆和燃料最有可能成为恐怖分子的袭击目标。

城市轨道交通系统在规划和设计时应具有防(反)恐意识。在规划阶段,应特别注重市中心地带或重要建筑物附近的连锁反应;在设计阶段的防(反)恐意识主要体现在建筑设计和结构设计2个方面。在建筑设计方面考虑地铁建筑及设备对地铁防(反)恐的作用,同时考虑救援通道、逃生通道的设置,并综合考虑通道与其他功能的互补性。在结构设计阶段,除考虑顶板合理的人防设计等级之外,应提高公共区的主要受力构件的抗爆能力,并考虑次生灾害的预防能力。从预防恐怖袭击的角度看,既有地铁被动地处于被袭击的地位,其建筑布局的利弊直接影响到防(反)恐的结果。

1. 城市轨道交通车站建筑及设备

由于地面和高架车站的组成较为简单,且恐怖活动造成的危害相比地下车站要小得多,故主要针对地下车站进行研究。地下车站中的建筑布局主要考虑以下几方面:车站出入口及出入口通道、车站通风道、站台形式、楼梯布置及设备等。设备主要有检票闸机和导向标志。

1)车站出入口及出入口通道

出入口的数量和布置形态在防范恐怖活动以及火灾等情况发生时起着很重要的作用。

车站出入口的数量根据车站规模、埋深、周围环境、城市规划等综合而定。一般情况下,浅埋地下车站的出入口数量不宜少于 4 个;深埋地下车站以及客流量较少的车站出入口的数量不宜少于 2 个。上海火车站站有 6 个出入口。出入口数量多有利于人员的逃生,但是造价会相应增加,尤其对于深埋地铁车站;但太多的出入口也不利于进出管理。目前,由于地下车站内往往附带商业开发,人员的进出不受限制,地铁的出入口基本上处于完全开放状态,出入口管理难度大,只有在特殊时期或者特殊地段才会有巡警维持治安,这使得恐怖分子进出车站比较方便。

地下车站出入口按照口部修建形式可以分为独建式和合建式。独建式出入口布局比较简单,地面建筑形式可以灵活多变,人民广场站为下沉式独立出入口,上海体育馆站为独立式出入口;合建式地铁出入口可以设置在不同使用功能的建筑物内或贴附修建在该建筑物的一侧,陕西南路站和新闸路站的地面出入口分别与地面商场、办公楼或车库等建筑结合在一起。这两种形式的出入口各有其优缺点,从防(反)恐的角度来说,合建式出入口使得恐怖分子更为隐蔽,事故发生时合建式出入口不利于人员的疏散及救援工作,且恐怖活动的影响会波及到与出入口连带的建筑物,造成更大的伤害。

连接出入口与车站站厅之间的通行道路称为出入口通道。恐怖事件一旦发生,救援人员需经出入口通道进入,地铁内的人员也经出入口通道疏散出去。地下车站的出入口通道形式主要为地道式。为较快地疏散客流,出入口通道应简洁通畅,尽量减少转弯与折角,在客流量大及深埋地铁的出入口通道内应设置自动扶梯。徐家汇站、人民广场站、上海火车站站的几个主要出入口通道的自动扶梯均能由站厅直接通至地面。经缩尺度模型的木垛火试验模拟研究地铁出入口的烟气特性发现,当地铁可燃物达到一定的程度,烟气在狭长的通道内存在分层现象,而在出入口处则是弥散在整个空间,因而出入口通道的高度对于烟雾中人员的逃生起到了关键的作用。《地铁设计规范》规定地铁车站的通道净高不应低于 2 400 mm,

上海轨道交通1号线的通道设计净高度为2 500 mm,部分通道由于施工误差、板底平整度差,或因部分管线设置需吊平顶等原因而造成高度不足2 300 mm,这对于烟雾及毒气情况下人员的逃生是极为不利的。较合理的通道高度确定需根据烟雾的扩散规律、人员逃生方法等多方面因素进行深入研究。

2)车站通风道与风亭建筑

地面及高架车站原则上采用自然通风方式;而地下车站由于四周封闭,客流量大,机电设备多,湿度较大,单靠自然通风是不够的,必须设置环控系统。上海地区的地下车站采用机械通风,站内设置了连接风机房与地面风亭的地下风道,形式多为矩形断面的管状构筑物,位置可设在车站吊顶及站台板下的空间内。车站的送风方式有端部纵向送风、侧向横向送风、顶部送风及混合式送风。不同的送风方式对于地铁火灾情况下的排烟影响是不同的。合理的风道设置应根据对不同送风情况下排烟效果的比较而定,需作进一步深入研究。

通风道在地面口部所设的有围护的建筑物称为地面通风亭,简称地面风亭或风井。地面风亭的建筑形式和地铁出入口类似,有独建式和合建式。上海地铁中地面风亭以独建式为主,可以避免影响临近建筑物的通风要求;也有合建式,如衡山路站地面风亭与变电站结合,徐家汇站南端一组风亭与地面出入口结合,陕西南路站西北端风亭组合进地面建筑物内。从防(反)恐的角度来说,今后地铁车站建设的风亭设计需要改进,重要车站的地面风亭应采取独建式,以避免发生火灾、毒气等情况下影响到周围的建筑物。

3)站台形式

上海既有地铁中,地下车站站台型式以岛式站台为主。岛式站台与侧式站台相比较,岛式站台的站台面积利用率高,可调剂客流,同时站厅与站台的空间宽阔完整,管理集中且联系方便,有利于发生紧急情况时展开救援工作及布置救援设备;但由于岛式站台的客流量集中,使得恐怖活动发生时造成的危害更大,当一侧列车发生事故时,如果处理不当,灾害会蔓延到另一侧,韩国大邱市地铁火灾便是例子。此外,岛式站台和侧式站台在事故状态下的人员疏散、救援方式也有所不同,今后应该深化这方面的研究,以制订相应的技术措施。

4)楼梯布置

城市轨道交通车站内的楼梯有三种:供乘客出入车站的出入口楼梯;联系站台与站厅层的楼梯(有些车站采用扶梯);还有一种是消防楼梯。消防楼梯是一个分离的完全独立的楼梯,供消防人员和地铁管理人员至车站各层使用,一般设置在管理用房区内。地铁中的楼梯应安全、耐久,采用非燃材料制成,踏步采取防滑措施。楼梯的高度和宽度应考虑到发生事故时人员的流动状况,不能出现人员过量拥挤而产生人踏人的状况。研究发现,车站内人员疏散主要受从站台到站厅的楼梯疏散能力的控制，而楼梯的宽度和人员流量在整个疏散过程中制约楼梯的疏散能力。在建筑空间允许的情况下，应设置消防楼梯，以利于事故发生时救援人员的迅速进入。上海轨道交通1号线已经在部分车站设置了消防楼梯，今后轨道交通车站设计中应考虑到这一问题。

5)检票闸机和消防通道

轨道交通车站内部分付费区和非付费区。付费区即持票乘客经检票闸机检票后允许到达的区域；非付费区是乘客未经检票之前，在站厅内允许到达的活动区域。付费区与非付费区的联系依靠检票闸机和消防通道。上海轨道交通车站均采用三杆旋转闸机。乘客检票后，横在闸机上的挡杆会旋转一周，使一人通行。正常状态下，检票闸机的挡杆是固定在闸机上的，消防通道也是关闭的；当轨道交通车站内出现紧急情况时，防灾报警系统一旦拉响，闸机上的挡杆会自动掉下来，不再阻碍人员通行，消防通道也会打开，可使付费区内的人员迅速疏散出去。

6)导向标志

地铁发生火灾或者爆炸等恐怖事件时经常会造成整个系统的断电，且车站内会弥漫着大量的烟雾，使得人员在逃生中辨别不清方向。因此，地铁内部必须设置事故照明灯之类的导向标志，帮助乘客寻找逃生方向。2003年7月24日，上海轨道交通1号线“车站应急疏散标志灯整改项目”在徐家汇站正式启动，全线16个车站安装1 040个应急疏散标志灯。在站台和站厅，如果遇到照明系统和应急照明系统双失电情况，将由自身带电的标志灯引导乘客迅速离开现场。

2. 区间隧道评估

上海地铁的区间隧道大多采用单圆土压平衡盾构施工，隧道直径在6.2～6.6 m左右，为单线隧道；仅有少数线段采用双圆盾构施工，形成双线隧道。对于区间隧道发生火灾或者爆炸事故时，最有效的方法是将列车拖到最近的站台，然后再进行疏散救援；而当列车坏在区间隧道内时，乘客的快速疏散是一个严峻的问题。目前广州市地铁自行研发、设计并施工的地铁疏散平台试验安装成功，地铁疏散平台是列车在隧道内出现紧急情况时疏散乘客的专用通道，疏散平台通过支架固定在隧道壁，高度与地铁列车车厢的地板即与车站站台等高，逃生乘客可以一步踏上红色的逃生平台。该疏散平台的缺点是其与站台同高，离轨面约1.1～1.2 m，对拥挤的人员在黑暗的隧道内逃生极为不利。国外有些隧道将逃生通道设置在轨道的一侧，但这样无疑会增大隧道的断面，建设成本也大大增加。最经济的方式是在地铁的轨道中心区设置逃生通道，但这种逃生通道设置的首要前提是无障碍，目前国内地铁区间大多因为空间有限，一些交叉电缆线、信号设备等只能布置在轨道上，这样会造成“跨栏”逃生现象；采用接触轨授电方式的地铁不具备在轨道中心设置逃生通道的条件。因而在轨道中心区设置逃生通道的方法还有待深入研究和优化。

上海地铁区间隧道应针对其自身特点考虑相应的防(反)恐措施,如:设置疏散平台或相关设施,加强区间隧道的照度,还应严格控制非工作人员的进入,以提防恐怖分子破坏钢轨或者在钢轨上面布置炸弹、障碍物等。为此,运营管理部门已在隧道进出口处设置了警示标志和监视系统。

3. 车辆段评估

地铁车辆段是一个特殊的场所,主要集中的是列车和大量设备,如果恐怖活动在此发生的话后果是不堪设想的。一般每条城市轨道交通线路设置一个车辆段,若线路较长则增设一个停车场(不含检修功能)。上海轨道交通 1 号线新龙华车辆段的功能是承担 1 号线车辆的停车和各级修理,以及 1 号线和 2 号线的车辆大修任务。

车辆段储存着大量的列车、设备及燃料,但其工作人员较少,这些设施很容易遭受恐怖分子的袭击,尤其是那些稍具车辆段运作知识的人。因此,车辆段应该做好安全防范措施,严格控制不明身份的人员进入场地,同时在规划和设计过程中需考虑设置监测设备以检测任何不当行为的发生。

8.4.4 城市轨道交通设备系统评估

1. 车辆

列车是轨道交通系统中一个重要的组成部分,由于其结构特点,列车在轨道交通系统中最为显著也最容易接近,因而极易受到恐怖分子的袭击。列车潜在的危害有:在列车上和列车底部放置炸弹,在车上发生武装袭击,在车内释放化学、生物或放射性毒气,受到另一辆列车的撞击,脱轨等。恐怖分子袭击列车时一般都会选择在区间隧道内,因为隧道内很少设置监控摄像头,而且区间隧道内发生爆炸时,爆炸的冲击波经隧道壁反射后造成的危害更大。

目前,上海地铁中采用列车自动驾驶系统(ATO),但是紧急情况下仍需驾驶员来处理。因而,列车在设计时应该考虑到,在事故情况下如何保护好驾驶室内操作员的安全以及车辆控制系统的有效性,使列车能够继续运行到最近的车站。

上海轨道交通 1 号线的车辆采用德国技术,1 500 V 直流供电,设计速度 80 km/h,每节载客量 310 人;采用铝合金车体,宽 3 m,全部材料均不可燃;列车上设有紧急照明,使用专门 DC110 V 线路,断电时采用蓄电池电源。列车运行采用接触弓受电方式,无备用电,如果区间隧道发生恐怖爆炸或火灾使得接触弓受电失效时,则人员需要下车后进行疏散。因此,现阶段区间内一旦发生紧急事件,地铁司机首先要做到按紧急预案和指挥中心指示行动。若地铁列车在区间发生生化毒气泄漏事件,列车进入站台将引起更大的伤亡。因此,地铁司机在紧急事态下的处理方式,都与安全等级和车辆的运行形式及自身特点有关。

2. 消防系统

地铁中的事故灾害有多种。从世界地铁100多年的历史教训来看,地铁中发生频率最高、造成损失最大的是火灾,而恐怖分子实施纵火也较其他方式容易得多。因此,地铁中消防系统的设计是十分关键的。上海轨道交通1、2号线的消防系统主要由火灾自动报警系统(FAS)、水消防系统、气体灭火系统、火灾排烟通风系统和事故与导向指示照明系统等五部分组成。3号线由于处在高架上,因而消防重点在前三部分。由于地下发生火灾比起高架要严重得多,因此地下的消防系统设计应考虑得更加周密。

1)火灾自动报警系统

设计规范将地铁划为一级保护对象,火灾探测器的设置部位与保护等级相适应。地铁中火灾自动报警系统一般按照中央报警管理和车站检测报警控制二级管理模式,然后再启动车站的设备。中央报警管理系统在线路的控制中心大楼调度室内设置防灾报警指挥中心。该中心配置工作站级计算机及大屏幕显示器,并配置专用FAS监控、调度软件。中央火灾自动报警系统通过地铁通信系统提供的数据传输信道(PCM)实现和各车站及车辆段火灾自动报警系统的联网,以对全线进行监控。车站检测报警由各报警区域所设置的火灾探测器、检测模块、反馈模块、消防报警按钮、消防电话、集中报警控制器等组成探测、报警、控制指挥的独立防灾报警系统。各站区内设FAS控制室,在各车站还设有车站设备监控系统(BAS)。

上海轨道交通1号线的火灾自动报警系统设备选用美国SIMPLEX公司生产的火灾自动报警系列产品,包括中央火灾自动报警系统主设备、车站火灾自动报警系统主设备、系统末端设备和系统电源设备等。其中每个车站都配备了Simplex－4100多功能火灾报警控制器、车站地图式火灾报警模拟显示盘、联网用调制解调器及打印机;在主变电站设置了Simplex－4002火灾报警控制器。两座主变电站与就近的车站相接,控制中心楼与中央火灾自动报警系统相接。

因为火灾发生时往往先有烟雾产生,因此烟感探测器的设置是不可缺少的。上海轨道交通1号线中设置了地址式烟感探测器、普通烟感探测器、线型温感探测器。火灾探测器设置的型式应该根据不同的环境而定,例如对于站台层和站厅层的天花板,其中隐藏的管线多,安装灯具发热量大,因而环境温度较高,运营和休息时的温差大,不适宜安装感温火灾探测器;对于环境粉尘较多的地方,离子探测器易发生误报,可选择光电式感烟探测器,只对烟雾浓度发生反应。对于这些探测器应该定期进行检查维修,确保其处于正常工作状态。当地铁车站或车厢内有人抽烟而烟气达到一定浓度或达到探测器报警的温度时,烟感探测器会出现误报警的情况。故应对乘客进行宣传教育,禁止在地铁车站或车厢内抽烟。

2)水消防系统

为能在地铁发生火灾时尽快灭火,应考虑设置多功能的水消防系统。上海轨道交通1号线水消防系统由消火栓系统、水幕系统和闭式自动喷水灭火系统等组成。

(1)消火栓系统:每座地下车站均设一间消防增压泵房,内有两台消火栓泵,一用一备。当某一车站的上水管道停水或该站的消火栓泵因故不能启动时,与它相邻的两座车站的消火栓泵可启动,经区间隧道消防水管向该站供水灭火。1号线车站和区间的消火栓系统采用湿式系统。每座车站及相邻区间隧道的消火栓系统由消火栓泵、管道和若干消火栓箱组成。车站内每隔45 m设置一只消火栓箱,箱高1.8 m,宽1.2 m,箱内配有双头双阀消火栓一只、水带两盘、多功能水枪两支、消防电话插孔和水泵启动按钮,箱门面板上还装有手拉报警装置。此外,箱内还放置两只1211干粉灭火器。

(2)水幕系统:按照建筑防火规范,地下建筑在面积5 000 m^2 以上的需设全淹没水喷淋,并用防火门隔断。为了有利于人员的疏散,上海轨道交通1号线车站建筑形式不能设防火卷帘门,于是采取在站台和站厅之间楼梯处设置水幕,使之分成两个防火区域。每座车站的消防泵房内设两台水幕增压泵,一用一备。水幕隔断系统,以一个楼梯为一单元,在楼梯间辟设雨淋阀室,采用双路进水,管路环路布置,沿站台板下敷设。1号线车站水幕系统采用半自动控制方式。即当站厅或站台的探测器报警,经人工确认火警后,值班员通过4100控制器人工启动雨淋阀上的电磁阀;电磁阀开启后,雨淋阀压力开关返送信号给4100控制器,自动启动水幕增压泵。或者火灾时管理人员进入雨淋阀室,直接打开雨淋阀上应急球阀,水流指示器返信号给4100控制器,自动启动水幕增压泵。

(3)闭式自动喷水灭火系统:该系统主要用于1号线的车辆段。车辆段由于聚集着大量的列车,因此停车库是消防的重点。库内设有消火栓系统和全淹没式自动喷水灭火系统,此外停车库外侧还设有DN100地上式消防水泵接合器。

由于地铁内发生火灾事故的几率是很低的,因此水消防系统使用频率很低,但应该定期开启水消防系统,以检查系统的性状,确保事故发生时的正常启用。

3)气体灭火系统

从国内外发生的火灾事故来看,相当多的是由电气设备引起的。城市轨道交通中汽体灭火系统主要应用于地铁车站重要的设备用房,包括变配电所、环控电控室、通信信号设备机房和公共移动通信引入机房,以及主变电站与控制中心等重要区域。

20世纪90年代初,地铁工程(如上海轨道交通1号线等)多采用哈龙(Halon)1301气体灭火系统,其性能良好,但因其对大气臭氧层会造成破坏而不再推广。

90 年代后期地铁工程(如上海轨道交通 2 号线等)多采用烟络尽(Inergen－541)消防气体灭火系统,也有采用 FM－200 气体灭火系统(如上海轨道交通 1 号线北延伸等),取得了一定的成效;但亦存在诸如气瓶压力高、占地大(Inergen－541)或气体成本高(FM－200)等到不同问题而难以完全替代 Halon 1301 气体灭火系统。上海市地铁和广州市地铁目前多采用 1301 气体灭火系统,该系统由喷洒系统和控制系统组成。SHT－2000(NAFS－125)全淹没灭火系统采用的是一种无色、无味、不导电、不含氯和溴,对臭氧层破坏值(ODP)为零的洁净灭火气体,特别适用于扑灭室内明火。SHT－2000 由高压气瓶存储,并由氮气加压提供额外能量,以加速喷放率。在正常运作压强 2.5 MPa(25 bar)或 4.2 MPa(42 bar)下,SHT－2000 以液态方式存储于气瓶内,有多种规格气瓶以充入不同数量的气体,并可安排单管道或组合管道以适应不同场所的要求。按系统的应用要求,SHT－2000 气体可经过不同的探测器而自动喷放,也可采用人工就地启动气瓶或远距离启动气瓶等控制模式。合适的气瓶压力通过喷嘴令 SHT－2000 气体迅速喷放,并与空气混合后均匀地分布于火场各处,起到有效灭火的效果。同时,SHT－2000 气体在喷放后会迅速自然蒸发,无需清理火场留下的残渍,可起到良好的保护效果。

SHT－2000(NAFS－125)可以有效地扑灭国际消防标准(ISOO)所划分的 A、B、C 类火种,并通过美国 UL 等国际权威消防检测机构及中国国家固定灭火系统质量检测中心(CNCF)的检测认证。SHT－2000(NAFS－125)气体用量与沸点同 Halon 1301 最接近,能直接替换现有 Halon 1301 系统,总体成本低。因此,SHT－2000(NAFS－125)已成为可全面替代 Halon 1301 的新型环保灭火气体。

4)火灾排烟通风系统

根据有关试验证明,在火灾初始阶段,因空气对流而产生的烟气在水平方向扩散速度为 0.3 m/s;在火灾燃烧旺盛阶段,由于高温的作用,热对流产生的水平烟气扩散速度为 0.5～0.8 m/s。因此,控制烟气水平扩散的风速仅需 0.8 m/s,但乘客能感受到空气流动的最低风速为 2 m/s,所以综合考虑诱导乘客水平疏散和控制烟气流向时应形成不小于 2 m/s 的水平风速。具体情况下的通风方式、风速大小等设计参数需结合地铁建筑形式、火灾工况进行深入细化研究。

上海轨道交通 1 号线的地下车站及区间隧道均设有比较完善的环境控制系统。它在正常情况下对地铁内的温度、湿度和空气流速等进行全面的控制,在火灾情况下针对火灾发生的不同位置相应提供正确有效的排烟通风,以利于人员安全疏散。

5)事故与导向指示照明系统

地铁中一旦发生事故,最容易引起人们的恐慌。从既有实例研究发现,人们在盲目的情况下很容易产生一种从众心理,即都向着人多的方向跑。这时候如果没有明确的指示照明系统，就会造成过度拥挤现象，甚至发生象“密云事件”中人踏人的情况。目前上海市地铁开始陆续在车站内安装逃生指示，该指示为离地面90 cm、间距2 m的发光物体，在烟雾较大的时候可以帮助人们看清逃生方向。

6)通风空调系统

通风、空调的主要任务是采用人工的方法，创造和维持满足一定要求的空气环境。其包括空气的温度、湿度、空气流动速度和空气质量。当列车阻塞在区间隧道时，能维持车厢内乘客短时间能接受的环境条件；当地铁发生火灾事故时，能提供有效的排烟手段，给乘客和消防人员输送足够的新鲜空气，形成一定的风速，引导乘客迅速撤离现场。地铁通风空调系统一般分为开式系统、闭式系统和屏蔽门系统。

屏蔽门系统是20世纪80年代末在世界部分城市轨道交通线上出现的一种较为先进的环控模式。它能隔断区间隧道内热空气与车站内空调冷气之间的热交换，降低车站空调的运行能耗；同时能加强安全防范，为乘客提供一个舒适、安全、美观的候车环境。上海目前正在运营的8条城市轨道交通线多为开式系统，但近年新建的4号线、6号线、8号线、9号线的地下车站都安装了屏蔽门系统，1号线从2006年起开始逐站安装屏蔽门系统。

地铁通风空调系统根据使用场所的不同、标准不同，可分为车站通风空调系统、区间隧道通风空调系统和车站设备管理用房通风空调系统。

7)防排烟系统

地铁发生火灾时，绝大多数的人员伤亡都是被烟气中毒、窒息等所致，因此有效的防排烟系统是地铁防灾系统的重要组成部分。目前上海轨道交通1号线中的防排烟系统是根据不同的工况来设计的。这些工况包括正常和非正常状态。非正常状态中考虑了火灾发生时不同起火位置、火灾大小等不同工况，每种工况的排烟模式是不同的。地铁内防排烟系统和空调通风系统设置原则相同，重点针对三大区域:车站的站厅和站台；区间隧道；车站设备用房和管理用房。国内各城市轨道交通地下车站的站台层高度一般为4.2～4.4 m，装修吊顶完毕后为3.0 m，吊顶以上设有大量管线，所剩空间极少，因而蓄烟能力极差。在不改善层高的前提下，站台层的排烟能力应以控制烟气不向上一层蔓延为原则，这时可综合利用车站所安装的风机设备协助排烟。国内地下车站站厅高度一般采用4.2～4.6 m，而出入口通道的高度一般为2.5 m，站厅与通道交接处设置离地面高为2.5 m的挡烟垂壁，这样站厅顶棚有1.7～2.1 m的蓄烟高度，因此蓄烟能力比站台大大增强。区间隧道发生火灾时，应能背着乘客疏散方向排烟，迎着乘客疏散方向送新风。另外区间隧道一般设有一定坡度，有时一个区间隧道内其坡度、坡向不尽相同。坡度可从0.3%到3%之间变化，由于受热作用，坡度越大升力也越大，当排烟方向与坡向一致时，排烟系统应考虑克服烟气的上升力。车站设备用房和管理用房的排烟设计根据管理用房的要求设置，相同的使用要求划分在一个系统中，最好能与平时排风系统兼用。

目前的防排烟系统尚未考虑到毒气发生的情况，从防(反)恐的角度来看，地铁中的防排烟系统还应考虑如何进行毒气的处理。

8)通信系统

通信系统主要是保证地铁系统中各种联络需要。包括：传输系统、电话系统、无线通信系统、闭路电视系统、有线广播系统等，这些都是地铁运营系统中不可缺少的重要组成部分。设施安全、入口管理、计算机安全以及车辆安全都对通信系统的安全和性能产生一定的影响，地铁运营中应该考虑如何将多方面的安全因素综合到一起以达到地铁系统安全的目的。通信系统不仅要求其自身之间的沟通，还要求与外界包括事故处理中心的联络、车辆与其他部门的联络、乘客与工作人员和列车员的联络。

上海轨道交通1号线设置了闭路电视(CCTV)监控系统，以有效地监视各车站的客流情况，配合防灾系统设备对灾害情况做出及早和准确的反应，并做现场记录。整个系统由车站闭路电视设备、控制中心闭路电视设备及其传输系统组成。车站闭路电视系统主要由站厅和站台的摄像机、监视器和控制键盘、视频交换机柜及测试监测器和控制盘等组成。

车站广播系统主要用于控制中心和车站值班员对城市轨道交通的车站进行广播，列车调度和防灾环控调度兼用本系统。在发生紧急事故时，可优先提供防灾调度员使用，指挥车站工作人员及乘客进行救灾或疏导等。在特别情况下控制中心行车调度员也可对车厢内的乘客进行广播。

恐怖分子实施其犯罪活动会选择在乘客中进行，以期伤害无辜的人群，造成巨大负面影响。因此，通信系统还应该考虑到乘客与列车员或车站管理控制中心之间的便捷联络。这样乘客可以及时地向外通报异常情况，协助管理人员进行安全防范。上海轨道交通1、2号线列车在车门上安装了紧急拉手，遇到紧急情况时乘客可以拉动紧急拉手，使列车停车。上海轨道交通3号线在车厢内安装了对讲系统，乘客遇到紧急情况时，可以通过摁下按钮与司机进行对话，但这时司机就无法通过应急广播向乘客说明情况。

9)信号系统

《地铁设计规范》中规定地铁信号系统应由行车指挥和列车运行控制设备组成，并应设置必要的故障检测和报警设备。目前地铁信号系统采用的是列车自动信号控制系统(ATC)。它由三个子系统组成，即列车自动保护(ATP)、列车自动运行(ATO)和列车自动监控(ATS)。ATP根据故障一安全原则，执行列车间安全间距的监控、列车的超速防护、安全开关门的监督和进路的安全监控等功能，以确保列车和乘客的安全；ATO 主要执行站间自动运行、列车在车站的定点停车、在终点的自动折返等功能；ATS 的主要作用是监督列车状态、产生列车时刻表、自动调整列车运行时刻和保证列车按时刻表正点运行。

10)供电系统

电是城市轨道交通车辆电力牵引系统必需的能源，也是为运营服务的所有机电设备，包括通风、空调、照明、通信、信号、给排水、防灾报警、电梯、自动扶梯等所必需的能源。城市轨道交通供电电源一般取自城市电网，通过城市电网一次电力系统和城市轨道交通供电系统实现输送和变换，。最后以直流(或交流)和相应的电压等级供给用电设备。

城市电网一次电力系统，以 110 V 或 220 V 的高压，通过三相传输线输送到区域变电所。在区域变电所中，电经过降压变压器降低其电压等级(如降到 10 kV 或 35 kV)。再经三相输电线输送给本区域内的牵引变电所和降压变电所，再降为城市轨道交通所需的电压等级(如 1 500 V、380 V 等)。

城市轨道交通的牵引负荷为一级负荷。一级负荷规定由两路独立的电源双边供电，当任何一路电路发生故障中断供电时，另一路应能保证一级负荷的全部用电。牵引变电所的电源进线应来自两个区域变电所或区域变电所的两路独立电源，当一路电源故障，另一路电源即自动投入。在城市轨道交通供电系统中，根据用电性质的不同可分为两种：由牵引变电所为主的牵引供电系统和由降压(动力)变电所为主的动力机照明供电系统。

城市轨道交通牵引供电系统有牵引变电所，馈电线，接触网(架空线或接触轨)，钢轨和回流线等组成。牵引变电所是供给城市轨道交通一定区段内牵引电能的变电所。接触网是经过电动列车的受电器向电动列车供电的导电网。在电压制式上，目前世界上多采用直流 750 V，1 500 V，个别采用 600 V。北京城市轨道交通采用直流 750 V，上海城市轨道交通采用直流 1 500 V。馈电线是从牵引变电所向接触网输送电能的导线，回流线是供牵引电流返回牵引变电所的导线。

城市轨道交通动力及照明供电系统由降压变电所，配电所及配电线路组成。降压变电所将三相电源进线电压降压为三相 380 V 和单相 220 V 交流电分别供给动力、照明设备，各配电所对泵车站及其两侧区间的动力、照明等设备配电。

11)监控系统

地铁系统中为保障运营安全需要设置监控系统。目前上海市地铁仅从运营安全角度考虑安装监控系统，设置用于维持站台秩序、监视现场状况的辅助系统，帮助指挥人员管理现场。上海轨道交通 1 号线站台上仅装 2 台摄像机，用于监控概况，不能够满足防恐要求。此外，随着地铁周围物业的开发，服务设施增多也引发了治安问题。目前上海轨道交通3号线正在进行监控系统的改造,摄像头增加到2 000个,模拟数据保留7天,每个车站配备人员进行监控。

为有效地防范恐怖活动的发生,监控系统应该做到细节监控,不仅对出入口、列车等人员集中的地方以及变电站、隧道进出口进行监控,同时还要关注一些容易忽视的角落,如结构柱脚、设备群空隙、楼梯下楔形空间等。监控系统可以配合使用录像带或者录影机,录像带能够为恐怖活动发生时追捕罪犯、判断事故发生原因及研究事故发生过程提供许多有用的现场资料。监控系统设置中必须考虑的另外一个重要问题是照明系统,因为所有被监控的对象必须在可视情况下才能进行。

地铁中监控设备的细节化和功能的完善会增加许多运营管理成本,但对于恐怖事件的控制是十分重要和有效的。

8.4.5 城市轨道交通运营管理系统评估

城市轨道交通的安全运营除了和其设备、外界影响条件有关,更重要的是其运营管理模式,包括工作人员的安全防范意识、设备的操作及管理模式等。防范恐怖活动必须针对安全问题制订一项正式的有组织的程序。

管理部门应该结合可能发生的恐怖活动制订各种应急预案以应对突发事件。例如《地铁爆炸应急预案》、《地铁发现疫情的应急预案》、《地铁内发生火灾的处理预案》、《列车在区间火灾的救援方案》等。这些预案不仅针对管理部门,各层次工作人员以及相关的救援部门都应该熟悉相关的内容,一旦事故发生,立即启动紧急预案,将灾害降低到最小。

为提高乘客对突发事件的应对能力,需要加强公众教育,增强群众的自救能力。群众可以通过电视、广播等媒体以及散发的安全小册子了解安全防范知识。此外,上海地铁中所有列车车厢中均安装了液晶显示屏,该屏幕除了向乘客播放到达站站名、终点站名及其他相关服务信息之外,还循环播放地铁安全知识,例如演示地铁火灾中逃生的具体步骤。由于隧道内尚未铺设电缆,该项服务措施目前还不能做到接收信号进行实时播放,为进一步完善地铁安全系统,应该考虑在地铁中进行实时信息传播。

因为地铁内发生事故时需要各方面的相互配合,形成高效的联动救援体系,因此在地铁内需要进行适当的实战演练。2003年7月18日下午,上海市消防部门在尚未投入营运的上海轨道交通1号线北延伸段中山北路站举行“地铁模拟火灾测试演习”。排烟不力,疏散不力,没有照明,通讯不畅,演习针对这些可能产生的事故“致命伤”展开实战演练,为上海市今后地铁消防提供数据,研究灭火和及时疏散乘客的有效预案。鉴于很多灾害情况的特殊性,不能够通过演习来进行,可以采用模型试验或者计算机模拟。

8.4.6 城市轨道交通的弱点评估

恐怖活动是很难被完全控制的，但是如果轨道交通系统中存在大量的弱点，就很容易滋长恐怖分子制造破坏的阴谋，而制订一套比较完整详细的对策对于恐怖分子将会起到一定的前摄作用，并能最大程度地降低轨道交通中的风险。城市轨道交通系统中的弱点就是指那些管理措施上不够严密或者结构上比较脆弱，容易被恐怖分子制造破坏的地方。弱点评估是一个找出建筑结构、运营系统、程序或者其他可能被恐怖分子利用的地方中所存在的弱点的过程，然后提出可供选择的方法以消除或减轻这些弱点。

从目前的地铁运营管理状况来看，上海地铁存在以下弱点：

1. 高峰期客流量太大

目前上海市地面交通一直比较拥堵，尤其是上下班高峰期，乘地面交通工具所花时间会是乘地铁的 3 倍以上，地面交通工具时间的行程很难保证，因此许多人都选择地铁。这就造成了地铁在上下班高峰期间的严重拥挤。有关客流量统计表示，最高峰时地铁车厢的乘客数已经超过了核定人员的 60%。客流量太大给管理带来许多问题，使得恐怖分子有机可乘，从国外的案例来看，恐怖分子作案时机往往选择在人们上下班的高峰时期。

2. 出入口管理困难

据统计，2006 年上海市轨道交通 1～5 号线共运送乘客 6.49 亿人次，日均客运量为 178.5 万人次，单日最高客流量超过 243 万人次。因而出入口的管理较为困难，无法对乘客的身份、携带的物品进行识别。同时在一些客流量大的出入口处，如上海火车站站又聚集了许多商贩，将地铁出入口重重包围，一些流浪人员甚至在地铁出入口通道内留宿。轨道公安分局对地铁车站、出入口进行了多次重点整治，但效果甚微。出入口管理上的不力，使得恐怖分子很容易进入地铁车站，伺机作案。

3. 监控系统不完善

整个地铁系统的安全防范不仅需要工作人员的现场管理，很大程度上也依赖于监控系统的实时监控。实时监控设备能够帮助地铁管理人员发现可疑人物或物品，能起到很好的预防作用。例如在地铁中配置远程 CCTV 监控系统，包括固定摄像机、可远程控制的移动摄像机以及录像带，这些监控设备的存在对于恐怖分子将起到一定的威慑作用，对于隧道入口、变电站等不需要一直监控的地方，可以将远程监控系统与侵扰检测系统结合起来，称之为事件触发监控系统。在上海既有地铁设备中，这些监控系统还没有完善，因而成为城市轨道交通系统中的一大弱点。

4. 模拟演练少,事故处理缺乏经验

国内地铁目前尚未发生过大的恐怖事件。上海地铁自1995年7月至2005年底,共发生了65起自杀性伤亡事故,有17人被救起,48人自杀死亡。这些事故的发生仅对列车的正常运营造成不同程度的影响,并没有出现乘客伤亡或大规模的秩序混乱现象。上海地铁在事故模拟方面做得较少,因而工作人员缺乏事故处理经验。

8.4.7　反恐背景下的城市轨道交通设计

1. 出入口的布置

以往的地铁设计中对地铁车站出入口的布置并没有特别的规定。通常,设计人员根据设计经验,结合各个车站所在位置的地面建筑及街道的具体情况进行布置。一般都把出入口位置选择在吸引客流量大、与地面交通换乘方便的地方,或者直接利用附近商场、地下人行通道等设施,以节省工程造价。

事实上,现在对出入口的布置不仅要考虑其交通疏散功能,以及经济引导功能,还要在此基础上,以国外地铁恐怖事件频繁发生为鉴,考虑在紧急状况下,对人员安全疏散和救援实施所带来的影响。

1)地铁出入口的分类

根据出入口的位置可以将地铁出入口分为三类:

第一类为有明确边界条件,明确的客流走向或地面位置非常重要,必须在某位置布置的出入口(如在主干道靠近十字路口的两侧)。

第二类位置可在一定的范围内摆动,完全由地面建筑物吸引程度来确定,如上海轨道交通1号线黄陂南路站的出入口连接到某商厦的地下层(见图8.3)

图8.3　上海地铁1号线黄陂南路站

除以上两类出口外,其他的出口均可划为第三类。以往在第三类出入口的设置上,具有一定的随意性。伴随着反恐理念的提出,对这类出入口应该谨慎分析各个可能位置的优劣,并精心设计,强化在紧急事故下,发挥其排烟散热、救援与疏散的特殊功能。

对此第三类出入口,在设置时应该注意以下几点:

(1)要符合相关规范要求及当地城市规划部门的规划要求;

(2)不宜直接设置在城市人流的主要集散处(如球场,剧院),以免发生堵塞;

(3)周边不宜有密集的楼群建筑,出口处应尽可能地创造条件,以方便紧急情况下的救援与疏散;

(4)出口的朝向应迎着该位置的常年风向;

(5)出入口不应设在易燃、易爆、有污染源并有挥发有害物质的建筑物附近。

2)出入口的设置

(1)出入口数量的确定

车站出入口数量通常是根据车站的规模、埋深、平面布置、地形地貌、城市规划、周围道路、环境条件并按照车站远期预测高峰小时的分向设计客流量计算,并经综合考虑后确定。《地铁设计规范》对其规定是:"车站出入口的数量,应根据吸引与疏散客流的要求设置,但不得少于两个。"

但对于枢纽站、换乘站等甲级站点(如上海轨道交通1号线的上海火车站站和人民广场站),由于日常客流量就很大,特别在上下班高峰时段或节假日,实际已接近甚至超出目前的疏散能力,加之考虑到在突发事件下(如火灾)部分出入口可能存在被封闭的风险、乘客的慌乱无序带来的拥堵、为方便救援行动的开展而让路等情况,必须根据实际条件,合理地增设一个或数个短通道,并可直达地面的敞开式出入口,作为应急出口,以满足救援与疏散的需要。

(2)出入口主要尺寸的确定

出入口宽度按照车站远期预测超高峰小时设计客流量计算确定。但考虑到客流不均匀的影响,宽度设置要有一定富余。即:根据出入口位置,主客流方向以及可能产生的突发性客流,分别乘以1.1～1.25的客流不均匀系数。车站出入口宽度的总和,应大于该站远期预测超高峰小时设计客流量所需的总宽度。

出入口的最小宽度不小于2.5 m。考虑到紧急情况下,乘客不可能按平常的流动特征进行疏解,即前后有序地通过出入口,而是并排最大限度地利用出入口宽度逃生。所以,对某些站点出入口还应在设计宽度基础上适当加宽。

图8.4为上海轨道交通1号线徐家汇站某一出入口。由于该出入口受周边地界限制,已占据人行道绝大部分宽度,其右边紧临城市干道,左边仅留很小的宽度供行人通行,但出入口仍显得窄小。旁边的上行自动扶梯,其有效计算宽度一般为1 m,但由于扶梯的两边扶手,使其实际占宽接近1.5 m,加上人的行走特征(不会贴墙行走),使本就不够宽敞的出入口又浪费了0.6～0.8 m宽的通行空间。若在紧急情况下,此出入口根本无法满足大量人员的疏散需求,同时对救援人员和救援设备的进入也是非常不利的。针对此类特征的出入口,有人建议:①取消自动扶梯改全步梯形式,可有效增加出入口通行能力至少为30人/min。虽然降低服务标准,但可一定程度保障紧急疏散。②可增设一个全步梯的反向出入口,成"T"行布

置。这样既保持了服务标准又满足紧急疏散,缺点是增加了工程造价。

(3)出入口在车站中的位置

出入口设置的位置不同,对乘客在地下通道步行时间有显著的影响。如何使乘客在最短的时间内从地下走到地面,这对于在火灾等情况下的乘客逃生有决定性意义。原则上,作为地下与地面的连接口,出入口要尽可能选择在与站台间通道步距最短的位置。有人通过一些简化模型,经计算得出:地铁车站中央位置的出入口,其步距最短,有利于乘客疏散。因而,对这样的出入口应予重点考虑,应强化它的救援逃生功能。

2. 地铁出入口通道

1)火灾情况下地铁出入口通道对人员疏散和救援的影响

爆炸和纵火均会引起地铁火灾,地铁内火灾对人群的危害主要在于其次生灾害作用,即烟气对人员疏散和救援的影响。地铁各组成部分对于事故状态下的人员疏散和救援均会起到不同程度的影响,其中地铁出入口通道作为整个车站的"瓶颈",影响更加突出。

地铁火灾与地面建筑或其他地下建筑火灾相比有它的特殊性。它与外界的联系只有车站的出入口,发生火灾后人员只能由通向地面的车站出入口通道进行疏散。此外,火灾发生在站台层时,烟雾由于浮力效应不断地向上扩散,当火灾较大而地铁车站的排烟设备不能够及时将烟雾全部排出时,一部分烟雾将通过楼梯口蔓延到站厅去,并进一步流向出入口通道。韩国大邱市地铁火灾照片中出入口处的滚滚浓烟即证实了这点。如果火灾发生在站厅层,烟雾会更快地扩散到出入口通道中去。既有案例和相关的研究表明,狭长通道具有水平向的"烟囱效应",火灾烟气在通道内传播很快。此外,经过吊顶装修的通道顶部,一般都不具备排烟、蓄烟能力,烟雾只能在通道内流动。种种研究表明,地铁车站出入口通道对人员的安全疏散会产生很大的影响和制约作用。

2)基于人员安全疏散的出入口通道设计研究

(1)烟气扩散到出入口通道内的可能性分析

由于恐怖分子制造恐怖活动的目的之一是最大程度地制造破坏,引起恐慌。因而其往往不会选择直接在出入口通道内作案。根据大量的既有恐怖活动的调研,纵火、爆炸等恐怖活动多发生在站台层及运行列车上。此外电气短路等故障造成的火灾也往往发生在站台层。因而地铁内应重点考虑站台火灾情况下烟雾的流动规律。

有关试验证明,烟气沿楼梯、竖向管井的垂直扩散速度为3~4 m/s,因此这些部位的风速需达到4 m/s以上才能有效地控制烟气向上一层蔓延。在火灾初始阶段,因空气对流而产生的烟气在水平方向的扩散速度为0.3 m/s;在火灾燃烧旺盛阶段,由于高温的作用,热对流产生的水平烟气扩散速度为0.5

～0.8 m/s，因此控制烟气水平扩散的风速仅需 0.8 m/s，但乘客能感受到空气流动的最低风速为2 m/s。所以综合考虑诱导乘客水平疏散和控制烟气流向时应形成不小于的 2 m/s 水平风速，其排烟量应按此值进行确定。现行《地铁设计规范》规定：车站站台发生火灾时，应保证站厅到站台的楼梯和扶梯口处具有不小于 1.5 m/s 的向下气流。这一规定体现了烟气控制排除的基本原则，但不足以阻止站台层的烟气向站厅蔓延。对于站厅、站台及出入口通道等处的水平送风速度，规范尚无相应规定。

出口通道与站厅的非付费区相连，一般车站的出入口通道为 2～4 个不等，通道的长度要视建筑环境而定，可以为 20 m～150 m 不等。由于通道的活塞效应，站厅层的烟气会进一步扩散到通道中去。因而火灾情况下车站内的烟雾主要是从排风通道和出入口通道排出，这两者的比例将直接影响到救援和逃生效果。韩国大邱市地铁火灾，由于车站的排烟设备负荷量不够，因而大量烟气不能够通过排风井排出，而从出入口处流出，6 个出入口中有 4 个烟雾很多，使消防人员进入地铁十分困难，给人员的逃生和救援造成困难。

(2)人员的安全疏散条件

地铁内出入口通道的空间特征分析应以人员的安全疏散为控制条件，而安全疏散的标准则是要求建筑物的可用安全疏散时间大于必需的安全疏散时间。

可用安全疏散时间是指从起火时刻到火灾对人员安全构成危险状态的时间段，主要取决于建筑结构及其材料、控火或灭火设备等因素，与火灾的蔓延以及烟气流动密切相关。火灾中的危险状态是指火灾环境对建筑物内人员造成严重伤害的状态。一般情况下，可根据热辐射通量、烟气温度以及烟气中有毒气体的浓度来表示危险状态。

热辐射通量：是指辐射到表面(如人体皮肤)的有效热值的数量。实验表明，当人体接受的热辐射通量超过 0.25 W/cm^2 并持续 3 min 以上时将造成严重灼伤。

烟气温度：当上部烟气层的温度高于 180 ℃时，它对人体的辐射危险将对人员造成严重伤害；当烟气层下降到与人体直接接触的高度时，对人的危害将是直接烧伤，这种临界值约为 100 ℃以上。在分析温度对人员皮肤的烧伤时，需要综合考虑皮肤表面温度和在该温度上的暴露时间。有资料显示，造成皮肤 2 级烧伤时，71 ℃的皮肤暴露时间是 60 s，82 ℃为 30 s，100 ℃则为 15 s。

有毒气体的浓度：在烟气层下降到人员呼吸高度时(一般认为是 1.5 m 左右)，可根据某种有害燃烧产物的临界浓度判断是否达到临界危险状态。如 CO 浓度达到 0.25%就可以对人构成严重伤害。CO 浓度对人员安全及疏散速度的影响分别见表 8.2 和表 8.3。

表 8.2　CO 浓度和累积剂量对人员的影响

Cco(%)	暴露时间(min)	积累剂量(%/min)	人员反应
0.02	120～180	2.4～3.6	中等头疼
0.08	45	3.6	中等头疼
0.32	10～15	3.2～4.8	头昏目眩
0.32	30	9.6	可能死亡
0.69	1～2	0.69～1.38	头昏目眩
1.28	0.1	0.128	失去知觉
1.28	1～3	1.28～3.84	死亡

表 8.3　CO 减缓火灾环境中人员疏散速度的定量描述

Cco(%)	暴露时间(min)	积累剂量(%/min)	降低人员速度值(m/s)
>0.1	1	>0.1	0.05
	2	>0.2	0.1
	n	>0.1 n	0.05 n
>0.15	1	>0.15	0.1
	2	>0.3	0.2
	n	>0.15 n	0.1 n
>0.2	1	>0.2	0.15
	2	>0.4	0.3
	n	>0.2 n	0.15 n
>0.25	人员晕倒或者死亡,无法完成疏散		

注:n——暴露时间。

(3)出入口通道的空间特征及对人员安全疏散的影响

出入口通道的空间特征主要包括通道的长度、宽度、高度、弯折、坡度等要素。

有关研究表明,出入口通道的空间特征不仅决定了出入口通道的疏散能力,而且对于烟气的扩散、通道内有害气体浓度分布、温度分布等均会产生影响。因此,进一步对地铁出入口通道的空间特征进行研究,以使得地铁内的人员能够安全迅速地经由出入口通道疏散到地面,从而提高地铁的应急处置能力,将事故灾害降低到最小,这对于防(反)恐以及提高地铁的安全保障具有重要意义。

现行《地铁设计规范》规定:地下出入口通道力求短、直,通道的弯折不宜超过三处,弯折角度宜大于 90°;地下出入口通道长度不宜超过 100 m,超过时应采取能满足消防要求的补救措施;通道的宽度和高度均不应小于 2.4 m。这些出入口通道的空间特征尽管满足了设备的空间要求、人们的视觉要求,但未能充分考虑到突发事件时的人员逃生要求。

通道的长度和宽度是决定人员疏散时间的关键因素。通道的长度越长，人员疏散所需的时间越长，这时通道内蓄烟更多，烟雾的温度、烟雾中 CO 浓度都将继续上升，这对于人员在事故状态下的疏散是极为不利的。根据上海地铁部分车站的实地调查，除了换乘通道外，通道长度都在 100 m 以内。陆家嘴 1 号通道长 28 m，呈 L 形；2 号通道长 25 m，呈 L 形；5 号通道长 66 m，呈"一"字形。上海火车站 1 号通道几近"零距离"；2 号与 5 号通道长约 36 m，分别为"L"形、"门"字形。

① 通道宽度与车站楼梯宽度的设置原则基本相同，必须根据各出入口已确定的客流量及通道通过能力经计算确定；此外如果出入口通道与城市人行过街道合建，其宽度还应另加过街人流所需的宽度。在事故状态下，人员均通过出入口通道进行疏散，通道变得十分拥挤，人行速度大大下降。从表 8.4 可以看出，人员的疏散速度主要与人流密度有关，通道适当加宽后可以降低人流密度，因而有利于人员的疏散。在确定通道的宽度时也应该考虑到事故状态下人行速度的折减。

表 8.4 人行速度与密度的关系

通道类型	人流条件	人流密度(人/m^2)	人行速度(m/s)	人员流量(人/(m·s))
楼梯(下行)	低	<1.9	1.00	0.54
	优先	1.9～2.7	0.50	0.94
	中等	2.7～3.2	0.28	0.77
	拥挤	>3.2	0.13	0.42
楼梯(上行)	低	<1.9	0.80	0.43
	优先	1.9～2.7	0.40	0.75
	中等	2.7～3.2	0.22	0.62
	拥挤	>3.2	0.10	0.32
走廊、门道	低	<1.9	1.40	0.76
	优先	1.9～2.7	0.70	1.30
	中等	2.7～3.2	0.39	1.12
	拥挤	>3.2	0.18	0.55

② 当通道的长度较长时，高度对于人员的逃生就会产生很大的影响。由于热烟气的浮力作用，其会不断向上扩散，当被顶板阻隔以后，烟气向水平两侧继续扩散，并聚集在顶板下一定高度内。国内地铁出入口通道设计高度在 2.5 m 左右，因而烟气层的高度会达到人员的呼吸高度，对人员的安全疏散极为不利。《人民防空工程设计防火规范》规定对于总长度大于 20 m 的疏散走道应设置机械排烟设施；现行 GB 50157—2003《地铁设计规范》规定对于最远点到地下车站公共区的直线距离超过 20 m 的内走道、连续长度大于 60 m 的地下通道和出入口通道需要设置机械防排烟措施。

③ 通道的弯折主要体现在转弯次数和角度上。地铁车站的出入口通道形式极为灵活，由车站内部布局和外部环境决定。根据对部分车站出入口通道的调查，

上海运营地铁中的出入口通道形式有多种，如“一”字形、“L”形、“T”形等，见图 8.4。出入口通道的弯折角度和转弯次数对于烟雾的扩散并没有太大的影响，但是角度太小或者转弯次数太多会严重降低人员的逃生速度，所以规范规定出入口的转弯角度不宜小于 90°，转弯次数不宜大于 2 次。

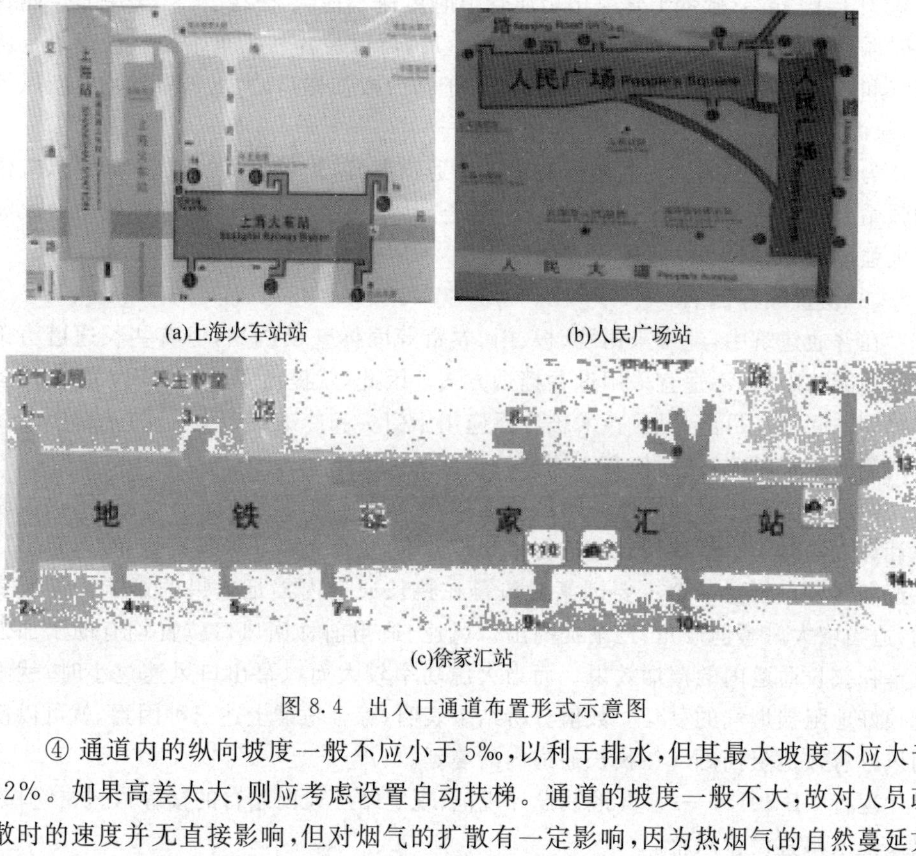

(a)上海火车站站　(b)人民广场站

(c)徐家汇站

图 8.4　出入口通道布置形式示意图

④ 通道内的纵向坡度一般不应小于 5‰，以利于排水，但其最大坡度不应大于 12%。如果高差太大，则应考虑设置自动扶梯。通道的坡度一般不大，故对人员疏散时的速度并无直接影响，但对烟气的扩散有一定影响，因为热烟气的自然蔓延方向是向处于高位的方向。一般的车站出入口的标高要高于站厅标高，因而在通风的情况下火灾时的烟雾会向着出入口方向扩散。

3)阻挡烟气扩散到出入口通道的措施

(1)设置挡烟垂壁

为了阻挡站台的烟气扩散到站厅，规范规定站厅与站台间的楼梯口处宜设挡烟垂壁，挡烟垂壁的下缘至楼梯踏步面的垂直距离不应小于 2.3 m。国内一些地铁车站在与站厅交接的通道处设置离地面高度为 2.5 m 的挡烟垂壁，使得站厅顶棚有 2 m 左右的蓄烟高度，从而减少了烟气向出入口通道内的蔓延。挡烟垂壁的耐火极限要求不小于 0.5 h。

(2)排烟和通风

地下车站的站厅、站台及设备管理用房均具备防烟、排烟和通风功能。其一般按照规范规定设计:每个防烟分区的建筑面积不超过 750 m^2;站台、站厅火灾时的排烟量,应根据一个防烟分区的建筑面积按 1 $m^3/(m^2 \cdot min)$计算;排烟口的风速不应大于 10 m/s;排烟干管采用金属管道时风速不应大于 20 m/s,采用非金属管道时风速不应大于 15 m/s。站台火灾发生后,可以综合利用车站公共区通风空调系统和隧道通风系统进行排烟。此外,对于站台楼扶梯口处、出入口处均有新风补给,从而使得人员有较好的疏散环境。

为防止站台层的烟气向站厅和出入口通道蔓延,影响人员的疏散和救援,应该加强站台层和站厅层的排烟通风能力。对于甲级车站,排烟通风可按照站台火灾最大强度为 20 MW,站厅层火灾强度为 10 MW 进行设计。

(3)设置风幕挡烟

在普通建筑中,经常采用墙、板、门、卷帘等固体壁面挡烟,但有些长通道由于使用功能的限制,不适宜采用这种挡烟方式。因此,就提出了可否利用水幕或风幕来挡烟的问题。目前,风幕技术被广泛应用于门头和冷冻橱窗上,通过风幕隔断门窗两侧的空气对流,从而使其一侧保持较低的温度。

国内有学者研究利用风幕阻挡通道内烟气蔓延的可能性及效果,采用数值模拟计算方法对一小型狭长通道进行了初步分析,重点考察了风幕前倾角、风幕出口风速和回风口位置三个主要因素对风幕在狭长通道内挡烟效果的影响。结果表明,适当增大风幕前倾角、逐渐提高出口风速、适当前移回风口位置均有助于加强风幕在狭长通道内的挡烟效果。而当火源功率较大而风幕出口风速过小时,就不能很好地阻挡烟气的蔓延。数值分析结果表明,综合考虑上述三种因素,就可以使用风幕有效地阻挡烟气在狭长通道内的蔓延。

现行 GB 50157—2003《地铁设计规范》规定站厅通向站台的楼梯口、扶梯口处以及出入口宜设置风幕。

4)反恐背景下对出入口通道设计的注意点

(1)从人员的安全疏散和救援角度考虑,地铁车站应设置两条较短的出入口通道,分别用于疏散和救援,并尽可能直接通向较为宽敞的地区,如人行道或地面停车场等,这将有利于人员的疏散和救援人员、消防器材的快速进入。对于客流量较大的甲级车站,这种设置显得尤为必要。

(2)基于人员的快捷疏散考虑,通道的弯折次数应尽量减少。因此,通道的形式应以"一"字形和"L"形为主,且在有条件的情况下应尽量将弯折角度加大。

(3)对于长度大于 20 m 的通道,可在通道与站厅连接处设置风幕阻挡烟气蔓延,通道内应该设有机械防排烟设施,且应保证事故状态下通道内风速不小于 2 m/s。

3. 风亭的布置原则以及与出入口的位置关系

图 8.5 为风亭的平面、剖面图,从图中可以看到风亭主要是与风机、风道一起完成地铁内的通风、排风等工作。

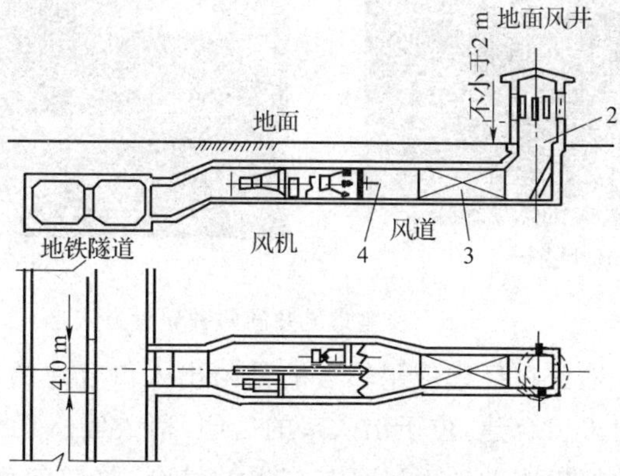

图 8.5　风井的平、剖面图

现行 GB 50157—2003《地铁设计规范》对风亭的设计原则做了以下规定:

(1)风亭的位置应根据周边环境及城市规划要求进行合理布置,在满足功能要求的前提下,尚应满足规划、环保和城市景观的要求。

(2)地下车站按通风、空调工艺要求设置活塞风井、进风井和排风井。在满足功能的前提下,根据地面建筑的现状或规划要求,风井可集中或分散布置。

(3)地面风亭的设置应尽量与地面建筑相结合。对于单建的风亭,如城市环境有特殊需求时,可采用敞口低风井,风井底部应有排水设施,风口最低高度应满足防淹要求,开口处应有安全装置。风井的周边应绿化。

(4)单建或与建筑物合建的风亭,其口部距其他建筑物距离应不小于 5 m。当风亭设于路边时,风亭开口距地面的高度应不小于 2 m。

1)风亭设计的主要考虑因素及方式

地铁车站风亭的布置主要由地铁周围的环境所决定,根据可用空间选择合建式或者独建式。风亭的位置应使通风道的转弯不宜超过 2 次,且应选在地势较高、平坦和通风良好无污染的地方;进风及排风口之间应保持一定距离,如果两者之间的水平距离小于 5 m,则其高差不应小于 3 m。风亭的大小主要根据风量及风口数量决定,同时要考虑运送设备的方便。

风井在设计时按照优先选择顺序依次有与建筑物合建式、独建式低风井及独建式高风井等三种方式。独建式两种风井的布置形式如图 8.6 所示。

与建筑物合建指风井与出入口、车站周围大楼等结合布置,这样可以节省很多空间,同时对建筑景观影响较小,适用于城市建筑物密集地带,同时也是风井的优

(a)低风井　　(b)高风井

图 8.6　独建式风井的两种布置方式

先选择方式。北京地铁在环线使用较多的是与出入口合建的风井，例如西直门站的两个风亭都与出入口合建，位于出入口的后侧，稍微延长了出入口的长度。上海轨道交通 1 号线的衡山路站地面风亭与变电站结合，陕西南路站西北端风亭组合进地面建筑物内。

低风井一般设置为敞口式，内部必须设置排水沟以满足排水要求，风井周围布置成绿化带，根据环境保护要求其与周边道路、居民区的最小间距不应小于 3 m。有些地方为了环境景观的要求，会将低风井做成有一定造型的建筑物形式，例如图 8.6(a)。目前在上海地铁车站低风井使用得还较少，但是它有很多的优点，可以节省高风井的结构造价；由于低风井设置在绿化带内，因此比较隐蔽，不会对环境景观造成影响。低风井是上海市地铁后续建设中风井的发展趋势。

高风井是目前上海市地铁中常见的一种方式。其外部一般设置为百叶窗形式，风亭的高度一般不应小于 9 m，当风亭设于路边时，风亭开口底距地面的高度应不小于 2 m。

地铁的一组风井包括一个进风井、一个排风井和两个活塞风井。其布置方式有集中和分散两种，如图 8.7 所示。对于集中布置的风井，风口设计需采用错向布

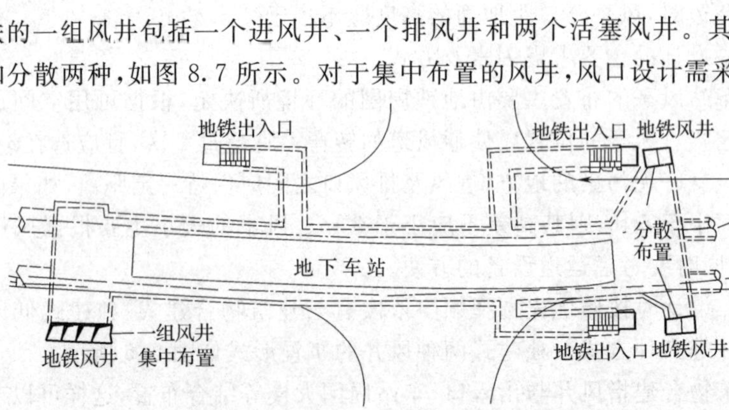

图 8.7　某地铁站风井的平面布置方式

置，如图 8.8 所示，这样可以防止各风井之间的互相干扰。当进排风井合建时，排风口应比进风口高出 5 m，或风口方向错向布置，且进、排风口最小间距应大于 5 m。

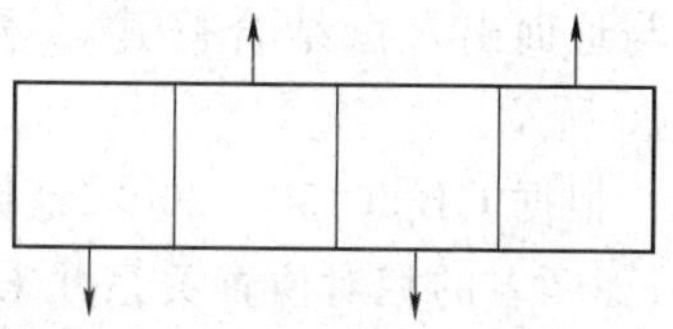

图 8.8　风亭集中布置时风口方向错向布置

当两个地铁车站交叉布置时，如图 8.9 所示，后续车站设计中的风井布置应该综合考虑既有车站的风井位置，布置在车站的两侧，从而使得两个车站的进排风不会产生影响。当两组风井布置在一侧时，如图中出入口 B 和 E 处的两组合建式风井，其最小间距应按照规范要求不应小于 5 m，且风井的进排风方向应错开布置。

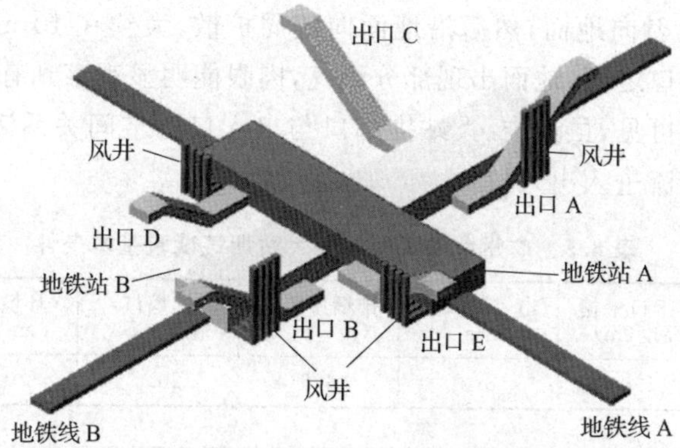

图 8.9　两交叉车站风井布置示意图

2)风亭与出入口的关系

地铁排烟风亭是地铁发生火灾时排烟系统的地面出口。地铁车站出入口是供旅客进出车站的主要通道和火灾发生后新鲜空气的入口。由于受城市用地和城市规划的限制，往往将排烟风亭与出入口合建。例如 1 号线徐家汇站南端一组风亭

图 8.10　上海轨道交通 2 号线静安寺站风亭与出入口合建

是与地面出入口结合修建，2 号线静安寺站一座风井和出入口并排布置，如图 8.10 所示。

根据 GB 50157—2003《地铁设计规范》，风亭与出入口的间距只要大于 5 m 即可，而两者的相对位置关系并未有说明。事实上，地铁发生火灾时，在外部条件(如风向、烟气温度、排烟风亭与出入口的间距过小等)的影响下，从排烟风亭排出的烟气，很有可能通过出入口倒流回车站内。而出入口一旦充满有毒烟气，将对人员的疏散和救援工作造成严重的影响。

国内一些学者在广州地铁 2 号线中、大站采用电影用烟饼进行了现场试验测试，测试条件见表 8.5。施放烟气后，在规定的时间内，系统探测到了烟气并立即进入事故状态，两端排烟风亭上空先后出现烟气。烟气流场分布基本情况为：烟气在排出百叶窗后射向地面，然后沿地面向四周扩散，大约在 10 m 之外开始上升。在排烟口与出入口之间，地面出现部分烟气，肉眼能明显观察到有部分烟气倒流进入出入口。由此可见，虽然中、大站排烟口与出入口的空间关系满足规范要求，但仍有部分烟气倒流进入出入口。

表 8.5　广州地铁 2 号线中大站烟气试验基本条件

出入口与排烟口水平距离(m)	排烟口下檐高度(m)	出入口风速($m \cdot s^{-1}$)	排烟口风速($m \cdot s^{-1}$)	排烟口温度(℃)	环境风速($m \cdot s^{-1}$)	环境温度(℃)
6.4	1.0	3.0	4.6	20.0	0.0	11.4

根据烟气的扩散原理，排烟风亭排出的烟气倒流回出入口的可能性大小与烟气温度、距出入口的空间距离、自然风的方向和大小等因素有关。因此出入口应尽可能避免与排烟口采用对向和同向布置，有条件时应与排烟口反向布置，从而可有效地避免排放烟气对出入口的影响；排烟口与出入口的水平距离应超过 25 m 或排烟口下檐高度至少高于出入口上檐高度 2.0 m 时，才能保证发生地铁火灾时烟气不会从出入口倒流进车站。

图 8.10 中所示的风亭与出入口紧挨布置，未满足 GB 50157—2003《地铁设计规范》中"单建或与建筑物合建的风亭，其口部距其他建筑物距离应不小于 5 m"的要求。因此该车站存在隐患，需要加强排烟措施或者采取其他方法避免火灾时烟雾倒流的风险。

对于图 8.7 中分散布置在出入口附近的地铁风井，应该将排风井设置在离出入口最远的地方。即图 8.7 中的风井 4 应设为排风井，该排风井的方向应该与出入口开口方向反向布置，当然这样布置的前提要求风井 4 的右侧 3 m 范围内没有建筑物。

排风井的风向与出入口相对位置关系应参照图 8.11，其中 1、2、3 表示 3 种不同的排风井与出入口的位置关系。位置1、3风的亭设置在出入口的两侧，其布置原则应尽量按照排风口与出入口通道方向逆向或者侧向布置；位置2的风亭布置在出入口的前方，其布置原则应使排风口远离出入口。

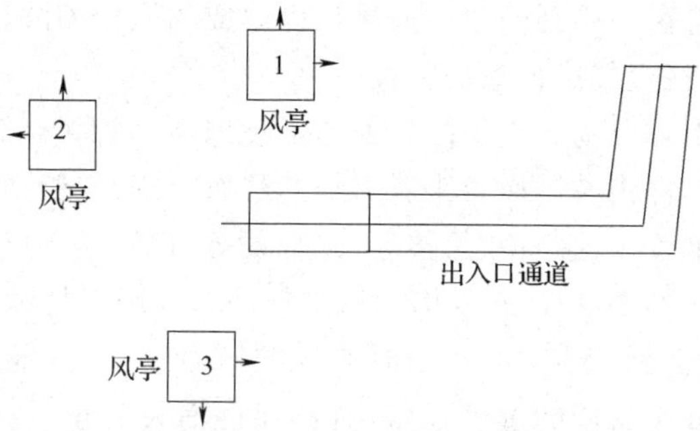

图8.11　风亭与出入口位置不同时的排风口布置图

3)反恐背景下对风亭布置的注意点

基于地铁火灾情况下人员安全疏散的考虑，地铁风亭的布置应满足以下要求：

(1)地铁风亭与出入口合建时，其离出入口的距离应不小于5 m(今后修订规范时拟将低风井口部与建筑物之间的距离定为不小于10 m)，场地条件宽敞的情况下，应加大这一距离，从而避免烟气倒流；

(2)两交叉车站的风亭布置应综合考虑，尽量布置在车站的两侧，因场地限制布置在一起时，应满足距离要求和错向布置进排风口；

(3)排风口的方向与出入口通道方向应遵循逆向或者侧向布置原则。

4. 地下车站结构的抗爆能力

1)爆炸的作用过程

爆炸过程分两个阶段完成，见图8.12。第一阶段，物质的能量以一定的形式(定容、绝热)转变为强压缩能；第二阶段，强压缩能急剧绝热膨胀对外做功，引起被作用介质的变形、移动和破坏。

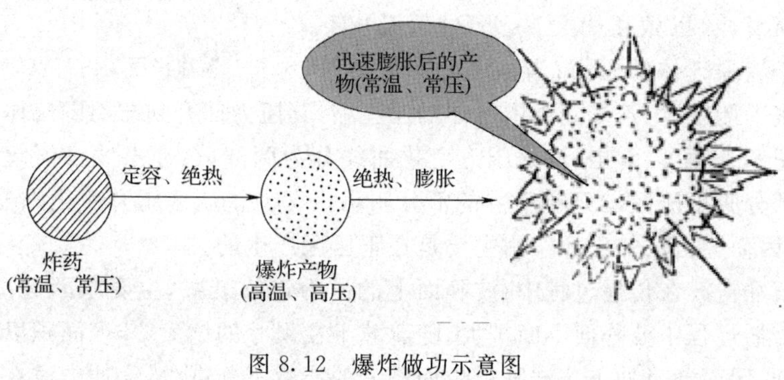

图8.12　爆炸做功示意图

炸药在空气中爆炸后，形成一团高温、高压、高能量密度的气体产物。它必然以极高的速度向周围膨胀，这就如同一个巨大的活塞，以超音速的速度强烈压缩周围原来静止的空气，使其压力、密度和温度突跃升高，形成很强的空气冲击波。实质上，空气冲击波是由一系列弱压缩波叠加而形成的强压缩波。

2)爆炸冲击波在空气中传播的特性

炸药爆炸后，爆炸产物与空气的界面通常是球面，因而形成的冲击波是球面传播的。在传播初期，冲击波后面紧跟着爆炸的膨胀产物，它给冲击波补充传播过程中损失掉的能量(如气体内摩擦、热传导、热辐射等)；随后，当爆炸产物膨胀到极限体积(约为原来体积的 800～1 600 倍)时，空气冲击波尾部与爆炸产物相邻接的界面处压力相应地降低到 P_0(未经扰动时空气的压力)；接着，爆炸产物由于惯性效应而继续膨胀，即发生所谓的过度膨胀，直到惯性消失为止。这时，爆炸产物的平均压力便低于 P_0，出现负压，于是周围介质反过来对爆炸产物进行压缩，使其压力回升。这种情况影响到空气冲击波，使其尾部带有一个负压区。通常认为，当爆炸产物停止膨胀而往回运动时，便是冲击波脱离爆炸产物独自向前运动的分界面。这时冲击波得不到别的能量来补偿其能量损耗，介质状态参数如密度、压力、温度等会迅速下降，这种下降也是连续传递的。这相当于冲击波后紧跟一个膨胀波。因此，冲击波的传播不能继续稳定地进行下去，最终会被膨胀波削弱而衰减成为音波。

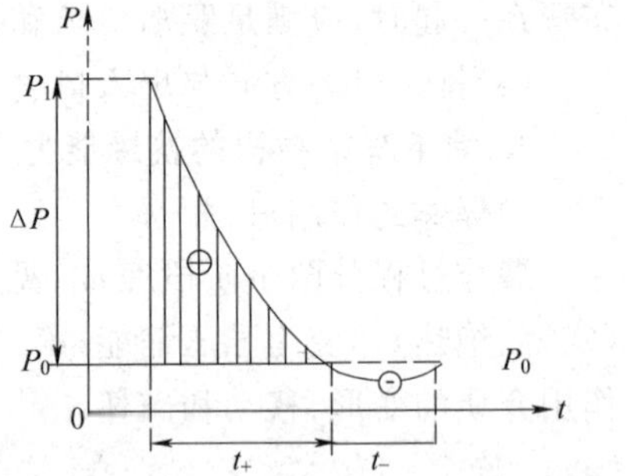

图 8.13　爆炸作用场内某点的压力变化

图 8.13 表示爆炸场内某点的压力变化情况。冲击波未到达之前，它处于常压 P_0 状态；冲击波到达的瞬间，空气压力突然由 P_0 上升到 P_1，冲击波峰值超压 $\Delta P=P_1-P_0$；后来，由于爆炸产物膨胀逐渐变慢，高压气体向周围流动速度减小，这相当于冲击波后面紧跟着一系列膨胀波，使冲击波波阵面压力不断衰减，以致压力衰减到 P_0 后又出现了低于周围气体的压力；当压力的降低与惯性膨胀平衡后，由于受到周围气体的反压缩，其压力回升到与周围气体压力相平衡。从图 8.13 可以看出，该处压力变化曲线分为两部分：冲击波峰值超压 ΔP 大于零的部分叫正压区，ΔP 小于零的部分叫负压区。正压区压力变化剧烈，作用时间也长，因而冲击波的破坏作用主要是在正压区产生的。

空气冲击波在传播过程中，波阵面上的压力连续衰减，主要原因是：①球形冲击波在传播过程中波阵面不断扩大，随着球半径尺寸的增大，球表面积以 $4\pi R^2$ 的速率增加，因而通过冲击波波阵单位面积上的能量不断减少；②冲击波在传播过程中,空气受到冲击压缩后要将部分机械能转变成热能而消耗掉,介质间的摩擦也损耗能量,这就使维持冲击波运动的能量减少。

3)爆炸对人员及建筑物的破坏作用

爆炸形成的空气冲击波对人员杀伤作用的主要征象是引起听觉器官损伤、内脏器官出血以及死亡。人员无法承受 20 kPa 以上的冲击波峰值超压。

爆炸冲击波对建筑物的破坏作用,与冲击波本身的强度和建筑物的结构特性有关。表征空气冲击波强度的参量有两个:一是冲击波峰值超压 ΔP;二是比冲量 I,即单位面积上所受到冲击波作用的冲量,它是冲击波峰值超压 ΔP 对正压作用时间 t_1 的积分(见图 8.13)。冲击波的强度取决于冲击波峰值超压和比冲量。冲击波峰值超压表示冲击波对目标瞬间作用的量;而比冲量则表示在正压区时间内超压的持续作用量。二者对建筑物都起破坏作用,其作用的主次程度视建筑物的距离和爆炸药量而定:大药量远距离爆炸时,常以冲击波峰值超压破坏为主;小药量近距离爆炸时,常以比冲量破坏为主。

当药量及爆炸距建筑物的距离确定之后,破坏作用则主要取决于建筑物本身的结构特性和正压区作用时间,前者决定了对冲击波载荷的接受情况,后者决定了受荷载作用的时间长短。每种建筑结构都有自身确定的自振周期 T,建筑物的自振周期只与结构物本身及其所受的约束有关。若冲击波正压区作用时间小于建筑结构自振周期的 1/4(即 $t_1 \leqslant T/4$)时,冲击波一作用到该结构上,它就开始振动,并且振动方向与冲击波超压所加的外力一致,所以,冲击波正压区全部冲量都用在加速该结构的振动上,外力使振动加强,这样,建筑物的破坏主要是靠冲击波冲量的作用;若冲击波正压作用时间大于 10 倍建筑物自振周期(即 $t_1 \geqslant 10\ T$),则建筑物的破坏主要是靠冲击波峰值超压的作用;如果冲击波正压区作用的时间在 1/4～10 倍自振周期之间(即 $0.25 \leqslant t_1/T \leqslant 10$),则建筑物的破坏为峰值超压与比冲量双重作用的结果。

4)恐怖爆炸产生的偶然荷载

炸弹或者其他爆炸装置造成的爆炸都会产生爆炸荷载。爆炸过程中热、压力及碎片的产生和传播会导致建筑物的破坏。它往往是迅速且激烈地释放出大量能量,促使气体和热量迅速释放出来。气体的快速释放使得炸弹周围的空气立刻受到压缩产生了冲击波。这种冲击波或压力波通过空气向爆炸物的外部传播,当冲击波遇到建筑物或其他物体时,它就会对该物体施加冲击力。该冲击力是非常巨大的:据有关调查研究,美国俄克拉荷马州的某次爆炸在建筑物上产生的爆炸压力大约是极限飓风(速度为 119 km/h)产生压力的 27 027 倍!不同类型的爆炸物所产生的影响,见表 8.6。

施加在某个建筑物上的爆炸荷载的大小主要取决于爆炸物的数量和特性,以及爆炸物到建筑物的距离。离爆炸物越远的物体所受到的影响越小,冲击波从爆炸物所处地点向外辐射,随着持续期的增加其能量在衰减。

表 8.6 炸弹尺寸及爆炸范围

爆炸类型	名称	TNT 当量爆炸能力	致命空气爆炸范围
	导管炸弹	2～3 kg	
	公文包、背包或手提箱炸弹	23 kg	
	小型轿车	227 kg	30 m
	大型轿车	454 kg	38 m
	小型客车或者货车	1 814 kg	61 m
	箱式卡车	4 536 kg	91 m
	半拖挂车	27 216 kg	183 m

此外，当冲击波遇到障碍物时会产生反射，爆炸压力的峰值因而增加，增加的数量视冲击波作用在障碍物上的角度而变化，当冲击波垂直作用时，爆炸压力的峰值将增加到最大。

当恐怖分子将炸药在站台、站厅层或列车的车厢引爆时，应将其作为在硬质地面上的爆炸来看待。从研究城市轨道交通的爆炸事故的安全技术来讲，当恐怖分子将炸弹等爆炸物通过背包或者手提箱携带到地铁车站内，在站台、站厅或列车上引爆时，由于人所携带的爆炸物不可能很多而车站的空间又很有限，因而这时属于较小药量且近距离作用，主要以比冲量来衡量。

地下车站在不同 TNT 当量及爆炸距离情况下产生的冲击波超压见表 8.7。

表 8.7 不同 TNT 当量及爆炸距离产生的冲击波超压 kg/cm^2

到爆炸中心距离(m)	TNT 当量(kg)				
	1	2	3	4	5
1	19.36	36.16	52.47	68.52	84.39
2	3.36	5.87	8.25	10.55	12.8
3	1.35	2.24	3.06	3.84	4.59
4	0.75	1.20	1.60	1.97	2.33
5	0.5	0.76	1.00	1.22	1.43

5)车站结构设计应考虑的爆炸附加荷载

上海市地下车站岛式站台的横断面结构设计系根据车站的规模及建筑布置要

求而定。一般情况下,站台宽度为10～14 m时(相应的车站宽度为21～24 m),车站为双柱三跨箱形结构;当站台宽度较小时则采用单柱双跨箱形结构(如1号线的常熟路站、漕宝路站),或无柱折线拱顶结构(如上海轨道交通1号线衡山路站)。车站竖向布置一般为二层,下一层为站厅层,下二层为站台层;徐家汇站、人民广场站为换乘枢纽站,故布置较为特殊。

设计中考虑的结构荷载主要分为3种:①永久荷载,包括结构自重、覆土重、水土侧压力、上部建筑物重量、设备重量、浮力、地基反力、地基下沉影响力、混凝土收缩及徐变影响力等;②可变荷载,包括地面车辆荷载、人群荷载、地铁列车荷载、温度影响力及施工荷载等;③偶然荷载,即7度地震荷载。由此可见,地铁设计中没有考虑到爆炸产生的偶然荷载。

横梁是支承楼板的横向结构,它的自重主要由柱子或者大梁承担。横梁和大梁为柱子提供了横向支撑从而防止柱子产生弯曲变形。当柱子在爆炸事故发生后被炸毁时,则支承在其上的横梁就变成了悬臂梁。如果这时横梁仍然通过无刚度的连接(不能够将产生弯曲的荷载由梁传递给柱子)与残余的柱子连在一起,那么所有先前靠此柱子支撑的梁以及梁所支撑的楼板将会一起倒塌;梁的破坏使得相邻的柱子的自由长度增加,从而侧向稳定性降低,并会产生连锁效应。

车站的楼板设计只考虑承受竖向荷载,有时候楼板被设计成横隔板并作为横向支撑系统的一部分。如果地铁车站的站台发生爆炸,那么巨大的冲击波将会在楼板的底部施加一个向上的荷载,当楼板的设计强度不足以承受冲击作用时产生破坏,结果导致柱子的自由长度增加,从而可能会引起柱子的弯曲破坏,进一步会导致梁的破坏以及上述的一系列连锁破坏效应。

以往的地铁车站立柱在设计时一般只考虑承受轴向荷载。当爆炸发生时,柱子将会受到侧向的冲击力,这时必须考虑柱子的抗弯曲能力。柱子的强度主要受其自由长度和截面形状的影响,强度的降低主要有两种情况:①结构的梁或板在遭受爆炸后产生毁坏,柱子的自由长度将会增加,因而导致强度降低;②如果爆炸破坏的是周边的一根或者几根柱子,那么支承在这些柱子上的梁将失去支撑而引起强度丧失或者结构破坏,则临近的柱子失去横向支撑,自由长度相应增加而导致强度降低。

由此可见,梁、楼板以及立柱作为车站的建筑承载结构,是相互关联和相互影响的,任何一部分的破坏都会产生连锁效应,从而使得破坏的范围、程度加大。因而在地铁车站设计中要考虑到爆炸所产生的偶然荷载,提高结构的承载力。爆炸产生的附加荷载可以参考表8.6选取。

国外一些地铁在反恐的形势下已经采取了许多相应的措施,包括在结构设计方面。如美国地铁对车站立柱进行了改造,其方法是凿去立柱外面的装修层,在钢筋混凝土外面包上一层抗爆材料，然后再重新装修。我国地铁应进一步深化研究恐怖爆炸对城市地铁的毁伤效应及对策，对面临风险较大的车站结构进行抗爆能力检算，确定是否需要对其进行改造，以保障地铁车站结构的安全。对检算不通过的车站结构应该借鉴国外做法，结合自身特点，综合考虑经济、施工等各种因素，选择合适的方式进行改造。

8.4.8 城市轨道交通车站监控能力

目前车站监控主要采用闭路电视(CCTV)系统。此系统的主要目的是对特殊场所治安状况、安全状况进行集中的监视，以预防事件、事故的发生，便于及时处理发生的各种事件、事故，并为事后处理提供参考资料。具体体现在安全防范、违章判别、事故处理、事后取证、客流分析和设备监控等。这样可以有效地监视各车站的客流情况，配合防灾系统设备对灾害情况作出及早、准确的反应，并作出现场记录。

闭路电视系统在城市轨道交通中的应用主要有以下几方面：

(1)调度中心集中监视：调度员通过设立在调度中心的电视屏幕实时观测各站客流状况和接发车情况，合理调整运行计划；司机在驾驶室内通过站台两端设置的监视器了望旅客上下车情况，并可自行决定关门和发车。这为实现调度员及司机的两级管理，取消车站值班员创造了条件。

(2)车站站内监视：值班员通过站台监视器观测站厅、站台、出入口等处客流分布情况，并与车站广播相配合，指挥疏导旅客以维护站内秩序。

(3)适当连接各种报警传感器，合理布置摄像地点，闭路电视系统可成为城市轨道交通防灾报警的重要手段。

(4)城市轨道交通防(反)恐：城市轨道交通监控设备可以协助警方侦破城市轨道交通恐怖事件。例如英国地铁连环爆炸事件中，通过地铁监控设备确定了制造恐怖活动的嫌疑犯。

目前在我国，对城市轨道交通防(反)恐明显考虑不足，城市轨道交通监控设备主要用途就是协助疏导客流。因此，有必要对城市轨道交通监控中的防(反)恐问题进行研究。以下仍以在上海城市轨道交通中担任主角的 1～3 号线为例进行阐述。

1. 上海城市轨道交通 1～3 号线监控系统概况

目前上海城市轨道交通 1～3 号线的监控设备略有不同，系统总体情况如下所述。

1)监控系统的构成

监控系统由车站闭路电视设备、控制中心闭路电视设备及其传输系统组成。

由车站摄像机组拍摄的图像可供车站的值班员、助理值班员和停靠站台的列车司机观看。在中央控制室,可以由主任调度员、行车调度员和防灾调度员分别接收由车站发送的8幅图像,进行相应的监控作业。这8幅图像的传送系由3条专设的图像光路和一条传输操作命令的PCM30传输通道共同完成。

2)监控系统的操作流程

监控系统由车站监视本站,控制中心监视全线各车站及机车监视站台等3部分组成;监控系统采用分散控制及远程集中控制方式。

(1)监控系统接收摄像机的视频信号和控制中心的控制信号,对输入的视频信号进行切换,将需要的视频信号准确地输入至值班员的监视器上或视频信号进行调频经电/光转换后发送至控制中心。

(2)控制中心根据列调、总调、环调发出控制切换信号将输入的ATM(异步传输模式)数字信号(不同城市轨道交通线路的信号存在不同)经光纤传输分配到指定的监视器上。同时调度员以操作键盘通过ATM软件系统,把控制信号送往各车站,控制摄像机转动。

(3)光纤传输网采用环形网络拓扑结构,所有网点互相联接形成两个环网,由此得到一个容错的网络配置,一旦某根光纤中断仍可进行全部的操作。以控制中心为中心组成两个方向的传输网络,隔站相联,各个方向占用4根光纤。控制中心可对全线的站台、站厅层的摄像点进行监视和控制。

(4)司机在列车进站或出站时要监视站台上的客流情况,站台摄像机的视频信号经视频发射、调制、图像合成传输至漏泄电缆,列车天线接收信号后经放大,在驾驶室内的监视器上显示。

3)设备组成

闭路电视系统一般由摄像机、监视器、切换控制(时序切换、视频控制)和ATM信号传输4个部分组成。

(1)控制中心

控制中心的监控系统为总调度、列车调度和车站设备监控调度共设8台监视器和3个控制键盘。监视器采用14″彩色PAL制,同时传送8幅视频信号。信号传输由ATM插入/引出复用工作板DAS414、监视器工作板DAS406完成。DAS414工作板有两个155 Mbit/s STM-1双向光接口,这些接口用来进行DAS网点的互联。DAS406工作板可将两个视频信号的ATM信元流解开,将数字压缩的视频信号还原成模拟信号。它具有两个联结监视器的模拟视频信号输出端口。整个网络由网络控制器DAS420管理和控制。

(2)车站

车站的闭路电视系统由前端设备(摄像机、镜头、云台、解码器等)、本站控制设备(控制切换主机、多画面处理器、录像机、监视器、电源、二画面合成器等)组成。各车站配有6台彩色CCD摄像机(站厅2台、站台4台)。站厅摄像机为半球形带云台和变焦镜头(具有自动光圈和自动聚焦功能,360°连续无限位水平转动);站台的摄像机为自动光圈定焦镜头。车站控制切换主机采用16路输入、4路输出微机控制矩阵式切换主机。该主机可对输入信号进行任意切换、时序切换。控制键盘可对云台、变焦镜头进行各种姿态的遥控。为进行更全面的观察和记录,另配备1台九画面彩色图像信号处理器,并通过1台长时间录像机对所有信号进行全面录像。系统采用电源同步方式,可有效地避免图像切换时的跳动。

4)各线监控系统的差异

各线由于修建时期的不同,监控技术呈现不同的特点。城市轨道交通初期建设的1号线,所采用的监控设备功能不能与后期所建的2号和3号线相比。各条线路相应设备的不同在于:

(1)信号传输的通道不同,1号线采用PCM(脉冲编码调制)通道,2号线采用OTM传输,3号线采用ATM传输。

(2)摄像机从1号线的定焦逐渐发展成为3号线的变焦摄像机(如图8.14所示),使摄像机的拍摄效果和摄像的范围都有所提高。

图8.14　上海轨道交通3号线变焦摄像机

在1号线站厅和站台层所安装的摄像机多为固定摄像机,无法对特定地点所发生的紧急事件跟踪拍摄。能够对紧急事件监控的摄像机是带云台的摄像机(见图 8.15),转动的范围为 350°,而在其后的地铁中广泛采用带转动范围为 360°云台的摄像机或能 360°拍摄的摄像机(见图 8.16)。

图 8.15　带云台的摄像机

图 8.16　全角度摄像机

摄像设备的数量由 1 号线的站台 2 个定焦摄像机发展到现在 4 号线站台一侧安装 3～4 台变焦摄像机,基本能满足地铁运管部门的运营需要。

摄像设备随着技术的进步向更小化发展,从而方便安装,解决了一直困扰的地铁监控设备难于安装的问题。

2. 城市轨道交通监控设备布置

1)当前的城市轨道交通车站监控设备的配置

(1)当前的城市轨道交通车站监控设备的配置理念

在构建一个城市轨道交通视频监视系统时,首先要先明确监视目标以及所要达到的效果即业务需求。这直接影响系统前端设备类型的选取。监视目标主要可以分为对人(包括对旅客和生产人员)、对物(主要包括对设备、车辆)两大类。例如车务部门关心生产人员和施工人员的工作状况、列车行驶状态,以及车站内防火、防盗、财务安全、客流、站台旅客情况等;机务部门关心整备场、检修场、库内等情况,机车顶部设备状况等;电务部门关心设备运行状态等;车辆部门关心客车内安全,以及其他重要地点安全情况;公安部门关心城市轨道交通各地点安全情况等。在实际调查中还会提出其他一些需求。在分析城市轨道交通各部门对监视系统的实际需求后,应按监视区域来归纳各部门的业务需求。因为各部门虽然对业务要求不尽一样,但是监视区域却是相同的。应以归纳出的前端设备设置地点为单位,按照各部门对监视系统的不同要求(清晰度、监视范围、不间断或可间断监视、白/夜监视等),以选出最高要求的原则整理出该地点的最终业务需求,以此为依据选择前端没备种类。除了确定出最终业务需求外,还应同时明确各部门日常管理体制以及在事故状态时的应急管理体制,以便根据管理体制确定监视系统运行体制。这直接影响监视系统的系统结构、选用的模式,及其对承载网络的要求。监视系统的体制不能完全照搬其他各部门管理体制,但也不能完全脱离各部门管理体制。因为监视系统首先是个应用系统,是一个为城市轨道交通各部门提供服务的共用系统,所以它的结构应该满足各系统的监视需求。其次,监视系统运行体制直接影响其工程投资的规模,管理部门越多越复杂必然导致监视系统终端显示控制设备数量的增加,终端设备的增加使控制权限划分以及系统结构趋向复杂,对承载网络的负担也会增大。这些都直接影响监视系统的使用效果及投资。最直接的需求者应作为监控系统的核心,使用者和控制者。当然,亦应考虑其直接上层管理者对监视系统的需求。

2)目前上海轨道交通车站监控设备的配置

(1)站厅层摄像机

各地下车站的站厅层公共区均设有两台带云台的变焦摄像机。其主要摄像目标为站厅层公共区的各个出入口、售票亭、检票口及通向站台层的各楼梯和自动扶梯。站厅层摄像机的设置如下:由于站厅层中间大多有 1 或 2 排立柱,故摄像机一般设于大厅的两侧,见图 8.17。

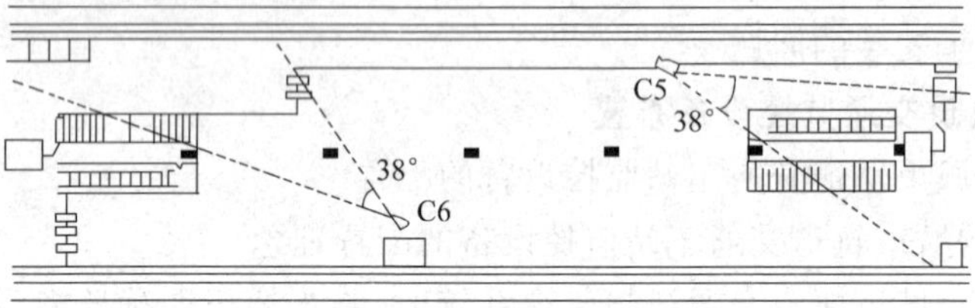

图 8.17　站厅层摄像机布置图

(2)云台及其控制盒

云台是可以带动摄像机左右、上下转动的设备,有了它,可以实现对周围环境的全方位摄像。一般来说,一台固定摄像机,仅能看到最大 80°左右的场景,而使用带云台摄像机就可看到周围各个方向。它可装于墙壁或天花板上。

站厅层摄像机除要拍摄不同物距及视角变化较大的目标外,还需拍摄多个方向的场景,所以摄像机配有电动遥控云台。通过电动遥控云台,可以根据监控需要,使摄像镜头转向,从而达到监视各方向场景的目的。

(3)站台摄像机

各车站的站台均设置 4 台定焦摄像机。每一站台边(上行或下行)设置镜头相对的摄像机两台,见图 8.18。其主要目的是协助列车司机监控乘客上下列车的情况,以便及时安全关闭车门、启动列车。图 8.18 中,摄像机设于第 3、4 节车厢交接处,前、后各 5 m 的位置,距驾驶室门分别为 64 m 和 74 m,距站台边为 4.5～2 m,距地坪高度为 2.5～2.6 m。摄像机采用西门子定焦 K211 型,其主要参数为:①镜头光圈 1.4；②焦距 17 mm；③视角 28°；④CCD(影像传感器)2/3″。

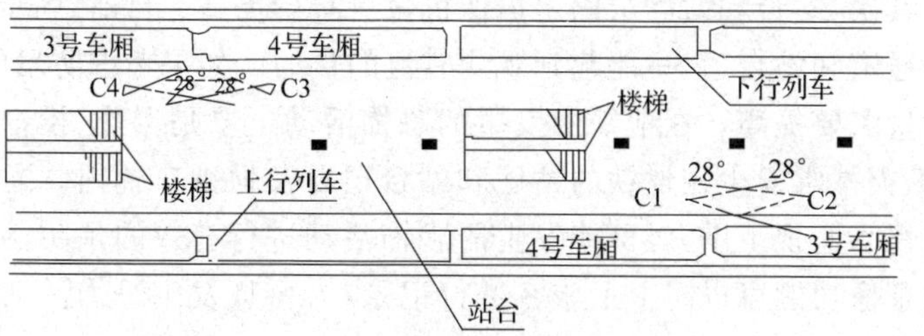

图 8.18　站台层摄像机布置图

由于摄像机的焦距为 17 mm(标准型)，视角为 28°，为使车头至车尾所有站台景象都能摄入，且为使第 3、4 节车交接处不留盲区(即任何走动的小孩都能摄入)，2 台摄像机的设置要确保 10 m 以上的间隔距离。在调整机器的摄入区时要仔细去除盲区。

从地铁的摄像机布置来看，站厅和站台的摄像机可以有效地满足监视各车站客流情况的需要。但站厅层布置摄像机只能对出入口通道进行监测，而站台层由于摄像机的布置也只能看到上下车客流，存在一定的盲区。

3)典型车站监控设备布置情况

上海轨道交通 1～3 号线典型车站的监控设备布置情况见表 8.8 所示。

表 8.8　上海轨道交通 1～3 号线典型车站监控设备布置情况表

站　名	所属线路	监控设备	
		云　台	固定摄像头
东昌路站	2 号线	站厅 3 个；站台无	
陆家嘴站	2 号线	站厅前后售票处各 1 个，浮雕处 1 个，两个电梯口之间 1 个；站台无	5 号出入口处 1 个，站台两侧各 3 个，间距约 60 m
人民广场站	1、2 号线	站厅一侧 3 个，另一侧 2 个；站台无；下一层通道交叉处 1 个	站厅 2 个，监视 ATM；站台两侧各 3 个，间距为 45 m 和 30 m
上海火车站站	1 号线	无	站厅 2 个，3 号和 5 号出入口处各 1 个

从车站监控设备布置情况来看，新建的地铁车站(例如上海轨道交通 4 号线临平路站)普遍考虑了监控区域盲点问题。通过布置带云台的摄像机可以扩大监视范围，同时提高了监视效果，能随时调整摄像机角度，监测危险区域。但目前的带云台的摄像机需要人工调节，只有在被通知哪里危险，带云台的摄像机才能调整镜头到危险地区，即缺乏主动搜索恐怖事件的能力。过去建造的地铁线在防恐能力上，存在需要改善的地方。首先，站台和站厅层缺乏必要的带云台的摄像机。一旦

发生恐怖事件，指挥台无法对现场状况进行有效的掌控，从而失去第一时间解决问题的机会。其次，站台和站厅层固定摄像机数量有待提高。目前，固定摄像机主要设在出入口通道和站台边，只能起到观测客流的目的。如果考虑防恐的需要，固定摄像机的数量需要提高。在地铁中发生的恐怖活动主要是爆炸、投毒和纵火。其中，爆炸和纵火常常发生在地铁的站厅和站台层以及地铁车辆内。通过布设固定摄像机可以提高监视范围，对可能发生的恐怖活动进行有效的预防；同时，通过固定摄像机的录像功能可以对上下旅客进行记录，为一旦发生恐怖活动提供追踪恐怖分子的图像证据。

3. 在反恐背景下地铁车站监控设备的布置

1)布置原则

(1)考虑防(反)恐因素

城市轨道交通监控系统设计主要的目的是协助城市轨道交通司机和站内工作人员疏导客流，观测城市轨道交通运行情况。城市轨道交通防(反)恐在城市轨道交通监控系统设计中并未考虑。城市轨道交通安全问题是在最近几年世界各国发生恐怖活动的情况下，日益成为关注的重点，尤其在伦敦城市轨道交通发生连环爆炸事件后，世界各国对城市轨道交通的安全更为关注。

在城市轨道交通的防(反)恐怖活动的过程中，城市轨道交通的监控设备可以发挥巨大的作用。在最初的防范恐怖活动的过程中，城市轨道交通监控设备可以监视可能发生的恐怖活动，从而起到震慑作用。因为监视系统不仅能监视广大的地区而且能把恐怖活动记录下来，同时恐怖分子也知道被侦察和捕获的可能性很高。在恐怖活动发生的过程中，监控设备可以观测事故发生地点，从而组织营救。

一旦考虑城市轨道交通防恐的需要，城市轨道交通监控设备的配置应确保城市轨道交通站厅和站台都在监视设备的监视范围内，以预防站台和站厅可能发生的恐怖活动。

(2)充分利用现有设备，尽可能扫除盲点

城市轨道交通发生恐怖活动，都是人为活动，可以通过摄像机进行观测和拍摄，从而为搜寻恐怖分子，提供影像资料。只要在站厅和站台层布置足够多的摄像设备，就能对发生的恐怖活动进行及时反应，确保恐怖活动的威胁伤害降到最低。

现有设备已可满足调度中心集中监视、车站站内监视和城市轨道交通防灾报警的需要。为了防范恐怖活动，需要在现有的基础上增加监控设备，以达到扫除盲点。同时可充分利用现有的设备以节约成本，减少安全投资，并达到预期的防范效果。

(3)考虑经济因素

城市轨道交通的安全投资应遵循最优化安全投资的模式。最优化安全投资是指在一定条件下以最少的资金投入取得最大的经济效益。其确定原则主要有两种：一是安全投资的净效益最大，根据投资一效益曲线，可以求出最优投资区间，此时投资愈多，经济效益愈显著；二是安全投资与事故经济损失的总和最小，实际上它是指安全方面的总经费最小。根据安全经费与系统安全度之间的关系曲线可求出最优安全投资。在进行安全投资时，如果不能实现最优安全投资、则应选择大于最优安全投资的方案，以减少事故损失，保障人身安全，增加社会效益。安全监测系统的投资包括安全监测系统的成本、运输费、安装费、维护管理费及损失费等，其中前三者为固定安全投资，后两者随时间的变化而变化，则称为可变安全投资。这两部分安全投资均可以按照上述两种确定原则来确定，也可以按照在监测系统满足较高的可靠性水平的条件下投资最小的原则来确定。在较高的可靠性水平的条件下，由于安全监测系统的监测作用，通常能保证城市轨道交通的安全运行，即使发生事故，损失一般很小，而社会效益却十分显著。

城市轨道交通的安全投资应首先确保风险等级高的地区安全。在风险等级高的地区确保安全的情况下，对风险等级相对较低的地区进行安全防护。防恐资金应确保重点车站的安全防护。例如在监视系统中，应在站台和站厅层布设足够的摄像机，以确保重点车站站厅和站台的全方位监视。但是这也要求大量的资金，在资金不足的情况下，应充分利用现有的设备，配合新建的摄像设备，构建监视系统。

(4)设备布置要结合监控人员的工作特点

目前监控人员主要负责观测客流，而城市轨道交通的防恐需要监控人员具有对紧急事件的判断和处理能力。在监视系统中，监控人员的主观能动性有重要的作用。在固定摄像机无法覆盖全部的城市轨道交通站台和站台层的情况下，需要监控人员主动利用可移动摄像机观测可能发生恐怖活动的区域。这会对监控人员提出更高的要求。

城市轨道交通反恐管理部门应该考虑如何利用所有可用的设备和人员以达到最佳的区域防范恐怖活动的效果。监视系统布置必须综合考虑乘客的流量、车辆交通量、重点防护设施布置分布情况(包括各区段重叠部分和外围地区的盲点地区)。应尽可能采用数字化记录系统或录像，视频信息可以作为法庭证据协助追查恐怖分子。

(5)人权因素

城市轨道交通管理部门必须注意安装的监视系统不能触犯个人隐私，必须考虑利用监视系统采集数据的保密性。

2)监控设备的布置

根据尽可能地利用现有的监视设备的原则，监控设备的配备应在保留原有监视设备的基础上，添加一定数量的监控设备，以达到防范恐怖活动的目的。现有监视设备主要是协助列车司机监控乘客上下列车的情况，以便及时安全关闭车门、启动列车。目前的监控设备还无法达到监控所有城市轨道交通车门的程度，解决的方法包括提高摄像设备的摄像范围、提高设备的清晰度或增加摄像镜头。增加摄像镜头还可以达到反恐的目的，通过对上下车的摄像可以震慑恐怖分子，保证城市轨道交通上下车区域的安全。

3)站台层监控设备布置

城市轨道交通车辆通常以 6 节编组，全长 140 m，为了达到全面监控，需要在各节车厢的上下车门处布置监测点，这就要求提高摄像设备功能或增加摄像设备的数量。在固定摄像机监控范围有足够距离的基础上，在盲点地区布设带云台的摄像机，以保证站台层全面监控。以图 8.19 为例，假设固定摄像机 A_1、A_2、A_3 和 A_4 的摄像范围足够大，列车绝大部分在其监控范围之内，在带云台的摄像机 A_5 和 A_6 的协助监控下，站台层已能被摄像机全覆盖。

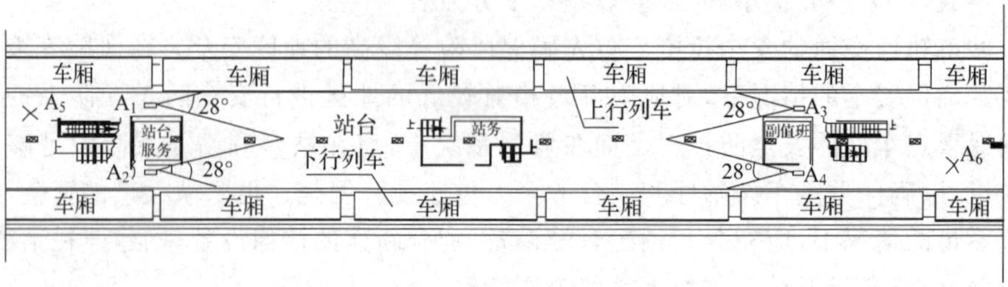

图 8.19 站台层监控设备布置图

4)站厅层监控设备布置

站厅层的防护重点在城市轨道交通车站控制室、售票窗口和售票机。虽然目前的摄像设备主要也布置在这三处，但是摄像设备不足，不能使防护重点区域完全在监控范围之内。摄像设备布置应遵循固定摄像为主，带云台摄像机为副的原则。为保证城市轨道交通车站控制室、售票窗口和自动售票机完全在摄像机监控范围之内，可在大厅布置 1～2 台带云台的摄像机，进行辅助拍摄。以图 8.20 为例，固定摄像机 A_1 和 A_2 跟踪拍摄售票窗口状况；带云台的摄像机 A_3、A_4 和 A_5，可以随时根据需要对特定地点进行跟踪拍摄，从而在紧急事件发生时起到协助作用。

4. 城市轨道交通监控系统的管理

目前，上海城市轨道交通的监控系统采用：城市轨道交通运管部门、公安部门、市政府防恐办公室三级系统管理。

城市轨道交通运管部门作为基层监控部门，负责城市轨道交通的正常运转，其利用监控系统的主要的目的就是保证城市轨道交通的正常行驶。城市轨道交通运管部门对监控系统的要求就是监控城市轨道交通客流的情况，为车站和城市轨道交通司机提供城市轨道交通运行有关情况，因此城市轨道交通运管部门在城市轨

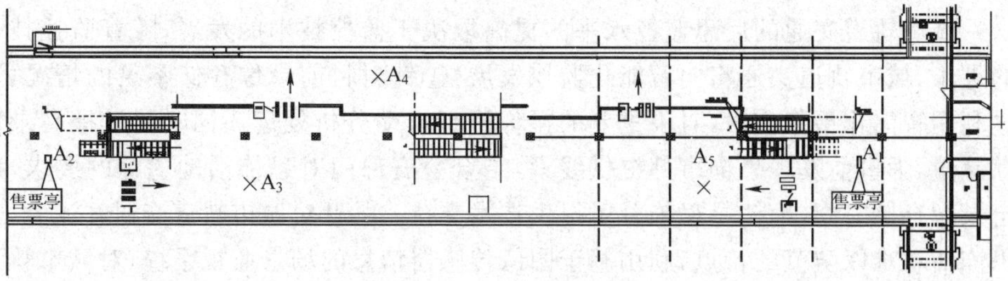

图 8.20　站厅层监控设备布置图

道交通防恐中，只能起到协助的作用。通过城市轨道交通监控系统，对重点地区加强监控频率，从而为可能发生的恐怖活动或追寻恐怖分子提供录像资料。

公安部门作为防恐的主力，具有独立的城市轨道交通监控权利，从而会与城市轨道交通运管部门发生部分冲突和重复拍摄的可能。

市政府防恐办公室作为反恐的直接组织者，对城市轨道交通所发生的紧急事件具有更高的知情权。因此，市政府防恐办公室对于城市轨道交通的监控拥有更高的控制权。

城市轨道交通的监控应具有统一的指挥，由于实行三级系统管理，城市轨道交通的监控不可避免地会受到不良的影响。首先，公安部门和市政府防恐办公室对城市轨道交通的监控权，势必影响城市轨道交通运管部门的正常运作；其次，各部门的监控重点不同，而监控传输的线路有限，势必造成各部门的监控矛盾；再次，目前的监控设备的精度和数量也都无法同时满足各部门的需要。

当确定对城市轨道交通的监控应进行统一控制时，理所当然地应由城市轨道交通运营管理部门担当此任。原因在于：①城市轨道交通运管部门必须对城市轨道交通的监控负责，才能保证城市轨道交通的安全运营；②城市轨道交通车站控制室作为城市轨道交通发生紧急事件的直接处理者，需要监控设备的协助；③公安和市政府防恐办公室如果掌控城市轨道交通监控，势必需要大量的人力和物力，而城市轨道交通内的恐怖活动是小概率事件，城市轨道交通运管子部门结合运营监控进行防(反)恐更具有优势。

城市轨道交通运管部门对监控设备进行管理，势必侧重于城市轨道交通的运营状况，而公安和市政府防恐办公室则侧重于城市轨道交通的安全状况，因此需要对监控设备进行整合。在合并用于运营和反恐的摄像机基础上，加强用于防恐的监控，增加用于监控紧急事件的摄像机，从而为公安和市政府防恐办公室提供各车站的情况。同时应增加录像机的数量和容量，为一旦发生恐怖事件时，提供追寻恐怖分子的录像资料。

5. 城市轨道交通反恐监控技术的发展趋势

城市轨道交通的反恐监控水平的提高取决于监控技术的发展，随着监控技术的进步，城市轨道交通将向智能化监控发展：①针对目前录像存储不足的情况，通过利用智能化摄像技术，对不重要的摄像进行自动分析处理。同时通过提高录像存储量，为事前发现恐怖事件提供线索，结合公安部门对恐怖活动追踪的要求，确定录像存储时间，为搜寻恐怖分子提供技术支持。②针对城市轨道交通客流大，对恐怖活动难以防范的特点，利用基于图像传感器信息的场景监视系统，对城市轨道交通进行全天候的持续智能监控。这就要求监视系统采用多个、多种（如视频CCD、红外成像仪、毫米波相机、微光夜视仪等）传感器以实现全天候、多分辨率的图像监控，并对监控图像进行融合和分析，使新系统能够在拥挤、复杂的背景中自动识别伪装爆炸物和武器，对可疑目标进行持续监视和跟踪，并增加场景监视、分类及辅助决策分析等诸多功能，以便及时或预先发现异常情况。③针对监控设备成本高的情况，随着录像和监控设备成本的降低，录像的存储和监控成本也将降低，为城市轨道交通的全方位监控提供了基础。

在监控系统技术中，智能场景监视系统最为符合未来的发展趋势。智能监视系统可以自动判别危险分子，并能对其跟踪拍摄，从而提前通知相关人员，对城市轨道交通恐怖活动防患于未然。

在场景监视系统中，基于单传感器的研究已取得很大进展。其基本功能可分解为运动区域目标检测、目标跟踪、目标分类及目标运动行为理解和分析四部分。

1）运动区域目标检测

运动区域目标检测就是从序列图像中将变化区域从背景图像中提取的过程。基本思想是实时计算每个观测物的统计平均轨迹，当观测点轨迹变化值超出一定限值时，就认为该观测物应包含在运动区域中。

2）目标跟踪

目标跟踪就是在连续的图像帧间创建基于位置、速度、形状、纹理、色彩等有关目标特征的对应匹配过程。这些算法能实现场景内单目标的持续跟踪，但在跟踪多目标时效果都不理想。

3）目标分类

目标分类是从检测到的运动区域中将对应的个体目标进行分类，用于区分行人、车辆。其分类方法是利用检测出的运动区域的形状特征进行目标分类，具体实现方法可采用模板匹配、神经网络等算法。基于运动特性的分类方法是利用目标自身规律性运动进行分类的方法。

4）目标运动行为理解和分析

目标运动行为理解是指对目标的运动模式进行分析和识别，并用自然语言等加以描述,行为理解可以简单地认为是时变数据的分类问题。

在实际监视系统中,由于气象条件、障碍物的遮挡,采用单一传感器对大范围运动目标进行持续监视遇到困难。采用多个、多种传感器组成的智能监控系统,可以获得关于同一目标的多角度、多光谱甚至多分辨率的图像信息,合理融合利用这些信息,可得到关于目标的更精确的运动信息,这就扩展了监控系统的监控范围,提高了全天候性能。

基于多源信息的场景监视系统,除完成单传感器的目标检测、目标跟踪等基本功能外,还可进行异类图像融合,并将融合图像进行特征提取和特征分析(如可用于伪装武器和爆炸物的识别),在监视区域内跟踪多目标时主动协同控制多个传感器,以便实现全天候的协同目标跟踪,在监控中心服务器实现特定事件触发和任务分配等人一机交互功能。

6. 采取综合性防(反)恐措施,提高城市轨道交通的应急能力

根据世界反恐形势的变化和恐怖活动的发展趋势,为提高城市轨道交通的防(反)恐应急能力,应采取一套综合性的防(反)恐措施,包括从政府职能、立法、投资、规划、设计和运营管理等多方面着手,制订相应措施。以下仍以上海城市轨道交通为例进行阐述。

1)完善政府职能,健全相关法规和政策

城市轨道交通的反恐要求调整和强化政府职能,做到集中与分级管理并重,层次分明、职责明晰,以提高应对能力;在重视并完善政府职能的同时,应弥补法律、法规上的不足,加强和健全相关法规体系,组织开展并完善相应立法工作。

(1)国内反恐立法的历史与现状

面对我国呈现上升趋势的恐怖行为,我们期盼反恐法律之剑早日出鞘而法律惟有经过冷静和理性的淬炼,方能锻造出最锋利之刃。这一淬炼锻造的过程,迫切而又不容怠慢任一细节,因为面对反人类的罪恶,必须集结人类所有的智慧和勇气。“和平使命－2009”中俄联合反恐军事演习,初步向世人展现了中国已经建立的国家反恐体系。近年来,“东突”、“藏独”等恐怖活动呈现上升趋势,令中国反恐体系迅速升级,并形成海陆空多兵种多层次多部门参与的反恐怖系统。然而,从世界各国的反恐经验来看,要建立一个完善的反恐体系是一个比较漫长的过程,需要在实践中不断完善。

一个急切且不容忽视的问题是,我国目前还没有一部《反恐怖法》对整个反恐怖体系进行法律上的界定和谋划。何为“恐怖主义”,正是反恐立法的核心概念。目前的国际公约中对恐怖主义并没有统一的解释,事实上,各反恐公约只是将具体的恐怖行为进行了定义,比如劫持人质罪、恐怖主义爆炸罪、核恐怖行为等。面对大多以零星状态出现的恐怖行为,反恐立法却是一项综合的系统工程,反恐法治不仅仅是一个刑法问题，实则关涉整个反恐法律制度，包括对刑事法、行政法、军事法乃至经济法等法学理论和相关立法的研究。出台反恐怖法的困难，还来自于如何与国际公约相照应。目前国际上的 13 部反恐怖公约，除了惩治恐怖犯罪的刑事实体、程序规定外，还含有关于预防、制裁恐怖行为的民事、行政性规定。反恐怖法应该是一部综合性法律，不仅体现在刑事、民事、行政法规范的综合，而且表现在实体法规范与程序法规范的综合。

联合国《制止向恐怖主义提供资助的国际公约》第 18 条规定，各缔约国应当"采取措施规定金融机构和从事金融交易的其他行业使用现行效率最高的措施查证其惯常客户或临时客户，以及由他人代其开立账户的客户的身份，并特别注意不寻常的或可疑的交易情况和报告怀疑为源自犯罪活动的交易"。这部国际公约，实际上确立了国际反恐怖斗争的法律准则。在我国反恐立法中，应注意为国际反恐怖合作提供法律平台，这有利于我们利用现行国际法框架，以国际合作的形式对恐怖势力进行有效打击，也有利于遏止国际恐怖组织对我国的渗透。

我国运用法律手段预防和打击恐怖主义也日益受到重视。除了在 1997 年刑法典和 2001 年《刑法修正案(三)》中设置和补充完善惩治恐怖活动犯罪的条款之外，还通过 1994 年《外国人入境出境管理法实施细则》和《国家安全法实施细则》、2006 年《反洗钱法》及 2007 年《突发事件应对法》等法律法规，进一步夯实了反恐怖斗争的法制基础。

(2)我国香港、澳门和台湾地区的反恐概况

香港特别行政区于 2002 年通过了《联合国(反恐怖主义措施)条例》，并于 2004 年进行修正，规定了恐怖组织认定、涉恐资金监控等内容。

澳门特别行政区于 2006 年通过了《预防及遏止恐怖主义犯罪法》，规定了发起、创立、加入、支持恐怖组织等若干专门罪名，以及相应的刑事责任。

我国台湾地区也于 2002 年公布了《反恐怖行动法(草案)》，但该法案尚未获得正式通过。

(3)国外反恐法律概况

在其他一些国家和地区，则较早制定了专门的反恐法，以色列于 1948 年颁布了《预防恐怖主义条例》。"9·11"事件后，越来越多的国家对原有法律体系予以完善，进行专门反恐立法的趋势更加明显，包括英国、美国、俄罗斯、德国、法国、澳大利亚、日本、菲律宾等。这些反恐法的具体名称可能有所差异，如《反恐怖主义法》、《制止恐怖主义法》、《预防恐怖主义法》甚至《人类安全法》，但均具备专门性反恐内容。

但这些国家和地区的反恐立法也并非一帆风顺：一些国家虽然拟定了反恐怖法草案，但因争议过大而未能获得议会通过；一些国家在反恐法颁布之后，遭到国

内外舆论的谴责,甚至因违宪被废止。为此,我们应重点研究反恐立法的难点问题,在汲取成功经验和失败教训的基础上,探索出适合本国国情的反恐立法之路。

一部反恐怖法,除了包括从我国实际情况出发对"恐怖主义"进行的界定外,其内容非常广泛。由于反恐涉及面宽,参与部门多,为此我国已建立了国家反恐怖协调机制,由负责国家安全的部门以及相关部门一起来采取措施防范恐怖活动,保证在遇到恐怖袭击时能协调一致。反恐怖法应明确我国反恐怖专门机构的地位、职能,以及各相关部门在反恐怖斗争中的职责和任务,建构以反恐怖专门机构为核心,以特定国家机关为主导,其他国家机关和社会力量协助的反恐怖工作体制。提及反恐怖行为,公众首先想到的是身怀绝技、装备特殊武器的特警人员擒敌破阵。据公开资料,目前国家级反恐武装力量主要是雪豹突击队,其隶属中国人民武装警察部队北京市总队特勤支队特勤大队;另外,隶属北京市公安局特警总队一支队的蓝剑突击队,120 名官兵也曾在奥运期间亮相。但法律层面的特别措施则远不只是这几支人数有限的"特种部队",其包括预防、情报预警、应急处置、制裁、善后恢复,以及认定恐怖组织、恐怖分子等内容。值得注意的是,国家权力与公民权利的协调和平衡是实现反恐法治化的重要评判标准。这些措施必须合法、合理、有效,同时必须对相应的代价进行理性而审慎的评估,这是反恐立法中需要冷静把握的问题。

2)防(反)恐评估指标和对设计的要求

(1) 建立防(反)恐评估指标

目前我国对恐怖袭击的评估仍处于初级阶段,对各种恐怖活动及城市轨道交通风险等级没有合适的指标来衡量,对于各种防范恐怖活动的方法以及恐怖活动所引起的危害处置,也没有适当的对策,只能借鉴其他国家的经验。为此,应结合上海市城市轨道交通的特点,建立上海城市轨道交通反恐评估指标。

(2)规划和设计车站要考虑防范恐怖活动的要求

根据对上海城市轨道交通的初步评估,在设计方面要针对上海轨道交通 1、2 号线的重点车站和重点建筑开展防范,优化设计。其具体方法包括:

① 对城市轨道交通重点车站如上海火车站站、人民广场站、徐家汇站、陆家嘴站等采取最高等级的安全防范措施。

② 在规划过程中,车辆段的安全防范应该放在首要位置。因为车辆段是列车停放和进行日常检修、维修的场所,由各种生产、生活、辅助建筑及各专业的设备和设施组成,其中大量的车辆和燃料最有可能成为恐怖分子的袭击目标。

③ 在建筑设计方面应充分考虑城市轨道交通建筑及设备在防(反)恐中的作用,同时兼顾救援通道、逃生通道的设置,并综合顾及通道与其他功能的互补性。在结构设计阶段,除考虑结构物具有合理的人防设计等级之外,应提高公共区的主

要受力构件的抗爆能力,进行必要的抗爆复核,并考虑次生灾害的预防能力。

④ 通过对早期修建的既有通道的改造,使通道的净高提高到符合现行《地铁设计规范》的要求高度,对未达到标准的通道,应综合治理,或采用其他补救措施(这主要针对上海轨道交通1号线的通道)。

④ 设计尽量采用独立式出入口。从防(反)恐的角度来说,合建式出入口使得恐怖分子更为隐蔽,灾害发生时合建式出入口不利于人员的疏散及救援工作,且恐怖活动的影响会波及到与出入口连带的建筑物,造成更大的伤亡 。

⑤ 设置消防楼梯。目前上海城市轨道交通在主要的车站设置了消防楼梯,其他车站风险等级也应相对提高,应该设置消防楼梯。

⑥ 设计适合上海特点的区间隧道探测装置和自动监控系统。根据上海城市轨道交通区间隧道的布置特点,有针对性地布置探测装置,控制非工作人员的进入,以提防恐怖分子破坏钢轨或者在钢轨上面布置炸弹、障碍物等。

⑦ 优化隧道区间的空间布局,设计城市轨道交通隧道疏散平台。区间隧道内出现紧急情况,同时城市轨道交通不能正常运转时,疏散乘客将是一个首要问题。按现有隧道布局将难以有效解决该问题,而城市轨道交通疏散平台是行之有效的手段;且应增强区间隧道应急照明的亮度,以方便乘客逃生。

⑧ 优化建筑物布局。合适的车站建筑物和结构物位置都是影响安全防护策略制定的因素。对于建筑物来说,有效的城市轨道交通安全防护必须做到能有畅通无阻的空间、足够的建筑物架空距离。

⑨ 材料的选择。城市轨道交通运营管理部门要加强对工作人员的教育和培训,重视净化有毒物质的处理和有毒化学药品的处置,以减少恐怖活动后的处理时间和可能发生的危害。

7. 城市轨道交通运营部门的职责

城市轨道交通运营部门需要加强对乘客的宣传和工作人员的教育,明确城市轨道交通各部门处理权限和防范恐怖事件的措施,不断完善层次分明、步调协调的应急方案并加强模拟演练,建立和健全城市轨道交通抢险小组,完善城市轨道交通人员防范和提高处理突发事件的能力。

1)完善监测及信息系统

(1)采用先进的设备及其检测体系

所有基本的系统,例如监视系统、控制系统、电力系统、消防系统等都应该有备用设备,使这些系统在发生紧急事件时可正常使用。

(2)车辆检测体系

加强车辆维护及检修工作,提高综合服务水平;建立和完善设备状况计量检测体系,确保设备运作的安全度。对已发生的事故苗头、灾害险情要及时记录,用系统安全工程的方法进行评价,及时制定切实可行的整改措施,把工作落到实处,尽量把事故和灾害消灭在萌芽状态。

(3)自动监视系统

车站内应装设全方位的监视器,实时收集站内各方位视频信息,不允许出现在城市轨道交通发生火灾、爆炸、毒气而控制中心不知情的情况。列车上还配备有紧急报警按钮,发生火灾爆炸等意外事件时,乘客可迅速按压此按钮通知司机。

(4)自动警报系统

警报系统是各种电子设施集合体,包括传感器、控制器、传送线路、监视器。当未经授权的人员进入限制区域即会触发报警系统,从而把信息传递到控制中心探测系统。

(5)自动探测系统

探测器对于管理盲区和运作(控制)中心是非常有效的。这些探测器可以在发生异常的情况下发出警告,或者在操作中心发生侵入事件的情况下按响无声警报,给安全部门发送消息。但是当探测器安放在偏远地区和无人地区时,需区分是人为还是自然状况下发出的警报。在特殊情况下动物和风都可能触发警报。

(6)建立出入管理系统

出入管理控制系统能够通过监视保证至关重要设施的安全。例如电力设施、控制中心、计算机管理中心和车辆段、停车场等重要设施部门,应建立和完善出入管理制度,安设必要的探测设备,确保重要设施的安全和受控。

(7)建立反侦察系统

反侦察是防范恐怖活动的有效方法。通常恐怖分子袭击目标前,要对袭击目标进行调查。针对这一特点,侦察恐怖分子的意图和报告未遂的恐怖活动的线索就有可能减小恐怖袭击的可能性。

(8)建立事故处理专家系统

目前,城市轨道交通普遍安装了计算机监控系统,但没有得到充分发挥该系统的效用,对状态监测的信息没有充分进行再处理。为此,需要有一个后台的故障处理和分析系统来实现对监控信号的处理,充分实现对系统的智能化监控,提高整个监控系统的利用率。

(9)设备的配置

根据评估的等级对城市轨道交通车站进行设备配置,等级越高,设备越完善,越能使车站的安全等级与其防护等级相适应。不同等级车站的设备配置如表8.9所示。

表 8.9 不同等级车站的设备配置表

车站等级	火灾报警系统	供电、照明和通风设施	安全疏散标志	防爆设备	逃生辅助器材	机电设备监控系统	车站大屏幕	探测装置
甲	必建	必建	必建	必建	必建	必建	必建	必建
乙	必建	必建	必建	选建	选建	必建	选建	选建
丙	必建	必建	必建	不建	选建	必建	不建	不建

2)恐怖事件发生后的处理对策

车站发生恐怖事件时现场各岗位的分工见表 8.10 所示。

表 8.10 车站发生恐怖事件时现场各岗位的分工表

<table>
<tr><td rowspan="7">各岗位分工</td><td>行车值班员</td><td>1. 确认车站发生爆炸后，立即向轨道公安分局(98110)及消防(119)报警
2. 汇报行调、站长、警务站、环控值班、分公司生产调度
3. 通过监视器密切注意车站情况，与有关部门保持联络，负责各部门与车站有关人员间的信息传递工作
4. 联系医疗单位(120)，及时救护伤员
5. 加强广播宣传，引导、疏散乘客，按下车控室内 AFC 设备的紧急按钮，切断有关电源
6. 根据行调命令，指挥现场列车，防止列车进入事发车站</td></tr>
<tr><td>值班站长</td><td>1. 立即组织车站工作人员对乘客进行疏散，抢救伤员，控制现场赶赴事发地点，保护现场，维护秩序，设置警戒区(如现场有可疑物品，应立即汇报警务站。)
3. 如爆炸引起火灾，应根据实际情况，通知环控值班人员开启相应的消防设备，采取初期扑救，切断、控制火源，防止火势蔓延
4. 第一时间寻找证人、证据，发现可疑对象应立即向警务站汇报
5. 上级指挥小组到场后，应尽快将收集到的现场情况上报，并根据上级命令，进行有关的操作</td></tr>
<tr><td>站务员</td><td>1. 及时关闭自动扶梯，加强站台监护，防止乘客跌入股道
2. 引导乘客疏散
3. 如爆炸引起火灾，应服从安排、带好器具，赶赴现场参与灭火、救护工作
4. 保护现场，配合公安部门调查取证</td></tr>
<tr><td>售票员</td><td>1. 停止售票，并将票款及时转移至安全地点
2. 及时疏散站厅乘客
3. 如爆炸引起火灾，应服从安排、带好器具，赶赴现场参与灭火、救护工作</td></tr>
<tr><td>检验票员</td><td>1. 及时打开专用通道，引导乘客从专用通道及进出站闸机处疏散
2. 如爆炸引起火灾，应服从安排、带好器具，赶赴现场参与灭火、救护工作</td></tr>
<tr><td>环控值班</td><td>1. 接到行车值班员的报告后，立即向环调汇报，按照实际情况进行工况调整(如爆炸引起火灾，应正确开启或关闭消防、送排风设备。)
2. 坚守岗位，保持信息畅通，确保事故照明及抢修抢险用电</td></tr>
</table>

城市轨道交通的防(反)恐工作,关键在于防。除了需要大量的监视、监控装备和完善的信息传输、储存、处理系统外,更需要敏感而有效的情报工作。如果仅仅停留在"大海捞针"式的被动搜寻状态,工作效率肯定是很低的。英国伦敦市内设置了50万台摄像机,结果还是发生了城市轨道交通6座车站连环爆炸案,造成50余人死亡,700多人受伤。在利用摄像资料搜寻犯罪分子的过程中,虽然找出了4个犯罪嫌疑人,但警方仍抱怨摄像系统数量不足,盲区太多。而且,日常监控系统的工作人员在没有情报指引的情况下,实际上是没有针对性地盲目工作,预先找到恐怖犯罪分子的概率是微乎其微的。所以应该大力增强监控能力,完善事件处置系统,以尽可能减少恐怖袭击的损失。

恐怖袭击事件发生后的处置工作,除了通过检测、监控设备,搜寻犯罪嫌疑人及其策划者的工作,同其他非恐怖袭击造成的突发事件有所不同外,其他处置手段和程序均相同,此处不再赘述。

总而言之,城市轨道交通安全反恐在建设规划时期就应当与轨道交通建设总体规划同步进行,保证与城市轨道交通"同规划、同设计、同建设、同验收、同使用",一则向城市轨道交通的运营同步提供可靠的安全保障,二则避免建成后改建或补建等重复浪费,以确保实现在整个城市轨道交通体系下考虑安全问题,这就必须在"五同步"原则下通盘考虑城市轨道交通建设总体规划。另外,城市轨道交通安全反恐机制必须要有明确的权责体系和信息共享机制,实现城市轨道交通公安保卫部门和城市轨道交通营运机构之间的配合机制,以及突发事件出现后各单位的配合机制都要有相应的保障。这有助于平时的日常防范工作,特别是在突发事件的快速处置上会达到事半功倍的效果。

参 考 文 献

[1] 孙章.城市轨道交通概论[M]. 北京:中国铁道出版社,1999

[2] 毛保华.城市轨道交通[M]. 北京:科学出版社,2001

[3] 周顺华.城市轨道交通结构工程.上海:同济大学出版社,2003

[4] 中华人民共和国建设部. 城市轨道交通运营管理办法[S]. 中华人民共和国建设部令 140 号 2005 年

[5] 上海市人民政府.上海市轨道交通管理条例[S]. 上海市第 11 届人民代表大会常务委员会第 39 次会议于 2002 年 5 月 21 日通过

[6] 宋有成,宋有国,冯渤 . 城市轨道交通公共安全知识[M] 上海:上海科学技术出版社,2005

[7] 上海申通地铁集团有限公司,上海申通轨道交通研究咨询有限公司,同济大学 . 上海市轨道交通防(反)恐能力评估及防范对策研究[R] . 上海:同济大学 2006

[8] GB 50157—2003 地铁设计规范[S]

[9] GB 190—90 危险品包装标志[S]

[10]肖贵平.交通安全工程[M].北京:中国铁道出版社,2004

[11]隋鹏程.安全原理[M]. 北京:化学工业出版社,2005

[12]李伏京,方卫宁,胡清梅,邓野. 地铁车辆安全疏散性能的仿真研究[J]系统仿真学报,2006,18(4):852~855

[13]王健. 盾构隧道施工安全管理[J]. 现代隧道技术.2006,43(5):81~83

[14]李立新,于媛媛. 基于模糊理论的地铁车站基坑工程安全性评价方法研究[J]. 沈阳建筑大学学报,2006,22(3):275~378

[15]张安. 地铁车辆的可靠性分配和可靠性预计[J]. 中国质量,2006,7:13~17

[16]赵惠祥.余世昌.城市轨道交通系统的安全性与可靠性[J].城市轨道交通研究.2006,9(1):7~10.

[17]张瑜.城市轨道交通安全体系研究[J],科技论坛,2005,6:18~19

[18]陈铁,管旭日,孙力彤. 城市轨道交通综合安全管理体系研究[J]. 城市轨道交通研究,2004,1:16~18

[19]隋鹏程,陈宝智,隋旭 . 安全原理[M] . 北京:化学工业出版社,2005

[20]邵伟中等.轨道交通运营设施安全及事故应急处理研究[M]. 上海:上海地铁运营有限公司,2005

[21]EN 50129 系统的欧洲标准,prEN 50129 的最后决议,轨道交通审核——信号系统电力供应的安全体系 . 布鲁塞尔,2000.5

[22]Norman E. Fenton, Martin Neil:“改进安全策略相关的软件工程标准”,交易软件工程,第一卷 24 页 11 节,1998.11

[23]崔艳萍,唐祯敏,武旭. 基于 multi——agent 的地铁事故应急处理系统研究[J] 铁道学报,2004,26(3):8~12

[24]A. Drago, F. Zuccarelli:"安全可靠性程度",V00GS000SX00516,初版 2. 疏散,1998.10

[25]EN 50126 系统的欧洲标准,EN 50126,轨道交通审核——规格、演示可靠性,可用性、可维护性及安全(RAMS),布鲁塞尔.1998.10

[26]施其州.运输安全系统工程[M].成都:西南交通大学出版社,1995

[27]吴涛.安全评估方法在轨道交通中的应用[J].城市轨道交通研究,2002,3:52～55

[28]李为为,唐祯敏.地铁运营事故分析及其对策研究[J].中国安全科学学报,2004,14(6):105～108

[29]A. M. Amendola, L. Impagliazzo, P. Marmo, F. Poli"微机信号系统的实验验证".西雅图 FTCS-27 资料,1997.6

[30]赵吉山.铁路运输安全管理[M].北京:中国铁道出版社,2002

[31] Barry W. Johnson:"通用故障模式".第一卷,开关组合及信号,2000.12

[32]NFPA 130"固定导轨运输系统的全国消防协会标准",1993

[33]施嘉申.钱雪军.赵惠祥.基于初步危害分析的城市轨道交通系统安全性分析[J].城市轨道交通研究.,2006:9(1)11～14

[34]韩春梅,邓世舜,赵振江.地铁运营风险管理[J].现代城市轨道交通,2006,4:51～53

[35]Eric Cutright"ATP 的安全基础文件".KBBV00GS000SX04901,初版 2,Union Switch & Signal,1998.5

[36]EN 50128 系统的欧洲标准,prEN 50128 的最后决议,轨道交通审核——轨道交通操作和保护系统的软件.布鲁塞尔,2000 年 5 月。

[37]Gunni S. Frederiksen:"哥本哈根新城市轨道交通的标准化工作",2001 年伦敦 IQPC 信号安全会议,2001.2